● 土木工程施工与管理前沿丛书

隧道照明技术指南

沈　勇　张文俊　刘敬亮　主编

中国建筑工业出版社

图书在版编目（CIP）数据

隧道照明技术指南/沈勇，张文俊，刘敬亮主编. —北京：中国建筑工业出版社，2019.10 （2024.2重印）
（土木工程施工与管理前沿丛书）
ISBN 978-7-112-24168-2

Ⅰ. ①隧… Ⅱ. ①沈… ②张… ③刘… Ⅲ. ①隧道-照明技术-指南 Ⅳ.①U453.7-62

中国版本图书馆 CIP 数据核字（2019）第 202281 号

责任编辑：朱晓瑜
责任校对：王 瑞

土木工程施工与管理前沿丛书
隧道照明技术指南
沈 勇 张文俊 刘敬亮 主编

*

中国建筑工业出版社出版、发行（北京海淀三里河路9号）
各地新华书店、建筑书店经销
霸州市顺浩图文科技发展有限公司制版
北京凌奇印刷有限责任公司印刷

*

开本：787×1092毫米 1/16 印张：11 字数：227千字
2019 年 12 月第一版 2024 年 2 月第二次印刷
定价：**49.00**元
ISBN 978-7-112-24168-2
（34693）

本书编委会

主　　编：沈　勇　张文俊　刘敬亮

副 主 编：莫海岗　林凡科　胡益平　钱　晖

编写成员：郭晓菡　郑剑彪　李鹏世　王下军

　　　　　苏文建　左晨刚　钱　枫

前　言

随着我国社会经济与科技的发展，人们出行方式逐渐增多，我国各地道路建设已经开始向隧道化交通发展，为交通出行提供了多种可能性与不确定性，而隧道照明技术的研究发展恰恰是守卫城市隧道安全通行的第一线。相关资料显示，21世纪前，我国的城市隧道照明条件都非常有限，设计的套用造成了隧道形式与周遭环境的不适应性，隧道照明的低要求与低标准也造成了通行全凭借司机视觉导向、能源的浪费与设施过度损坏，同样对安全出行、生态环境和照明系统养护等方面都有着极大的负面影响。

近年来，国家对城市隧道照明技术高度重视，先后出台了各项相关规定，以解决广大人民隧道照明的紧急需求。随着隧道照明技术智能化的研究发展，隧道照明已经进入了 Zigbee（蜜蜂通信）技术时代，为响应全球国家"节能减排"策略，实现隧道交通照明更高级、高效、安全发展要求，正确认识并科学选取使用合适的照明技术作为公路行车安全的重要环节，具有非常重要的现实意义。

本书围绕城市隧道照明技术选取、运用这一重点，阐述了城市隧道的视觉问题、照明系统设计、养护等隧道照明基本知识，系统地从光学概念、视觉特性、照明系统设计要求、LED照明施工与质量评价、养护等方面加以描述和规范。

本书分为8章，第1章概述隧道照明技术的基本信息，第2章阐述光的基本理念，第3章解读视觉概念及其影响力，第4章探索隧道照明方式和相关的要求及实例，第5章讲解照明系统的概况及案例，第6章、第7章分别讲述了LED照明的施工与质量评价规范方面问题，第8章则为运行和主要设施的养护提供建议。

本书内容全面系统，涉及范围广泛，注重理论与实践的结合，适合城市隧道照明技术研究、设计、维护人员的培训、学习和工作使用。

参与本书编写工作的有沈勇、张文俊、刘敬亮、莫海岗、林凡科、胡益平、钱晖、郭晓菡、郑剑彪、李鹏世、王下军、苏文建、左晨，由沈勇、张文俊、刘敬亮担任主编，莫海岗、林凡科、胡益平、钱晖担任副主编指导编写，在此感谢所有编写成员的辛勤努力。

书中缺点和不足之处在所难免，希望读者批评、指正。

目　　录

第 1 章　概述 ··· 1

1.1　我国隧道照明技术历程及现代发展史 ······································· 1

1.2　隧道照明必要性及视觉与照明问题 ·· 4

1.3　国内外隧道照明的研究及运用 ·· 5

1.4　隧道照明的视觉任务 ·· 7

1.5　隧道照明的研究历程 ·· 8

1.6　隧道照明相关规范及报告 ··· 14

第 2 章　光的基本概念 ··· 16

2.1　光的本质 ·· 16

2.2　光谱光视效果 ·· 19

2.3　光的度量 ·· 20

2.4　材料的光学性质 ··· 24

2.5　光的反射 ·· 25

2.6　光的折射与透射 ··· 26

2.7　材料的光谱特性 ··· 31

2.8　材料的其他光学特性 ·· 32

2.9　道路照明质量参数 ·· 33

第 3 章　视觉及其影响因素 ·· 41

3.1　视觉与视觉环境 ··· 41

3.2　视觉的特性 ··· 42

3.3　视觉功效 ·· 46

3.4　驾驶员的视觉特点 ·· 48

第 4 章　照明方式和设计要求 ··· 56

4.1　隧道照明和灯具类型 ·· 58

4.2　城市隧道照明用 LED 灯具主要指标 ··· 68

4.3　照明设计 ·· 76

4.4　隧道照明 ·· 79

4.5　照明计算 ·· 90

4.6　隧道照明质量 ·· 122

4.7　眩光 ·· 128

4.8　特殊照明 ··· 130

4.9　隧道照明设计实例 ·· 133

第5章　照明系统 ·· 139

4.1　概况 ·· 139

5.2　隧道照明控制方式 ·· 139

5.3　隧道照明控制系统 ·· 140

5.4　隧道智能控制系统设计案例 ·· 144

第6章　LED照明施工规范 ·· 148

6.1　LED隧道照明灯具安装 ·· 148

6.2　电缆敷设 ·· 148

6.3　电缆桥架安装 ·· 149

6.4　管线安装 ·· 149

6.5　控制配电箱安装 ·· 149

6.6　其他 ·· 150

第7章　LED照明质量评价 ·· 151

7.1　验收条件 ·· 151

7.2　验收内容 ·· 151

7.3　测试要求 ·· 152

7.4　隧道照明系统测量 ·· 152

第8章　养护 ·· 157

8.1　运行养护 ·· 157

8.2　主要设施养护 ·· 159

参考文献 ·· 168

第1章 概　　述

1.1　我国隧道照明技术历程及现代发展史

隧道是一段半封闭的空间，自然光无法照射其中，为了保证行驶的连贯性及行车人的生命安全，即便是白天其内部全程也需要人工照明。在古代隧道照明是隧道建设中不可或缺的一部分，火把作为最常用的照明工具被运用到了隧道照明中，照明设施非常简陋且十分不方便。此后，随着我国工业化社会的到来，隧道照明领域的发展有了长足的进步。近年来，随着物联网技术的快速发展，隧道照明领域更是有了翻天覆地的变化，在确保了正常照明的同时，也能节省电力，还能对隧道内的照明设施进行人性化控制和管理。

隧道照明最早应用于铁路隧道，由于与汽车驾驶司机全凭视觉导向有很大区别，铁路隧道照明的主要作用是方便铁路养护人员在洞内养护作业及洞内发生事故时乘客的疏散；与公路隧道相比，铁路隧道对照明的要求和标准相对较低。而公路隧道的出现要晚于铁路隧道，因此最初设计的公路隧道也大多是套用或照搬铁路隧道的设计标准。

20 世纪 90 年代以前，国内大部分公路隧道都无照明或仅悬挂几盏路灯供行人通行照明，仅有几座隧道安装了照明设施，且技术标准也很低。进入 21 世纪后，我国公路隧道照明技术随着公路隧道数量不断增加，长大公路隧道及隧道群不断出现，公路交通量不断上升，公路隧道照明技术也由此逐渐得到关注和重视。近 20 年来，我国围绕公路隧道照明工程的实际问题展开技术研究，在隧道之间视觉理论研究，新型绿色节能电光源的应用及隧道照明智能化控制等方面取得了许多成果，有力地推动了公路隧道照明技术的进步。2000 年，我国正式发布了《公路隧道通风照明设计规范》JTJ 026.1—1999；2014 年，我国发布了《公路隧道照明设计细则》JTG/TD70/2-01—2014。

随着自动控制、通信工程、计算机、软件工程、半导体照明等相关技术的进步和发展，我国公路隧道照明技术也将会有新的突破。在全球"低碳经济"背景和国家"节能减排"战略导向下，公路隧道照明的发展趋势是节能环保、安全舒适的绿色照明。公路隧道照明技术研究应围绕以下方向展开：

建立和完善行业技术标准体系。我国已先后发布了《公路隧道通风照明设计规范》JTJ 026.1—1999、《公路隧道照明灯具》JT/T 607—2004、《公路隧道照明设计细则》

JTG/TD70/2-01—2014 等设计规范和技术标准。

加强隧道照明基础理论研究。针对公路隧道照明设计参数开展模拟试验，围绕中间视觉等研究课题进行深入研究和探讨，以期形成具有中国特色的隧道照明基础理论研究成果。

加快隧道新型照明技术的研究。开发以光纤照明为代表的新型隧道照明系统并实现成套技术产业化，研究太阳能、风能等新能源在公路隧道照明中的利用，研究色温可调的公路隧道 LED 照明系统，实现公路隧道照明关键设备国产化，形成拥有自主知识产权的核心技术，提升国产设备的竞争力。

1.1.1 当代代隧道照明——简单照明的时代

国内隧道照明系统发展起步较晚，虽然当前时代下，我国公路隧道发展势头十分迅猛，但依旧比不上国外成熟的技术与理念。差距不仅表现在技术与经验上，基础性的工程建设也存在一定的不足。

20 世纪 90 年代初，我国大部分公路隧道都无照明或仅悬挂几盏路灯供行人照明，仅有几座隧道安装了照明设施，且其技术标准还是很低。进入 21 世纪，我国在隧道建设领域取得了举世瞩目的重大成就，以秦岭终南山公路隧道为代表的一大批长大隧道的通车，标志着我国公路的设计、施工、监理、养护和运营水平达到了一个新的高度。公路隧道照明技术也随着隧道修筑技术和运营管理水平的提升而不断发展。

1.1.2 现代隧道照明——智慧照明的时代

1. 早期传统型隧道智能照明控制

如今，智能照明控制系统的发展已有数十年的历史，传统型智能控制系统作为隧道照明智能控制的开端，包括对照明的开关控制盒自动调光控制方式，打破了传统灯控的手动为主的格局，大大提升了效率和电能使用率，其工作方式是通过安装在照明控制系统配电回路中照明供电调节控制系统对电压、电流和频率实现智能调控的。

其次，利用安装在照明控制系统中配电的回路通断实现有规律的智能调控，传统照明智能控制系统的调光控制主要分为不连续的调光和连续调光，按智能调控的原理分为放电光源智能调控和热辐射光源智能调控。

但这种早期的传统型智能控制方式智能控制的过程是相对复杂的，控制范围小，所谓的智能控制其实也就是半智能控制，在自动化和安全舒适性上需要更进一步。

2. 物联网时代下的隧道智能照明控制

21 世纪发展最快的莫过于物联网技术，国家也是大力倡导与发展物联网行业，并且投入巨资参与其中，隧道灯也是赶上了这股时髦。基于此，隧道的业主和设计、运营、维护等单位都对照明提出了智能控制的需求。

无线照明控制系统是近年来广受关注的一种智能控制方案，其优点是不需要铺设控制线；通信速率较高可达到 250kbps；区域控制器安装位置可随意指定，所需数量较少。先进的照明控制方式在保证视觉条件下，满足了隧道照明的要求，还能合理节能。

目前来说，隧道智能照明设计主要是自动控制模式照明和分时段照明控制模式，这两种照明模式的共性是节约成本，设计依据是根据车流量的高峰时段划分的，这可以满足隧道照明的基本需求，操作自动化而且简单，易于集中管理而获得了业内的一致好评。

1.1.3　智能隧道照明——Zigbee 技术的时代

而不久前由顺舟智能完成的延安某隧道照明项目，却很好利用了无线控制的优点，并对传统隧道智能控制系统不足的方面做了很好的处理。据悉，此项目采用了先进的 Zigbee 技术，运用传统单灯控制器，能够实现单灯控制，内置单灯控制器的照明光源，可以通过服务中心下发的命令，执行相关的命令。

并且可以对光源进行电压、电流、功率因素、亮灯率、能耗等检测，上传至服务中心，以实现智能控制与节能。同时还可以通过不定时上报数据，实现对灯具的巡检，节省运营成本。延安某隧道照明项目如图 1-1 所示。

图 1-1　延安某隧道照明项目

值得一提的是，在阳光明媚的晴天，隧道系统可根据光照传感器返回的数据，对灯的亮度作出调整，以适应晴天的照明需求，同时，在天气转阴的时候，灯光随即发生改变，通过改变亮度以满足照明需求。系统还可以内置不同的场景模式，实现智能化管理。

另外，安装了该套系统的隧道，在行车上更因为灯光可以根据实际变化、调整亮度，为驾驶员提供最佳的视野，保证了行车安全。

随着我国经济的快速发展，公路隧道必然日益增多，而现代隧道照明系统大多存在能源浪费、无效照明等缺点。因此为降低隧道运营成本、提高照明系统工作效率，对隧道照明的智能化控制技术的需求将会越来越高，而隧道照明智能控制技术也必将向"更高级、更高效、更安全"的方向发展。

1.2 隧道照明必要性及视觉与照明问题

1.2.1 隧道照明的必要性

公路隧道的照明，是为了把必要的视觉信息传递给司机，防止因视觉信息不足而出现交通事故，从而提高驾驶上的安全性和增加舒适感。隧道照明与道路照明的显著不同是白天也需要照明，而且白天照明问题比夜间更加复杂。从理论上隧道照明与道路照明一样，也需要考虑路面应具有一定的亮度水平，同时还需进一步考虑设计速度、交通量、线性等影响因素，并从驾驶的安全性和舒适性等方面综合确定照明水平，特别是在隧道入口及其相应区段需要考虑人的视觉适应过程，我国已是世界上隧道最多、发展最快的国家。截至 2009 年底，已建成的铁路隧道总长度已超过 7000km，在建铁路隧道总长约 4600km，截至 2011 年底，已建成通车的公路隧道有 8522 座，总长度约为 6253km，年均里程增长 23.5%。总量已经远远超过世界其他国家。

随着我国道路交通建设的迅速发展，特别是高速公路的发展，隧道的建设规模及数量也越来越大，而隧道照明是保证隧道特别是公路隧道行车安全的重要环节。隧道的照明质量直接影响到行车安全，照明耗能在隧道运营成本中也占了很大比重，故公路隧道的照明应纳入隧道工程建设总体设计中进行周密考虑，《公路隧道照明设计细则》JTG/TD70/2-01—2014 规定，二级以上公路隧道长度超过 200m 时必须有可靠的照明设施。

1.2.2 城市隧道存在的视觉问题

城市隧道的机构特点和白天也需要照明的特点使得隧道照明不同于普通道路照明，通常地，驾驶员白天从进入隧道直至离开隧道会遇到以下视觉问题：

(1) 进入隧道前的视觉问题。由于白天隧道外的亮度相对于隧道内的高很多，如果隧道足够长，驾驶员看到的是黑乎乎的一个洞，这就是"黑洞"现象，如图 1-2 所示。

(2) 进入隧道即会发生的视觉现象。由明亮的外部进入一个较暗的隧道，驾驶员的视觉要有一定的适应时间，因此他无法迅速看清隧道内部的情况，这种现象称为"适应的滞后现象"。

(3) 隧道内部的视觉问题。在隧道内部，由于汽车排出的废气集聚在隧道里而形成烟雾，汽车前照灯的光被这些烟雾吸收和散射而造成光幕，降低了前方障碍物与其背景（路面、墙面）之间的亮度对比度，从而降低了障碍物的能见度。

(4) 隧道出口处的视觉问题。处于一个很暗的环境，突然前方出现一个很亮的出处，就会产生强烈的炫光，使驾驶员看不清路况，极易发生车祸。

图 1-2　车辆由亮环境进入暗环境时的"黑洞"现象和由暗环境进入亮环境时的"白洞"现象

为了解决以上各种问题，隧道照明分为入口照明、内部照明和出口照明。一般隧道内部的照明水平比较低，不可能与外部相比，考虑人眼的视觉适应问题，入口照明是逐渐降低的。

1.2.3　铁路隧道照明

对于铁路隧道来说，照明工程不仅仅是为了便于行人行走，其主要目的应是满足以下几个方面的要求：

（1）保证一般工务检查要求。

（2）保证施工作业照明需求，如轨面超高、轨距调整、放水堵漏等。

（3）保证安全照明需求，如检查钢轨裂纹等。

所以，在铁路隧道中，隧道照明分以下三种照明方式：

（1）固定照明灯。在隧道壁限界内安装隧道灯具，光源采用 70W 高压钠灯。按原中华人民共和国铁道部有关规定，最低照度为 1lx。这个亮度仅能满足一般行走的视觉需求，对一些常用检测仪器（如探伤仪、道尺等）的刻度无法看清。

（2）移动作业灯。在避车洞内设立移动作业灯插座箱，插座箱接于固定照明电缆或动力电系统上，移动作业灯做施工照明用，照度应达 300lx 以上，满足一般施工作业的照明需要。

（3）超小型强光手电。该手电光通量大，内含 4V 1A·h 充电电池和充电器，光线射程可达 100m，近距离中心照度可达 500lx 以上，能看清钢轨上微细裂纹。

1.3　国内外隧道照明的研究及运用

1.3.1　公路隧道照明的研究现状

国外的城市隧道照明研究开始较早，早在 20 世纪 60 年代，日本和欧洲的学者就开展了隧道照明的实验研究。国际照明委员会 CIE 综合各国的研究成果，于 1973 年出版了《隧道照明国际建议》，并对公路隧道照明进行了相关规定和建议，此后分别在 1984 年、1990 年、2004 年和 2010 年对其进行了补充和修订。此外，美国、英国、德国、俄罗斯等许多国家对隧道照明也开展了深入的研究，并结合本国国情制定了相应的隧道照明标准。与国外相比，我国隧道照明研究起步较晚，20 世纪 80 年代初开始进行公路隧道照明理论的引入和技术研究；从 1990 年《公路隧道设计规范》JTJ 026—1990 颁布实施开始，隧道照明设计才有了相应的技术标准；随后我国的隧道照明技术研究正式进入发展阶段，在已有研究成果和工程经验的基础上，借鉴国外公路隧道研究成果，于 2000 年颁布了《公路隧道通风照明设计规范》JTJ 026.1—1999；此后，随着国家高速公路网的建设，我国公路隧道照明也进入了深入研究和应用实践的阶段，在照明设计参数、照明节能技术、照明光源等方面的研究都有了长足发展。并于 2014 年修订颁布了《公路隧道设计规范　第二册　交通工程与附属设施》JTG D70/2—2014 和《公路隧道照明设计细则》JTG/TD70/2-01—2014。虽然与国外研究相比，我国在隧道照明理论方面还存在一些差距，但随着近些年我国学者的深入研究和实践总结，其差距已经不断缩小。

1.3.2　光导采光技术的研究及应用现状

在光导采光技术方面，虽然 1880 年俄国契卡洛夫（Chikolev）已经首次提出并实现了光导管照明原理，但因材料和工艺水平的限制，直到 20 世纪 60 年代光导照明技术才开始有比较迅猛的发展。国外在光导采光技术方面的研究较早，1965 年在苏联研制出第一个大尺寸的"有缝光导管"，此后美国、英国、日本等国的学者开始在光导采光技术方面进行了大量研究；1970 年美国研制出第一根低损耗石英光纤，同时开始了侧面发光聚合物光纤的研究；1978 年加拿大学者提出了棱镜光导管并于 1989 年由美国 3M 公司推向市场；1979 年日本 La Foret 公司推出了"Himawari"采光光纤照明系统；1994 年 CIE 成立了"空心光导管技术委员会"，分别于 2005 年、2006 年出版了《空心光导管技术及应用》和《管状天然光光导系统》；目前有 3M、索乐图（Solatube）、百浪斯（Parans）、蒙诺加特（Monodraught）等公司从事光导采光照明系统产品研发和销售。

国内是从 20 世纪 70 年代后期开始小规模实验性光纤照明的开发应用；90 年代起沈阳建筑工程学院、苏州大学、南京玻璃纤维设计研究院等科研院校开始进行采光光纤照明系统和装置的研究；随着国家对新能源新技术的重视，21 世纪初，国内兴起了对光导采光技术和产品的引入、研发和推广，并涌现出如北京东方风光、苏州中节能索乐图、南京帅瑞等一批新兴企业。虽然目前在高反射率薄膜、低损耗光纤的生产工艺和采光耦合等技术上与国外仍有一定差距，但在光导采光技术的应用方面得到了广泛关注和大力推广。在最新修订的《建筑采光设计标准》GB 50033—2013 中，新增了"采光节能"一章，并对导光管材料和系统的光学性能指标进行了明确的规定，为光导采光技术在建筑中的合理应用提供了规范引导。

同时，在城市隧道照明方面，光导采光技术也得到了积极的推广，如无锡太湖大道隧道、南宁凤岭南隧道、上海长江路越江隧道等都采用了导光管采光照明系统，并进行了较深入的照度计算模拟、现场实验研究和经济效益分析，以实际验证了光导采光技术应用于城市隧道照明的可行性。但对于山体公路隧道，虽然已有部分科研院校在进行隧道光导采光技术的应用研究，但国内外鲜有较成熟的应用案例。2012 年日本新东名高速公路隧道和安徽绩黄高速玉台隧道虽然在加强照明段应用了采光光纤照明系统，但实际运营效果并不理想。由于缺乏对山体隧道光导照明系统实际性能指标和运营情况下的实验测试数据，致使目前设计人员和厂家处于试探性应用和尝试阶段。

在全球"低碳经济"和国家"节能减排"的战略导向下，公路隧道照明的发展趋势必将是走向环保节能、安全舒适的"绿色照明"，目前已有学者提出了公路隧道低碳照明技术的设计理念和措施，并积极开展隧道光导采光技术的基础研究工作。伴随自动控制、光导材料等相关技术的不断进步与发展，以光导采光技术为代表的新型隧道照明系统应会在公路隧道中逐渐推广应用。

在大力鼓励公路隧道低碳照明技术的起步阶段，对隧道加强照明中光导采光技术的应用进行系统性研究具有一定的理论意义。它可以为隧道光导照明系统的研制和应用提供理论依据，为推动隧道照明结构性节能跨越式发展、实现隧道绿色低碳照明提供了新的途径，对促进新技术的应用和推广具有重要意义。

1.4　隧道照明的视觉任务

在道路照明中，通常采用小目标可见度标准来确定人工照明的需求。一般车辆的底盘与路面之间的净空高度大约是 20cm，因此设定小目标物的尺寸为 20cm×20cm，即小目标物对 100m 外驾驶者的视角为 $7' \times 7'$。道路照明系统应提供如下视觉条件：在一定的行驶速度下，驾驶者能够在一个停车视距外发现路面上的小目标囊。隧道照明系统沿用了道路照明中的小目标物视觉准则，隧道照明和道路照明存在一些共性特征，但由于隧道照明中驾驶者要经历急剧的亮度适应过程，隧道照明比道路照明要复杂得多。

隧道照明的目的就是保证驾驶者以设计速度接近、通过和驶离隧道，整个行驶过程的安全和舒适标准应不低于一般洞外路段。为达到上述目的，一是要求照明系统为驾驶者前方的道路情况提供足够的信息，能够发现路面上的障碍物或者车辆；二是必须让驾驶者在整个过程中对通过隧道具有足够的信心，主观感受通过隧道时是安全的，以免引起恐慌、焦虑等情绪，进而避免采取突然的减速动作，造成灾难性后果。

由于白天隧道内外的亮度等级差别较大，受制于人眼的生理特征影响，驾驶者很难在较短的时间内完成视觉适应，难以发现路面上的障碍物或者前方的车辆，对行车的安全性影响最大。因此，白天隧道入口段的照明是隧道照明的核心部分。

夜间的隧道照明问题相对简单，隧道提供的亮度等级只需不小于洞外道路夜间的亮度等级即可。隧道内一旦发生交通事故，造成的后果要比一般路段严重得多，因此在夜间隧道内必须保持一定的亮度等级。

隧道行车安全涉及多个因素，照明系统仅是其中之一。隧道照明系统的作用就是能够给驾驶者提供足够的目标可见度和驾驶信心，确保驾驶者能够完成驾驶过程中的视觉任务。隧道照明的需求由多个因素共同确定，包括驾驶者的视觉条件、天气情况、道路情况、交通量及组成、驾驶习惯、隧道土建结构和车辆性能等。

相关研究结论表明，采用更大尺寸的小目标物虽然能够降低路面背景亮度需求，但同时会导致入口段长度的增加，总体上的能耗并没有显著的优势。值得注意的是，定义的小目标并不等同于现实中路面上的障碍物，现实中路面上出现的障碍物可能比定义目标物的尺寸要大。

在隧道内，目标物与背景的亮度对比度越大，它的可见度就越好，目标物的亮度对比度与其表面的反射特性、隧道内路面和墙壁的亮度、灯具的光强分布有关。

满足小目标的可见度准则并非隧道照明需求的底线，这里定义的视觉任务有一个重要前提，即车与车的间距大于一个停车视距。当交通量较大，车与车之间的距离小于一个停车视距时，驾驶者的视觉任务还包含防止其他车辆因"黑洞"效应诱发的异常行为，如不可预知的刹车等。为了避免出现这种情况，使驾驶者有足够的信心驶入隧道，在满足小目标可见度的前提下，采取必要的照明措施以降低"黑洞"效应是非常必要的。

1.5　隧道照明的研究历程

虽然人类修建隧道的历史非常久远，但在 20 世纪 60 年代隧道才开始被大量应用于公路交通。20 世纪 50 年代中期以前，由于车速较低和车流量较小，公路隧道照明的需求一直没有得到重视，与一般路段的照明系统设置类似，投入使用的隧道仅仅安装了基础性的照明设施，相当于仅设置了基本照明，并没有对入口段照明给予足够的重视，业界并没有意识到入口段照明对于行车安全的重要性，有的隧道甚至没有设置照明系统。

从 20 世纪 50 年代中期开始，由于隧道交通量逐渐上升，行车速度逐渐增大，公路隧道行车安全问题日趋突出，人们开始认识到在公路隧道内随意、简单地安装一些照明灯具并不能解决根本问题，同时意识到隧道入口段才是隧道照明的重点区段。在车辆行驶到距隧道洞口不远处，洞口在驾驶者的视野内为黑乎乎的一片不可见区域，无法觉察并辨别隧道洞口处的障碍物和洞内的情况。1957 年，英国学者 Waldram 首先指出这一现象的危险性和严重性，并着手对其进行研究，形象地称之为"黑洞现象"。自此，隧道照明继隧道通风之后，成为公路隧道运营管理方面的一项重要课题。

如前所述，隧道入口照明是隧道照明研究的重点，针对隧道入口段路面的亮度确定问题，形成了两大理论体系，一是 Schreuder 开启的稳态视觉适应理论，二是基于眩光的等效光幕理论。在理论的应用方面，从视觉适应理论到等效光幕理论，大致经历了两个阶段，第一阶段是从 20 世纪 60 年代初到 80 年代初，以视觉适应理论的应用为主；第二阶段是从 20 世纪 80 年代末至今，以基于眩光的等效光幕理论为主。

1.5.1　视觉适应理论主导阶段

1964 年，Schreuder 发表了文章 The Lighting Vehicular Traffic Tunnels，首次对隧道入口段照明进行了系统性的介绍。针对隧道入口的照明问题，他开展了隧道人口路面亮度需求的理论探索和基础实验，得到入口段亮度与标准洞外亮度之间的比例关系，如图 1-3 所示。

Schreuder 开展的室内实验条件如下：

（1）采用一个亮度均匀的屏幕模拟隧道洞外的亮度环境，屏幕的亮度为 L_1，观察者持续而稳定地对其视野

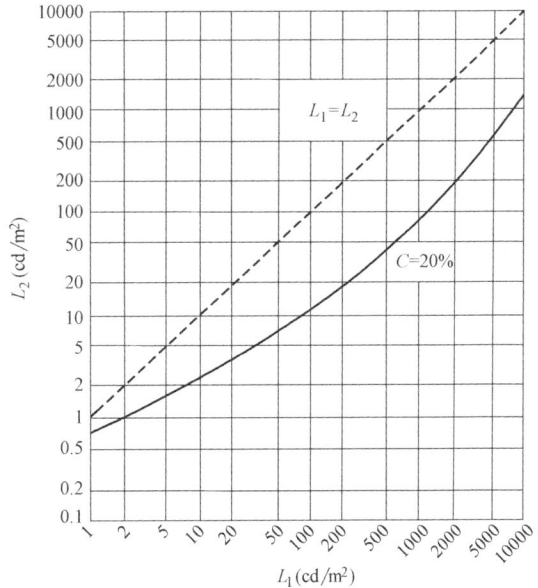

图 1-3　洞内亮度 L_2 与洞外亮度 L_1 的关系曲线

中心的亮度部分进行适应。假设在进入隧道的过程中，除非已经非常接近隧道洞口，驾驶者的视觉适应状态保持不变。

（2）在屏幕的中心有一个带有机械快门的开口，用来模拟隧道洞口，其视角 α_2 为 $1°×1°$。当快门关闭时，这个区域的亮度仍然为 L_1；当快门开启时，其亮度为 L_2。快门开启的时间为 $0.1s$。

（3）在快门开启的同时会在开口内出现一个视角 α_2 为 $7'×7'$ 的目标物，相当于驾驶者前方 100m 处放置一个 $20cm×20cm$ 的正方体，用来模拟隧道内路面上的障碍物。这个目标物的亮度为 L_3。目标物与开口的亮度对比度 $C=20\%$，目标的识别率不低于 75%。屏幕、开口、目标之间的大小和位置关系如图 1-4 所示。

由于实验参数选取上存在差异，Schreuder 和 Narisada 关于人口段亮度的取值大小存在差异，Narisada 的实验结果低于 Schreuder 的实验结果，也导致国际照明委员会的隧道照明建议书 International Recommendations for Tunnel Lighting（CIE 26—1973）与日本隧道照明的标准存在较大的差异。Schreuder 分析两者产生差异主要是因为他们的实验中驾驶者进入隧道前的视觉适应条件、选取的目标物大小不同。基于

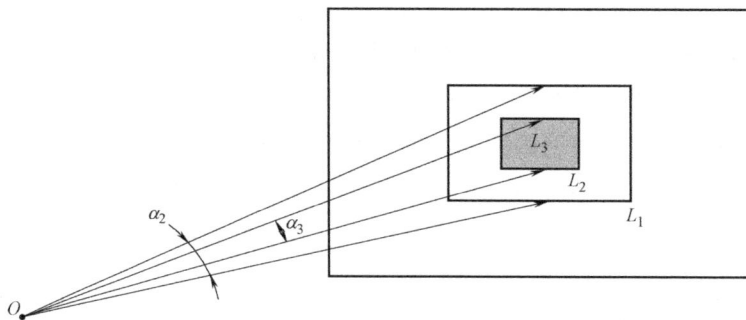

图1-4 屏幕、开口、目标之间的大小和位置关系

Schreuder 基础实验结论的国际照明委员会的推荐书的应用场景聚焦在平坦的乡村，而

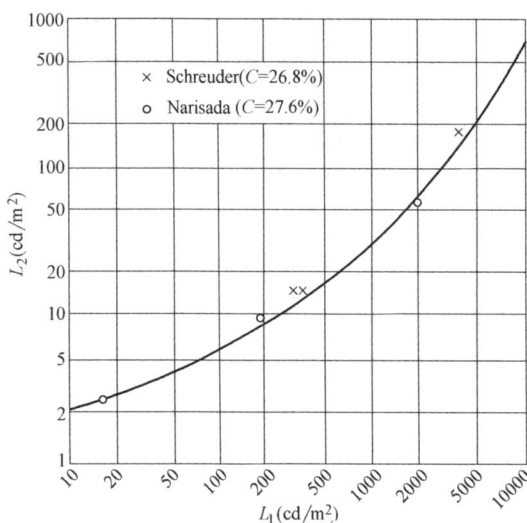

图1-5 Schreuder 与 Narisada 实验同条件结果比较

基于 Narisada 实验结论的日本照明标准的应用场景则聚焦于山区，两个应用场景的不同导致进入隧道前的视觉适应条件差异较大。把进入隧道前的视觉适应条件、目标物的大小和对比度进行归一化，两者的实验结果吻合得较好，如图1-5所示。

基于 Schreuder 的理论研究和基础实验以及业界的实践经验，国际照明委员会于1973年发布了有关隧道照明的报告 International Recommendations for Tunnel Lighting（CIE 26—1973）。该报告的主要内容如下：

（1）在白天，在隧道洞外的路段，驾驶者处于亮度等级较高的光环境中，用亮度来表示驾驶者的视觉适应状态，即洞外亮度 L_1。

（2）L_1 的值大于 $8000cd/m^2$ 的情况是有可能的。

（3）隧道第一段（即后来定义的入口段）的亮度 L_2 应不小于洞外亮度 L_1 的 10%。

（4）洞外亮度 L_1 的值在洞口外一定距离取得，即视觉适应点。

（5）给出了从隧道洞外到洞内的亮度降低变化过程。

另外，该报告对隧道中间段、出口的照明也给出了具体的建议。如果洞外设置了减光设施，要求在任何情况下太阳光都不能照射在减光设施下方的路面上。

实践经验表明，报告 International Recommendations for Tunnel Lighting（CIE 26—1973）的内容并不太适用于工程实际，因此在1975年国际照明委员会成立了专门的小组进行隧道照明的基础性研究。

1983年，Schreuder 在 Entrance Lighting for Road Traffic Tunnels 文中认为国

际照明委员会根据他的基础研究成果所制定的 *International Recommendations for Tunnel Lighting* （CIE 26—1973）需要进行重新审视，原因如下：

（1）实践表明，几乎不可能根据 *International Recommendations for Tunnel-Lighting* （CIE 26—1973）进行隧道入口照明的设计，投入运营后所支付的电费也难以承受。

（2）当时隧道的数量增长迅速，加之经济形势和能源形势的影响，不允许过高的隧道照明等级。

（3）国际上几个知名的长隧道照明系统并未完全遵照 *International Recommen-dations for Tunnel Lighting* （CIE 26—1973）设计，但运行情况尚属良好。

Adrian 在 1982 年指出，根据神经生理学和视紫红质方面的研究成果，在实践中应用 Schreuder 实验结果存在一定的问题。例如，接近隧道洞口的过程中，驾驶者的视觉适应状态与 Schreuder 实验中假想的视觉状态有相当大的差异。

在现实中，洞外场景由路面、山体、植被和树木等组成，各个部分的亮度是有差异的，在 Schreuder 的基础实验中采用均一亮度的屏幕来模拟隧道洞外场景，在洞外亮度计算时给予隧道洞门的路面太多权重，造成入口段的亮度太高，超过了实际需要。因此，在实际的工程中不能直接采用其实验结果。

1.5.2　视觉适应理论向等效光幕理论过渡阶段

1985 年，国际照明委员会发布了报告 *Tunnel Entrance Lighting-A Survey of Fundamentals for Determining the Luminance in the Threshold Zone* （CIE 61—1984）。

主要关注隧道的人口加强照明，并没有涉及隧道其他段落以及照明设计程序、计算方法、照明设备、照明控制、照明系统维护等内容。报告的内容不是强制性的，旨在为以后的隧道照明建议书的编写提供技术背景和基础。该报告首先对 Schreuder 关于隧道人口照明的基础实验的有效性和可靠性进行了确认，主要涉及目标物尺寸大小、目标物存在时间、目标物的识别率等对入口段照明的影响。

在 CIE 61-1984 报告中提出，影响驾驶视觉适应的因素有以下两个：

（1）洞口周围景物产生的等效光幕亮度 L_{seq}；

（2）驾驶者视野中心的亮度，如前方路面和隧道入口本身的亮度。

其中，等效光幕亮度 L_{seq} 是影响驾驶者视觉适应的关键因素。基于等效光幕亮度 L_{seq} 确定隧道入口段照明需求的方法称为觉察对比度法。在实践中很难在设计阶段求得等效光幕亮度 L_{seq} 的值，从而难以确定入口段的亮度需求，而采用 L_{20} 方法可以比较容易地确定入口段的亮度需求。

一般情况下，L_{20} 方法和觉察对比度法计算的结果具有较好的一致性。但是，在一些例外的情况下，两者的差异相当可观，这些情况包括以下方面：

（1）在 20° 视野范围内，天空的占比特别高或者特别低；

（2）接近段的总体亮度等级非常高；

（3）太阳接近 20°视野区域。

以 CIE 61-1984 报告为基础，结合积累的隧道照明系统方面的实践经验，国际照明委员会在 1990 年发布了 *Guide for the Lighting of Road Tunnels and Underpasses* （CIE 88—1990），其中，隧道入口段照明需求仍然基于 L_{20} 概念。该指南对 *International Recommendations for Tunnel Lighting* （CIE 26—1973）的内容作较大幅度的修正，主要体现在以下方面：

（1）较为全面地考虑了影响洞外亮度 L_{20} 的不同因素，包括停车视距、洞口周围不同景观的亮度、隧道洞口朝向等，其结果是切乎实际地大幅度降低了 L_{20} 的算值。

（2）考虑了照明灯具光强分布对照明质量的影响，即引入逆光照明、对称照明概念，采用路面亮度 L 和垂直面照度 L_v 的比值来区分两种照明类型，L/L_v 值小于等于 0.2 时为对称照明；当 L/L_v 值大于或等于 0.6 时为逆光照明，在这种情况下照明系统能够提供相对较高的路面亮度和小目标物可见度。

（3）隧道入口段的亮度与洞外亮度 L_{20} 的比值由停车视距和照明类型共同确定采用逆光照明时，L_{th}/L_{20} 值比对称照明低 $10\% \sim 30\%$。

（4）考虑了行车速度对照明水平要求的影响，但并不简单地以车速为控制指标，而是以停车视距为控制指标，因为直接影响视觉信息的是视距，而停车视距不仅与车速有关，还与路面坡度、路面类型有极为密切的关系。

（5）考虑了交通量对照明水平要求的影响，提出隧道墙壁的亮度对行车安全也有重要的影响。

（6）在附录中提供了确定隧道入口段亮度的觉察对比度计算方法。

1.5.3　等效光幕理论主导阶段

在亮度等级和面积相同的情况下，靠近驾驶者视野中心的面元对驾驶者视觉适应的影响比边缘的面元大，即驾驶者的视觉适应具有"位置"效应。在视觉适应理论中没有考虑这种"位置"效应，即假设视野内所有面元对于驾驶者视觉适应的影响权重是相等的，权重大小与面元在视野中的位置无关。

以小目标能见度为准则，Adrian 根据失能眩光形成机理发展出了等效光幕理论。来自驾驶者 20°视锥角以外的光线在人的眼球内部发生反射并产生散射光，这些散射光在视网膜的前方形成一个具有一定亮度的光幕，如图 1-6 所示，光幕的存在干扰了驾驶者对目标物的识别。驾驶者视野中的物体表面是这些光线的主要来源，因此可以将这些表面视为眩光源，基于 Holladay-Stiles 眩光计算公式就可以对这种效应进行量化。

根据眩光影响大小将视野划分为数个面元，每个面元视为独立的眩光源，该理论考虑了"位置"效应，如图 1-7 所示。

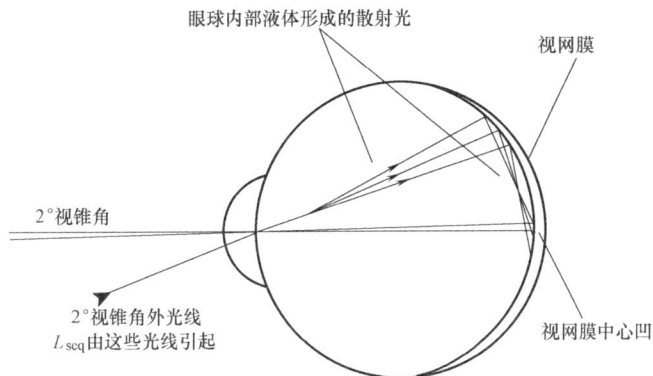

图 1-6 等效光幕亮度 L_{seq} 的形成机制

计算等效光幕亮度的步骤如下：

（1）将驾驶者视野划分为数个区域，离视野中心越近，单个区域的面积越小；离视野中心越远，单个区域的面积越大。将每个区域视为独立的眩光源。

（2）计算每个区域内景物的平均亮度。

（3）根据 Holladay-Stiles 公式计算每个区域在人眼中形成的等效光幕亮度。

（4）将所有区域的等效光幕亮度累加求和，得到视野内所有区域的等效光幕亮度。

大气含有大量的灰尘和颗粒物，自然光线经这些灰尘和颗粒物散射后，投射到驾驶者视网膜的中心凹上，形成一个光幕叠加到人的视网膜上，从而降低目标物的对比度。同样，经汽车的挡风玻璃和其上的灰尘散射的光线进入人眼，具有降低目标物对比度的效应，如图 1-8 所示。

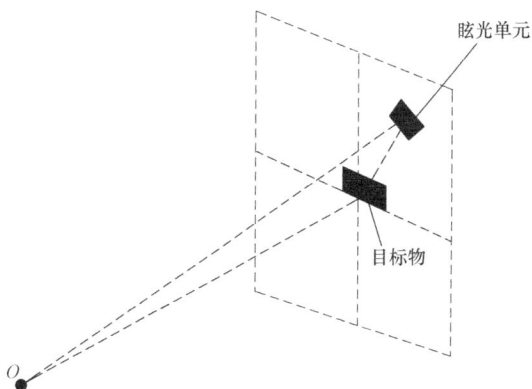

图 1-7 等效光幕示意图

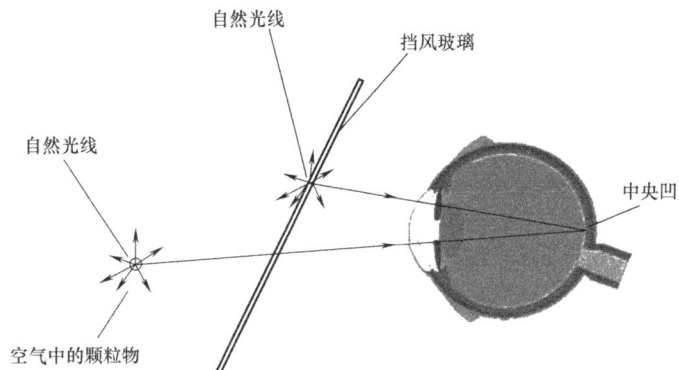

图 1-8 空气中的颗粒物及挡风玻璃散射形成的光幕

为了抵消光幕亮度对目标物对比度降低的影响，需要在隧道入口段设置人工照明以提升目标物与路面的对比度。

目标物本身的对比度 C 为：

$$C = \frac{L_{th} - L_t}{L_{th}} \tag{1-1}$$

叠加光幕亮度后，目标物的对比度 C' 为：

$$C' = \frac{(L_{th} + L_v) - (L_t + L_v)}{L_{th} + L_v} \tag{1-2}$$

$$= \frac{L_{th} - L_t}{L_{th} + L_v}$$

$$= \frac{L_{th}}{L_{th} + L_v} C$$

通过式（1-1）和式（1-2）可以求得入口段亮度 L_{th} 为：

$$L_{th} = \frac{C'}{C - C'} L_v \tag{1-3}$$

2004 年，国际照明委员会基于等效光幕理论，发布了 *Guide for the Lighting of Road Tunnels and Underpasses*（CIE 88—2004）。在该指南中，确定隧道入口段亮度的方法为觉察对比度法，并给出了详细的计算方法和步骤。

1.6　隧道照明相关规范及报告

1973　国际照明委员会 *International Recommendations for Tunnel Lighting*（CIE 26—1973）；

1985　国际照明委员会 *Tunnel Entrance Lighting-A Survey of Fundamentals for Determining the Luminance in the Threshold Zone*（CIE 61—1984）；

1990　国际照明委员会 *Guide for the Lighting of Road Tunnels and Underpasses*（CIE 88—1990）；

2000 中华人民共和国交通运输部《公路隧道通风照明设计规范》JTJ 026.1—1999；

2003　欧洲标准化委员会 *Lighting Applications-Tunnel Lighting*（CR 14380：2003）；

2004　国际照明委员会 *Guide for the Lighting of Road Tunnels and Underpasses*（CIE 88—2004）；

2005　北美照明学会 *Recommended Practice for Tunnel Lighting*（IESNA-RP-22-2005）；

2010　国际照明委员会 *Calculation Tunnel Lighting Quality Criteria*（CIE189—2010）；

2011　国际照明委员会 *On Site Measurement of the Photometric Properties of Road and Tunnel Lighting*（CIE 194—2011）；

2014 中华人民共和国交通运输部《公路隧道照明设计细则》JTG/T D70/2-01—2014；

2016 英国标准协会 *Code of Practice for the Design of Road Lighting：Lighting of Tunnels*（BS 5489-2：2016）。

第 2 章　光的基本概念

2.1　光 的 本 质

照明工程中，光是指辐射能的一部分，即能产生视觉的辐射能。

从物理学的观点，光是电磁波谱的一部分，波长范围在 380～780nm 之间，这个范围在视觉上可能稍有差异。

任何物体发射或反射足够数量合适波长的辐射能，作用于人眼睛的感受器，就可看见该物体。

描述辐射能的理论有以下几种：

1. 微粒论

由牛顿（Newton）提出，根据以下这些前提：

(1) 发光体以微粒形式发射辐射能。

(2) 这些微粒沿直线断续地射出。

(3) 这些微粒作用在眼睛的视网膜上，刺激视神经而产生视觉。

2. 波动论

由惠更思（Huygens）提出，根据以下这些前提：

(1) 光是发光材料中分子振动产生的。

(2) 这振动通过"以太"似水波一样传播出去。

(3) 这种传播的振动作用在眼睛的视网膜上，刺激视神经而产生视觉。

3. 电磁论

由麦克斯韦（Maxwell）提出，根据以下这些前提：

(1) 发光体以辐射能形式发射光。

(2) 这种辐射能是以电磁波的形式传播。

(3) 这种电磁波作用在眼睛的视网膜上，刺激视神经而产生光的感觉。

4. 量子论

由普朗克（Planck）提出的现代形式的微粒论，根据以下这些前提：

(1) 能量以不连续的量子（光子）发射和吸收。

(2) 每个量子的大小为 hv，其中 $h=6.626\times10^{-34}$ J·s（普朗克常数约值），v 为频率（Hz）。

5. 统一论

由德波洛格里（De Broglie）和海申堡格（Heisenberg）提出，根据以下这些前提：

（1）每一运动质量元素伴随着波动，波动的波长 $\lambda = h/mv$

式中　　λ——波动的波长；

　　　　h——普朗克常数；

　　　　m——微粒的质量；

　　　　v——微粒的速度。

（2）波动论或微粒论不能同时确定全部性质。

量子论和电磁论给对于照明工程师有重要意义的辐射能特性作了说明。无论光被认为是波动性质的还是光子性质的，在更确切的意义上来说是由电子过程产生的辐射。在白炽体、气体放电或固体装置中，被激励的电子返回到原子中较稳定的位置时，放射出能量而产生辐射。

简而言之，目前科学家们用两种理论来阐述光的本质，这就是"电磁波理论"和"量子论"。电磁波理论认为发光体以辐射能的形式发射光，而辐射能又以电磁波形式向外传输，电磁波作用在人眼上就产生光的感觉。量子论认为发光体以分立的"波束"形式发射辐射能，这些波束沿直线发射出来，作用在人眼上而产生光的感觉。光在空间运动可以用电磁波理论圆满地加以解释。光对物体（例如对阻挡层光电池光度计）的效应可用量子论圆满地加以解释（图 2-1）。

辐射能以波长或频率顺序排列的图形称为辐射能波谱或电磁能波谱（图 2-2）。可用它来表明各种不同辐射能波长范围之间的关系。

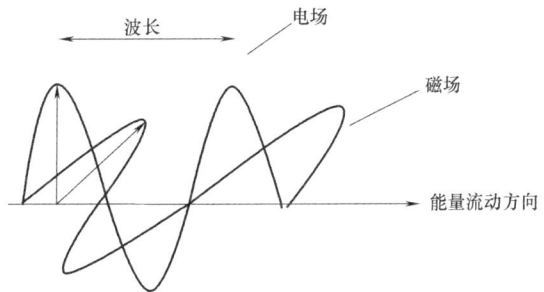

图 2-1　电磁能示意图

一般辐射能波谱的范围遍布在波长为 $10^{-16} \sim 10^5$ m 的区域。可见光谱辐射的波长在 $380 \times 10^{-9} \sim 780 \times 10^{-9}$ m（即 $380 \sim 780$ nm）之间，仅是辐射能中很小的一部分。

在 1666 年，牛顿使一束自然光线通过棱镜，从而发现光束中包含组成彩虹的全部颜色，可见光谱的颜色实际上是连续光谱混合而成的。图 2-3 表示光的颜色与相应的波段，波长从 380nm 向 780nm 增加时，光的颜色从紫色开始，按蓝、绿、黄、橙、红的顺序逐渐变化。

紫外线波谱的波长在 $100 \sim 380$ nm 之间，紫外线是人眼看不见的。太阳是近紫外线发射源。人造发射源可以产生整个紫外线波谱。紫外线有三种效应，如图 2-4 所示。

红外线波谱的波长在 780nm $\sim$ 1mm 之间，红外线也是人眼看不见的。太阳是天然的红外线发射源。白炽灯一般可发射波长在 5000nm 以内的红外线。发射近红外线的特制灯可用于理疗和工业设施，如图 2-5 所示。

紫外线、红外线两个波段的辐射能与可见光一样，可用平面镜、透镜或菱镜等光

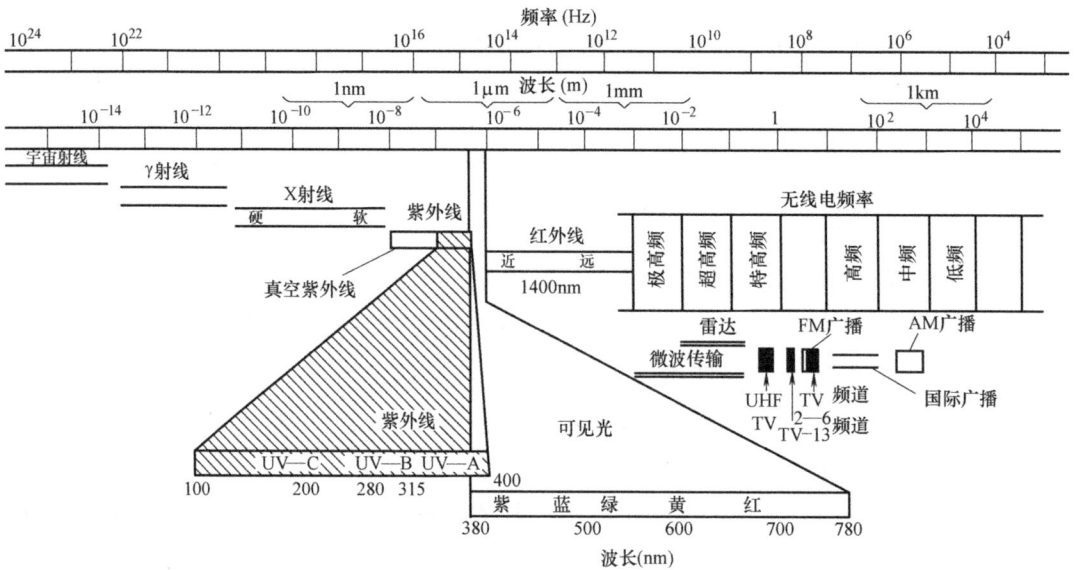

图 2-2 辐射能（电磁波）波谱

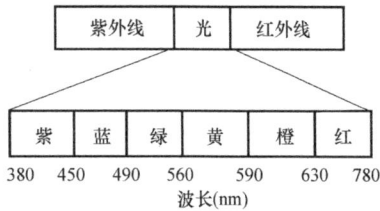

图 2-3 可见光谱

学元件进行反射、成像或色散，故通常把紫外线、可见光、红外线统称为光辐射。

所有形式的辐射能在真空中传播时速度相同，每秒为 299793km（接近每秒 30 万 km）。辐射能通过介质而改变，但频率是由产生电磁波的辐射源决定的，它不随所遇到的介质而改变。

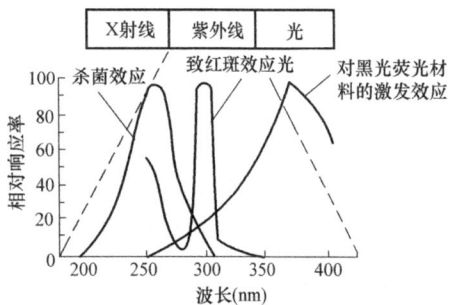

图 2-4 紫外线谱

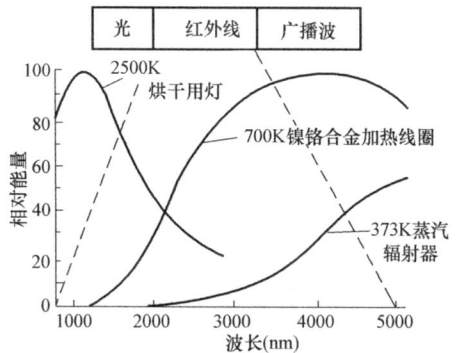

图 2-5 近红外线谱

表 2-1 给出在不同介质中的光速，其频率相应为在空气中波长 589nm 的光波。

波长 589nm 的光速（D 线钠） 表 2-1

介质	速度(m/s)	介质	速度(m/s)
真空	2.99783×10^8	硬性光学玻璃	1.98223×10^8
空气(0℃,760mm)	2.99724×10^8	水	2.24915×10^8

波长代表相邻波峰之间的距离，如图 2-2 所示。波长根据所在波谱中的不同位置，可以用不同的单位表示，例如极短的宇宙射线可用 pm 表示，而很长的电力传输波可用 km 表示。光波的单位可用 Å、nm 和 μm 表示，$1\text{Å}=10^{-10}$ m，$1\text{nm}=10^{-9}$ m，$1\mu\text{m}=10^{-6}$ m。

频率是指在 1s 内通过某给定点的波数量。频率单位为 Hz。

2.2　光谱光视效果

光谱光视效果（spectral luminous efficiency）用来评价人眼对不同波长的敏感度。不同波长的光在人眼中产生光感觉的灵敏度不同。明视觉时人眼对波长为 555nm 的黄绿光感受效果最高，对其他波长的比较低。故称 555nm 为峰值波长，以 λ_m 表示，用来度量辐射能所引起的视觉能力的量叫光谱光视效能，明视觉 $K_m=683$ lm/W（暗视觉 $K'_m=507$ lm/W），其他任意波长时的光谱光视效能 $K(\lambda)$ 与 K_m 之比称为光谱光视效率，用 $V(\lambda)$ 表示，它随波长而变化，即：

$$V(\lambda)=\frac{K(\lambda)}{K_m}$$

$$V'(\lambda)=\frac{K'(\lambda)}{K'_m} \tag{2-1}$$

式中　$K(\lambda)$、$K'(\lambda)$ ——给定波长 λ 时的光谱光视效能；

$\qquad K_m$、K'_m ——峰值波长 λ_m 时的光谱光视效能；

$\qquad V(\lambda)$、$V'(\lambda)$ ——给定波长 λ 时的光谱光视效率。

或者说，波长为 λ_m 及给定任意波长 λ 的两束辐射，在特定光度条件下产生同样亮度的光感觉时，波长为 λ_m 时的辐射通量与波长为 λ 时的辐射通量之比，称为该波长的光谱光视效率。当波长在峰值波长 λ_m 时，$V(\lambda_m)=1$，在其他波长 λ 时，$V(\lambda_m)<1$。上述为明视觉的光谱光视效率（见图 2-6 中的曲线 1）。

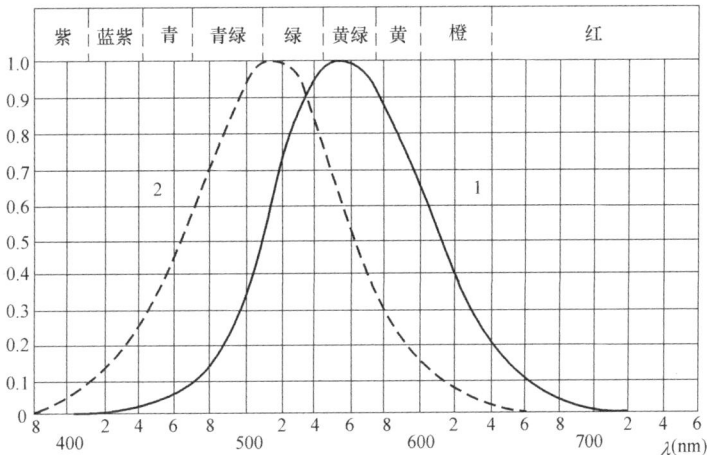

图 2-6　光谱光视效率曲线

视觉与亮度的关系是：亮度在几个坎德拉每平方米（cd/m²）以上时，人眼为明视觉；亮度在几个坎德拉每平方米（cd/m²）以下时，人眼为暗视觉，人眼光谱光视效率曲线的峰值要向波长较短的方向移动，其最大灵敏值一般出现在波长为507nm处，图2-6中曲线2为特性有关。当视场亮度在明视觉与暗视觉之间时，人眼为中间视觉，是视网膜内锥状细胞和杆状细胞交替作用的过程（表2-2）。

明视觉及暗视觉光谱光效率 表 2-2

波长 λ (nm)	光谱光视效率		波长 λ (nm)	光谱光视效率		波长 λ (nm)	光谱光视效率	
	$V(\lambda)$	$V'(\lambda)$		$V(\lambda)$	$V'(\lambda)$		$V(\lambda)$	$V'(\lambda)$
380	0.00004	0.000589	520	0.710	0.935	660	0.061	0.0003129
390	0.00012	0.002209	530	0.862	0.811	670	0.032	0.0001480
400	0.0004	0.00929	540	0.954	0.650	680	0.017	0.0000715
410	0.0012	0.03484	550	0.995	0.481	690	0.0082	0.00003533
420	0.0040	0.0966	560	0.995	0.3288	700	0.0041	0.00001780
430	0.0116	0.1998	570	0.952	0.2076	710	0.0021	0.00000914
440	0.023	0.3281	580	0.870	0.1212	720	0.00105	0.00000478
450	0.038	0.455	590	0.757	0.0655	730	0.000052	0.000002546
460	0.060	0.567	600	0.631	0.03315	740	0.00025	0.000001379
470	0.091	0.676	610	0.503	0.01593	750	0.00012	0.000000760
480	0.139	0.793	620	0.381	0.00737	760	0.0006	0.000000425
490	0.208	0.904	630	0.265	0.003335	770	0.00003	0.0000004213
500	0.323	0.982	640	0.175	0.001497	780	0.000015	0.0000001390
510	0.503	0.997	650	0.107	0.000677			

人眼或辐射接收器的相对光谱响应符合光谱光视效率曲线 $V(\lambda)$ 或 $V'(\lambda)$ 的称为 CIE 标准观察者。目前常用光度量中的"光通量"是以明视觉来定义的，对暗视觉不适用。

2.3 光的度量

光的常见度量指标有光通量、发光强度（光强）、照度、亮度显色性、发光效率和对比感受性等，其中最为重要的指标是光通量、发光强度、照度和亮度，这4个指标的关系如图2-7所示。下面将一一讲述这些度量指标。

1. 光通量

光源在单位时间内向周围空间辐射出使人眼产生感觉的能量称为光通量，用符号 Φ 表示，实用单位为流明（lm），简称流。单位电功率下所发出的光通量流明数称为发光效率。

应特别指出的是，光通量是根据人眼对光的感觉来评价的。

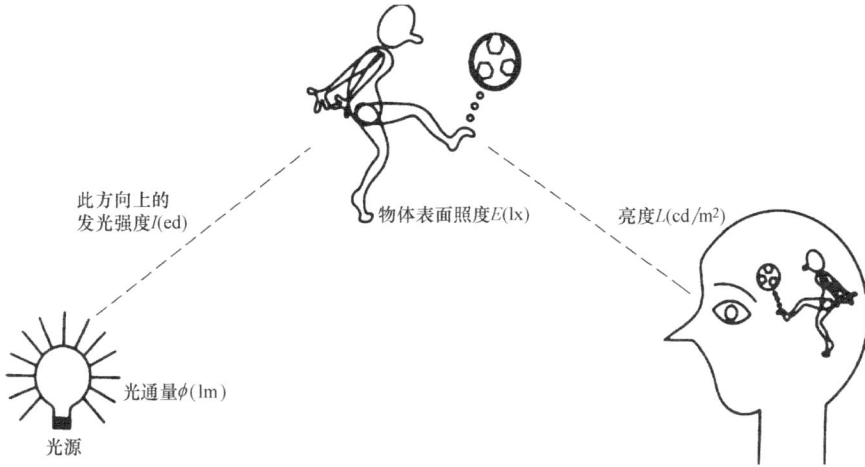

图 2-7 光通量、发光强度、照度与亮度之间的关系

$$\Phi = K \int_0^\infty \frac{\mathrm{d}\phi(\lambda)}{\mathrm{d}\lambda} V(\lambda) \mathrm{d}\lambda \tag{2-2}$$

式中 K——光敏度、感光度、人眼对色彩的感知能力，取 $K = K_m = 683.002\mathrm{lm/W}$；

λ——波长，事实上人眼只对波长位于 $380 \sim 780\mathrm{nm}$ 的可见光有反应；

$V(\lambda)$——明视觉的光谱光视效率。

2. 发光强度（光强）

光源在特定方向上单位立体角 ω 内辐射的光通量称为光源在该方向上的发光强度，简称光强。它用来描述辐射体在不同方向上光通量的分布特征，通常用符号 I 表示，单位为坎德拉（cd），简称坎。坎德拉是国际单位制的基本单位（旧称"烛光"，俗称"支光"）。

光强如图 2-8 所示向各方向均匀辐射光通量的光源，各方向的光强度相等，其值为：

$$I = \frac{\mathrm{d}\Phi}{\mathrm{d}\omega} \tag{2-3}$$

式中 I——光强（cd）；

Φ——光源辐射的光通量（lm）；

ω——立体角，或称为球面角，它等于与之对应的球面面积 S 与球半径 r 平方的比值，即 $\omega = S/r^2$。

3. 照度

当光通量投射到物体表面时，可把物体表面照亮。而物体被照亮的程度常用照度这个物理量来描述，它是指每单位面积上收到的光通量值，符号为 E，单位为勒克斯（lx），其定义为：

$$E = \frac{\mathrm{d}\Phi}{\mathrm{d}S} \tag{2-4}$$

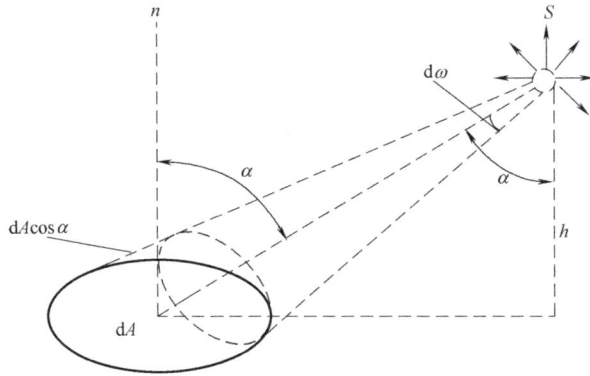

图 2-8 光强示意图

式中 E——照度（lx）；

S——受光面积（m^2）；

Φ——光源辐射的光通量（lm）。

1lm 相当于 1m^2被照面上接收到的光通量为 1lm 时的照度，自然光的照度在不同光线下的情况见表 2-3。

自然光的照度在不同光线下的情况   表 2-3

情况	照度值(lx)	情况	照度值(lx)
夜间在地面上产生的照度	3×10^{-4}	晴朗夏日采光良好的室内的照度	$100 \sim 500$
满月在地面上产生的照度	0.2	太阳不直接射到露天地面的照度	$10^3 \sim 10^4$
工作场地必须的照度	$20 \sim 100$	正午露天地面的照度	10^5

4. 亮度

亮度是直接对人眼引起感觉的光量之一，通常把光源在某一方向上的单位投影面在单位立体角中发射的光通量称为光源在某一方向的（光）亮度，用符号 L 表示，单位为尼特（nt）。

亮度与被视物的发光或反光面积及反光程度有关，而且物体在各个方向的亮度不一定相同，因此常在符合 L 的右下角注明角度 θ，用以表示与物体表面法线成 θ 夹角方向的亮度（图 2-9）。于是，亮度定义为：

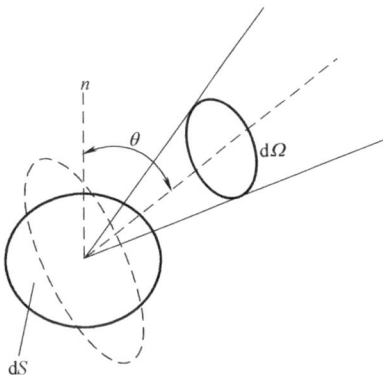

图 2-9 光亮度示意图

$$L_\theta = \frac{I}{S\cos\theta} \tag{2-5}$$

式中 L_θ——发光表面沿 θ 方向的亮度（nt）；

I——光强（cd）；

$S\cos\theta$——发光表面的投影面积（m^2）。

亮度的单位 nt 等于 1m² 表面积沿物体表面法线方向产生 1cd 的发光强度（即 1nt＝1cd/m²），而亮度常用比 nt 大的单位（sb）的计算量（1sb＝10000nt），亮度是表征发光面在不同方向上的光学特性。如晴朗无云的天空平云亮度为 0.5sb，40W 荧光灯表面亮度为 0.7sb，白炽灯丝的亮度为 300～500sb，而太阳亮度则高达 $20×10^5$ sb。

5. 显色性

作为照明光源，除了要求高的光效外，还希望它对颜色的还原性能较好，各色物体被光照后的颜色效果与它在标准光源下被照时一样，就说明光源的显色性好。

光源的显色性用显色指数 R_a 表示，光源的显色性由其辐射光谱决定，光谱范围越窄，显色性越差，如单一波长的单色光低压钠灯。日光包含全部可见光谱，其显色性较好，不同物体在日光下之所以呈现不同颜色，是因为它们将不同于自身颜色波长的光全部吸收，而将与自身颜色相同波长的光反射出来，就呈现出该颜色。如果将蓝色的物体放在单一的黄色光下，由于没有蓝色光可反射，物体就会呈现黑色，这就是在低压钠灯下的颜色效果。

6. 发光效率

（1）光源发光效率

发光效率是指一个光源所发出的光通量 ϕ 与该光源所消耗的电功率 P 的比值，即单位电功率下所发出光通量的流明数（lm/W）。其表达式如下：

$$\eta=\frac{\Phi}{P} \tag{2-6}$$

式中 Φ——一个光源所发出的光通量；

P——该光源所消耗的电功率。

（2）灯具效果

灯具效果是指在规定条件下测得的灯具发射的光通量值与灯具内所有光源发出的光通量的测定值之和的比值。

7. 对比感受性

视觉认知的基本条件是亮度对比和颜色对比，颜色对比我们在此忽略，下面仅就亮度对比这一度量进行叙述。

亮度对比是指人视野中目标物的亮度和背景亮度的差值与背景亮度的比值，一般用符号 C 表示，即：$C=(L_b-L_o)/L_b$。

人眼刚刚能够知觉的最小亮度比称为阈限对比，用符号 $\overline{C}$ 表示。阈限对比的倒数即表示人眼的对比感受性，也称为对比灵敏度，用符号 S_C 表示，即：

$$S_C=\frac{1}{\overline{C}} \tag{2-7}$$

式中 S_C——对比感受性，为随着照明条件、观察目标呈现的时间等因素而变化的常数；

$\overline{C}$——阈限对比。

在理想条件下，视力好的人能够分辨 0.01 的亮度对比，即人的对比感受性最大可达 100。

2.4 材料的光学性质

光线如果不遇到物体时，总是按直线方向行进，当遇到某种物体时，光线或被反射，或被透射，或被吸收。当光投射到不透明的物体时，光能量的一部分被吸收，另一部分则被反射，光投射到透明物体时，光通量除被反射与吸收一部分外，其余部分则被透射。

在入射辐射的光谱组成、偏振动状态和几何分布给定的条件下漫射材料对光的反射、透射和吸收性质在数值上可用相应的系数表示：

反射比　$\rho = \dfrac{\phi_\rho}{\phi_i}$

透射比　$\tau = \dfrac{\phi_\tau}{\phi_i}$

吸收比　$a = \dfrac{\phi_a}{\phi_i}$

式中　ϕ_i——投射到物体材料表面的光通量；

ϕ_ρ——ϕ_i 之中被物体材料反射的光通量；

ϕ_τ——ϕ_i 之中被物体材料透射的光通量；

ϕ_a——ϕ_i 之中被物体材料吸收的光通量。

根据能量守恒定律，则有：

$$\rho + \tau + a = 1 \tag{2-8}$$

表 2-4 列出了各种材料的反射比和吸收比。灯具用反射材料的目的是把光源发出的光反射到需要照明的地方。这样，反射面就成为二次发光面，为提高效率，一般宜采用反射比较高的材料。

各种材料的反射与吸收比

表 2-4

	材料	反射比 ρ	吸收比 a
规则反射	银	0.92	0.08
	铬	0.65	0.35
	铝（普通）	60～73	40～27
	铝（电解抛光）	0.75～0.84（光泽） 0.62～0.70（无光）	0.16～0.25（光泽） 0.30～0.38（无光）
	镍	0.55	0.45
	玻璃镜	0.82～0.88	0.12～0.18

续表

	材料	反射比 ρ	吸收比 a
漫反射	硫酸钡	0.95	0.05
	氯化镁	0.975	0.025
	碳酸镁	0.94	0.06
	氧化铅	0.87	0.13
	石膏	0.87	0.13
	无光铝	0.62	0.38
	率喷漆	0.35～0.40	0.60～0.65
建筑材料	木材(白木)	0.40～0.60	0.40～0.60
	抹灰、白灰粉刷墙壁	0.75	0.25
	红墙砖	0.30	0.70
	灰墙砖	0.24	0.76
	混凝土	0.25	0.75
	白色瓷砖	0.65～0.80	0.20～0.35
	透明无色玻璃(1～3mm)	0.08～0.1	0.01～0.03

表 2-4 列出的是一些基本材料，随着科技的发展，无论是室内各面的涂料还是室外立面的涂料、挂板、玻璃幕墙都有很多新品种，照明设计师应及时与饰面材料公司、幕墙公司联络，取得该材料的光学技术资料。

2.5　光 的 反 射

当光线遇到非透明物体表面时，大部分光被反射（Reflection），小部分光被吸收。光线在镜面和扩散面上的反射状态有以下几种：

1. 规则反射、镜面反射（Regular Reflection，Specular Reflection）

在研磨很光的镜面上，光的入射角等于反射角，反射光线总是在入射光线和法线所决定的平面内，并与入射光分处在法线两侧，称为反射定律，如图 2-10 所示。在反射角以外，人眼是看不到反射光的，这种反射称为规则反射，亦称镜面反射。它常用来控制光束的方向，灯具的反射罩就是利用这一原理制作的，但一般由比较复杂的曲面构成。

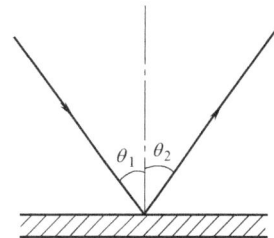

图 2-10　规则反射

2. 散反射（Spread Reflection）

当光线从某方向入射到经散射处理的铝板、经涂刷处理的金属板或毛面白漆涂层时，反射光向各个不同方向散开，但其总的方向是一致的，如图 2-11 所示，其光束的轴线方向仍遵守反射定律。这种光的反射称为散反射。

3. 漫反射（Different Reflection）

光线从某方向入射到粗糙表面或涂有无光泽镀层的表面时，光线被分散在许多方向，在宏观上不存在规则反射，这种光的反射称为漫反射。当反射遵守朗伯余弦定律，即向任意方向的强光 I_θ 与该反射面的法线方向的光强 I_O 所成的角度 θ 的余弦定律，即向任意方向的强光 I_θ 与该反射面的法线方向的强光 I_O 所成的角度 θ 的余弦成正比例：$I_\theta = I_O \cos\theta$，而与光的入射方向无关，从反射面的各个方面看去，其亮度均相同，这种光的反射称为各向同性漫反射，如图 2-12 所示。

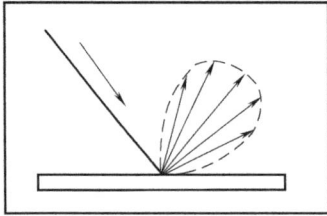

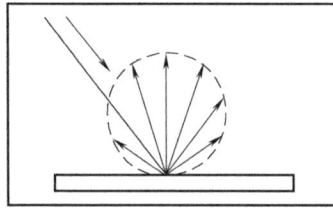

图 2-11　散反射　　　　　　图 2-12　各向同性漫反射

4. 混合反射（Mixed Reflection）

光线从某方向入射到瓷釉或带高度光泽的漆层上时，规则反射和漫反射兼有，如图 2-13 所示。在定向反射方向上的发光强度比其他方向要大得多，且有最大亮度，在其他方向上也有一定数量的反射光，而其亮度分布是不均匀的。

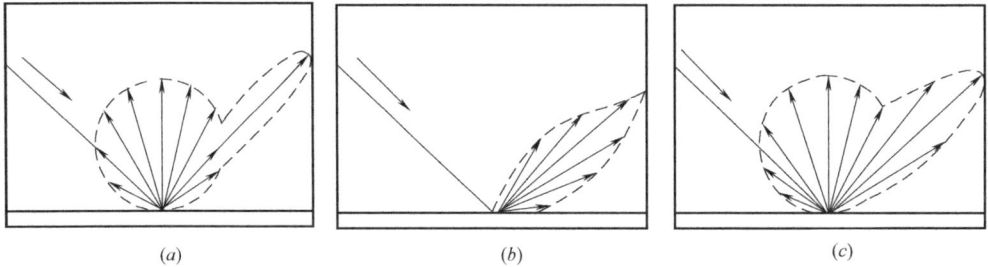

(a)　　　　　　　　　(b)　　　　　　　　　(c)

图 2-13　混合反射

(a) 漫反射与镜面反射的混合；(b) 漫反射与散反射的混合；(c) 镜面反射与散反射的混合

2.6　光的折射与透射

2.6.1　折射（Refraction）

光在真空中的传播速度为 30 万 km/s，在空气中慢 6～7km/s，在玻璃、水或其他透明物质内传播时，其速度就显著降低了，那些是光速减小的介质——光密物质，而光传播速度大的介质则称为光疏物质。

光从第一种介质进入第二种介质时，若倾斜入射，则在入射面上有反射光，而进入第二种介质时有折射光，如图 2-14 所示。在两种介质内，光速不同，入射角 i 与折射角 γ 不等，因而呈现光的折射。不论入射角怎么变化，入射角与折射角正弦之比是一个常数，这个比值称为折射率。即：

$$n_{21} = \frac{\sin i}{\sin \gamma} \tag{2-9}$$

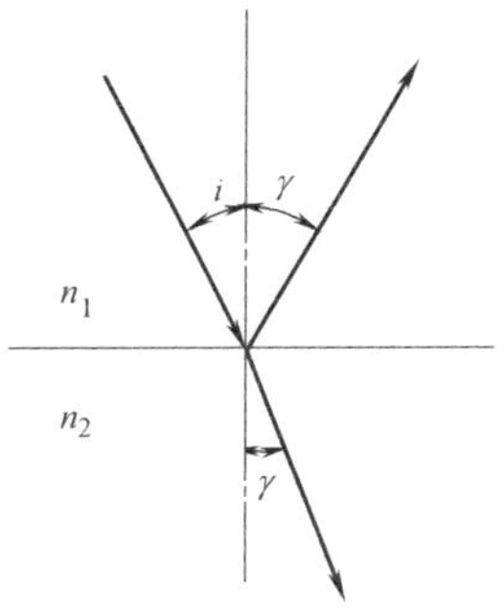

图 2-14　光的折射与反射

光从真空中射入某种介质的折射率称为某种介质的绝对折射率。由于光从真空射到空气中时，光速变化甚小，因此可以认为空气的折射率 n 近似于 1。在其他物质内，光的传播速度变化较大，其绝对折射率均大于 1。为此，一般可近似将由空气射入某种介质的折射率称为这一介质的折射率。若两种不同介质的折射率分别为 n_1 及 n_2，光由第一种介质进入第二种介质时，还有下列关系式：

$$n_{21} = \frac{\sin i}{\sin \gamma} = \frac{n_2}{n_1}$$

或

$$n_1 \sin i = n_2 \sin \gamma \tag{2-10}$$

图 2-15 为光透过和折射的情况，图中 θ_1 为入射角，θ_2 为折射角。光在平行透射材料内部折射时，入射光与透射光的方向不变；而在非平行透射材料中折射后，出射方向有所改变。这种折射原理常用来制造棱镜或透镜。

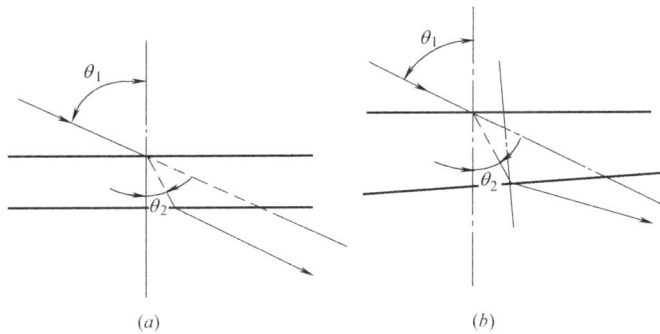

图 2-15　光的透射与折射

（a）平行透射材料；（b）非平行透射材料

2.6.2　全反射（full reflection）

在光线由光密物质射向光疏物质时，如图 2-16 所示，$n_1 > n_2$，此时入射角 i 小于折射角 γ，当入射角未达到 90°时，折射角已达到 90°，继续增大入射角时，则光线全部回到光密物质内，不再有折射光，这种现象称为全发射。利用它获得不损失光的反射表面。

光不再进入光疏介质时入射角 A 按下式计算：

$$\sin A = \frac{n_2}{n_1}$$

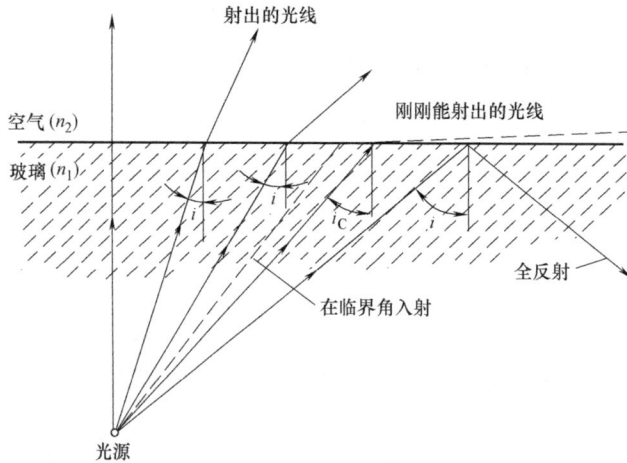

图 2-16 全反射

或
$$A = \arcsin \frac{n_2}{n} \tag{2-11}$$

水的临界角约为 $48.5°$，各种玻璃的临界面为 $30°\sim42°$。全反射原理在光导纤维和装饰、广告照明中广泛应用。

光线由光疏介质向光密介质时，不会发生全反射现象。

光的透射（Transmission of Light）。光入射到透明或半透明材料表面时，一部分被反射，一部分被吸收，大部分可以透射过去。如光在玻璃表面垂直入射时，入射光在第一面（入射面）反射 4%，在第二面（透过面）反射 $3\%\sim4\%$，被吸收 $2\%\sim8\%$，透射率为 $80\%\sim90\%$。由于透射材料的品种不同，透射光在空间分布的状态有以下几种：

1. 规则透射（Transmission of Light）

当光线射到透明材料上时，透射光是按照几何光学的定律进行的透射，如图 2-17 所示。图 2-17 (a) 透射光的方向与原入射光方向相同，但有微小；图 2-17 (b) 透射光的方向由于光折射而改变了方向。

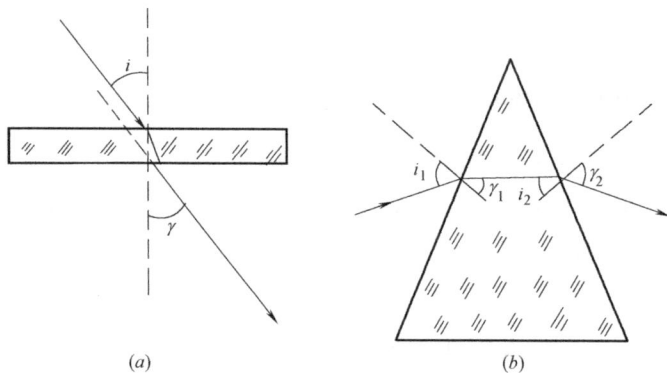

(a)   (b)

图 2-17 定向透射

(a) 平行透光材料（图中为平板玻璃）；(b) 非平行透光材料（图中为三棱镜）

2. 散透射（Spread Transmission）

光线穿过散透射材料（如磨砂玻璃）时，在透射方向上的发光强度较大，在其他方向上光强度较小，表面亮度也不均匀，透射方向较亮，其他方向较弱，这种情况称为散透射，亦称为定向扩散透射，如图 2-18 所示。

3. 漫透射（Different Transmission）

光线照射到散射性好的透光材料上时（如乳白玻璃等），透射光将向所有的方向散开并均匀分布在整个半球空间内，这称为漫透射。当透射光服从朗伯定律，即发光强度按余弦分布，亮度在各个方向上均相同时，即称为均匀漫透射，如图 2-19 所示。

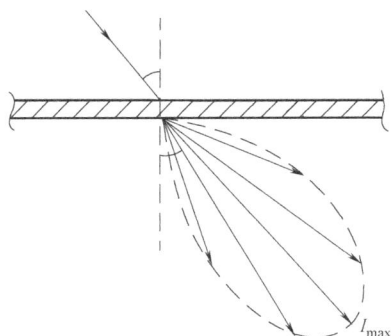

图 2-18　散透射

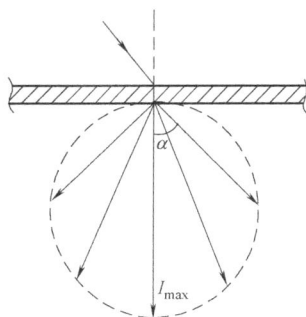

图 2-19　均匀漫透射

4. 混合透射（Mixed Transmission）

光线照射到透射材料上，其透射特性介于规则透射与漫透射（或散透射）之间的情况，称为混合透射。

图 2-20 为几种材料样品的透射情况。

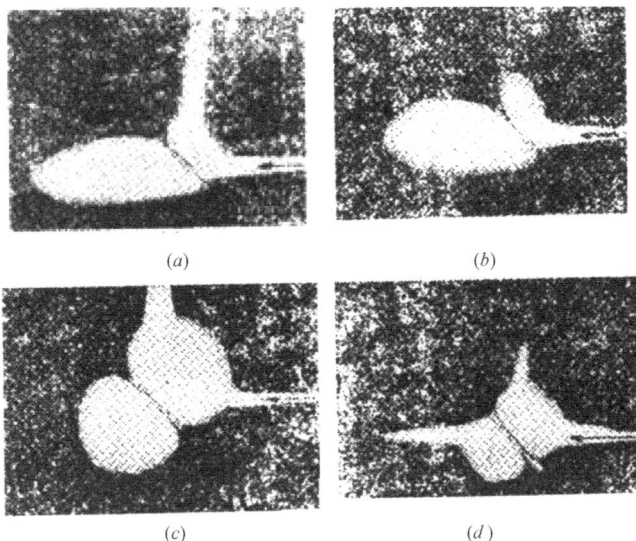

(a)

(b)

(c)

(d)

图 2-20　几种材料样品的透射

（a）在毛玻璃样品的光滑面入射时的散透射；（b）在毛玻璃样品的粗糙面入射时的散透射；

（c）光入射与乳白玻璃或白色塑料板形成的漫透射；（d）光通过乳白玻璃时的混合透射

2.6.3 亮度系数

研究证明，在漫反射的情况下，反射光的光强空间分布是一个圆球，并且在反射面与光线的入射点相切，与入射光的方向无关，如图 2-12 所示。发光强度可用下式表达：

$$I_\alpha = I_{max} \cos\alpha \tag{2-12}$$

式中　I_α——与反射面的法线成 α 角的发光强度；

I_{max}——沿反射面的入射点法线方向的发光强度，是发光强度的最大值。

在漫反射的条件下，表面的光度对各个方向均是相同的，现证明如下：

根据亮度的定义，任一给定方向的亮度 L_α 为：

$$L_\alpha = \frac{I_\alpha}{dA \cdot \cos\alpha} \tag{2-13}$$

将式（2-12）代入式（2-13），则有：

$$L_\alpha = \frac{I_{max} \cdot \cos\alpha}{dA \cdot \cos\alpha} = \frac{I_{max}}{dA} = L \tag{2-14}$$

由式（2-14）可知，任一方向的亮度 L_α 都是一样的数值。

漫反射时反射的光通量 ϕ_ρ 应为：

$$\phi_\rho = \int d\phi_\rho = \int I_\alpha d\Omega \tag{2-15}$$

由于漫反射条件下，反射光的发光强度的空间分布是一个圆球，故有：

$$\phi_\rho = 2\pi \int_0^{\frac{\pi}{2}} I_{max} \cdot \cos\alpha \cdot \sin\alpha \cdot d\alpha = \pi \cdot I_{max} \tag{2-16}$$

又根据反射比的定义，漫反射材料的反射比 ρ 可表达为：

$$\rho = \frac{\phi_\rho}{\phi_i} = \frac{\pi I_{max}}{E dA} = \frac{\pi L dA}{E dA} = \frac{\pi L}{E}$$

由上式可得漫反射面的亮度和照度的关系式：

$$L = \frac{\rho E}{\pi} \tag{2-17}$$

式中　ϕ_ρ——反射光通量（lm）；

ϕ_i——入射光通量（lm）；

L——漫反射面的亮度（cd/m^2）；

E——漫反射面的照度（lx）。

反射系数等于 1 的漫反射面称为理想漫反射面的亮度 L_o 可从式（2-17）得出：

$$L_o = \frac{\rho E}{\pi} = \frac{E}{\pi} \tag{2-18}$$

亮度系数（Luminance Factor）定义为反射光（或透射光）表面在某一方面的亮度 L_a 与受到同样照明的理想漫反射表面的亮度 L_o 之比，用符号 γ 表示：

$$\gamma = \frac{L_a}{L_o} = \frac{L_o}{E/\pi} = \frac{L_o}{E}\pi \qquad (2\text{-}19)$$

也有书上把 L/E 称为亮度系数的。

若已知漫反射表面的照度和在给定条件下（某一方面）的亮度系数，按式（2-19）就可求得表面（在该方向）的亮度：

$$L_o = \gamma L_o = \gamma \frac{E}{\pi} \qquad (2\text{-}20)$$

比较式（2-17）和式（2-20），具有漫反射特性的表面，其亮度系数等于反射比。

漫透射与漫反射相似，其透射光的分布特性与照射光的方向无关，其表面的亮度对于各个方向均相同，而且亮度系数等于透射比。

2.7　材料的光谱特性

材料表面具有选择性地反射光通量的性质，即对于不同波长的光，其反射性能也不同。这就是在太阳光照射下物体呈现各种颜色的原因。可应用光谱反射比 ρ_λ 这一概念来说明材料表面对于一定波长光的反射特性。光谱反射比 ρ_λ 是物体反射的单色光通量 $\phi_{\lambda\rho}$ 对于入射的单色光通量 $\phi_{\lambda i}$ 之比：

$$\rho_\lambda = \frac{\phi_{\lambda\rho}}{\phi_{\lambda i}} \qquad (2\text{-}21)$$

图 2-21 是几种颜料的光谱反射比 $\rho_\lambda = f(\lambda)$ 的曲线。由图可见，这些有色彩的表面在和其他色彩相同的光谱区域内具有最大的光谱反射比。

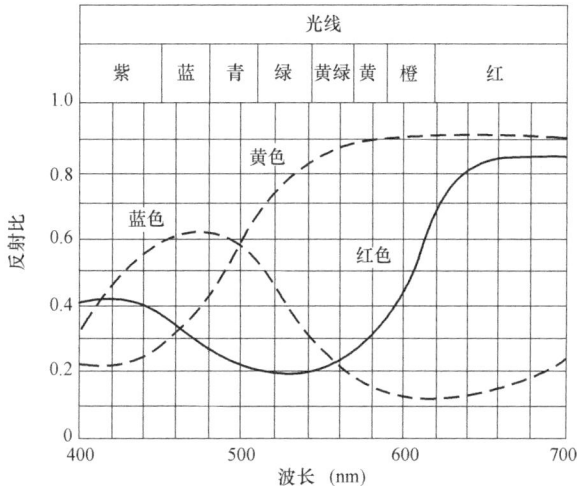

图 2-21　几种颜色的光谱反射系数

通常所说的反射比 ρ 是指对色温为 5500K 的白光而言。

同样，透射性能也与入射光的波长有关，即材料的透射光也具有光谱选择性，用光谱透射比 τ_λ 表示。光谱透射比是透射的单色光通量 $\phi_{\lambda\tau}$ 对于入射的单色光通量 $\phi_{\lambda i}$ 之比：

$$\tau_\lambda = \frac{\phi_{\lambda\tau}}{\phi_{\lambda i}} \tag{2-22}$$

而通常所说的透射比 τ 是指对色温为 5500K 的白光而言。

2.8　材料的其他光学特性

2.8.1　光的偏振（Polarization of Light）

光是由许多原子以特定的振动发出的电磁波，引起视觉和生理作用的电磁波的电场强度振动均匀地分布在各个方向，如图 2-22（a）所示。这种光称为自然光，或称为非偏正光。

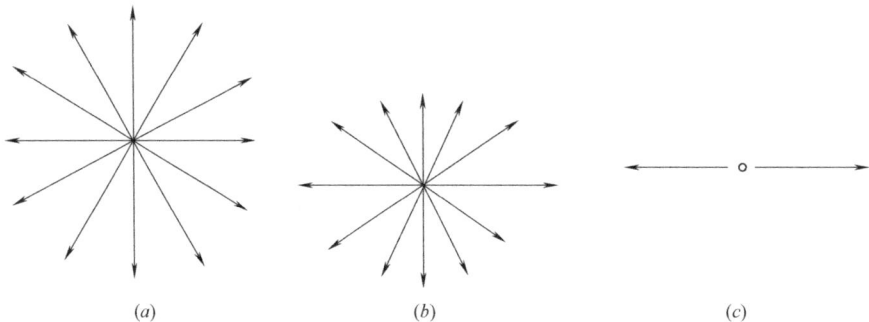

图 2-22　自然光和偏振光
(a) 自然光；(b) 部分偏振角；(c) 直线偏振光

自然光在被某些材料反射或透射的过程中，这些材料能消除自然光的一部分振动，使反射和透射出来的光线中，在某一方向的振动较强，而在另一方向的振动较弱，这种现象称为光的偏振，这种光称为偏正光。图 2-22（b）所示的偏振光，除了在一个方向上有较强的振动外，还包括其他方向上较小的振动，这种光称为部分偏振光。图 2-22（c）所示的偏振光是理想的偏振光，仅在一个方向上振动，这种光称为直线偏振光。

自然光在透明玻璃或其他透明的材料的光滑平面上入射时，反射光与折射光都产生偏振，反射光的主要振动方向与玻璃表面平行（图 2-23 中与纸面垂直），折射光的主要振动方向在入射面内（图 2-23 中在纸的平面上）。如果入射角 i 与折射角 γ 之和正好等于 $90°$，则此时的反射光是直线偏振光。而折射光总只是部分偏振光。

从材料表面反射出来的光，通常可看作是由直线偏振光和漫射光合成的，漫射光部分是进行视力工作所必需的，而偏振光却是产生炫光作用的重要因素。如果能将反射光中的偏振成分加以消除或减弱，就可以在很大程度上减少反射眩光作用。如果在灯具中采用特殊设计的反射罩，使其射出的光线成为竖直方向振动的偏振光，这种光在工作面上反射时，没有水平方向振动的偏振光，因而就没有眩光。

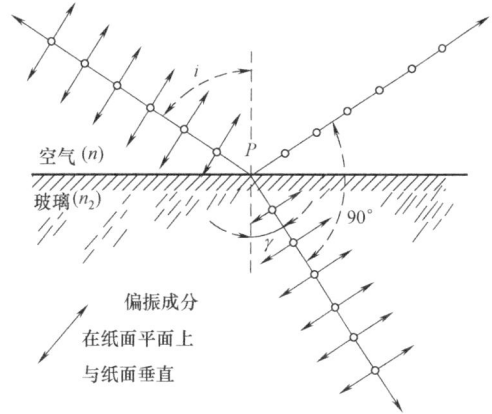

图 2-23　光从玻璃面上的偏振反射

2.8.2　光的干涉（Interference of Light）

当两个分开而又"相干"的光源照射在同一屏幕上时，就会出现光的干涉现象。"相干"的光源是指两个光源辐射出波长完全相同的光，并且有固定的相位关系。当这两个光源的光互相合并时，能使屏幕上某些地方两个光波同相位而彼此相加，而在另外一些地方两个光波异相位而互相抵消或减弱，其结果在屏幕上显出明暗相间的条纹，这就是光的干涉。

利用光干涉现象的光干涉涂层，在摄影机、投影仪和其他光学仪器及灯具上获得广泛应用，它能减少透射表面的光反射，从光线中把热分离出来，依照颜色透射或反射光，增加反射器的反射和完成其他的光控制作用。自然界发生的光干涉现象有常见的肥皂泡和油膜。"介质膜"是光干涉现象应用于表面的实例之一，能减少反射比，增加透射比，从而改善对比度关系。薄膜厚度为波长的 1/4，薄膜折射率在所用玻璃折射率与玻璃周围介质折射率之间，最坚固、最耐久的是氟化镁薄膜。这种介质膜表面可以把一般空气—玻璃表面反射的 4% 降低到 0.5% 以下，原因是在空气至薄膜和薄膜至玻璃表面的反射之间干涉被消除了。

2.9　道路照明质量参数

2.9.1　照度

照度表示光源投射到物体表面单位面积上的光通量，单位为勒克斯（lx），其表达式为：

$$E=\frac{\mathrm{d}\Phi}{\mathrm{d}A} \tag{2-23}$$

当入射角度不垂直于入射面时，照度的大小遵循朗伯余弦定律，即物体表面的照度大小等于光通量除以面积和入射角余弦的乘积，如图 2-24 所示。

照度因所在平面或者曲面不同分为水平照度、垂直照度、柱面照度和半柱面照度。照度是客观、可精确测量的物理量，与观察者的观察方向和位置无关，通常作为道路照明质量评价标准之一。

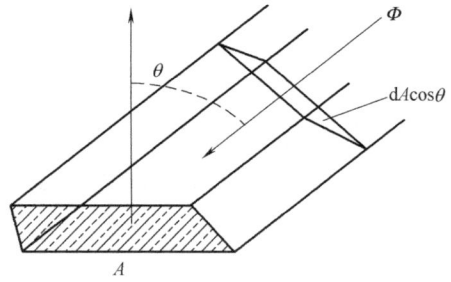

图 2-24　朗伯余弦定律

2.9.2　亮度

亮度是表示人眼感受物体表面反射光强弱的物理量，也表示从物体表面反射出内在特定方向上单位立体角内的光通量，单位为坎德拉/平方米（cd/m²）。物体表面亮度主要与以下三个因素相关：

（1）投射在物体表面的光通量；

（2）物体表面的反射率；

（3）观察方向或者角度。

图 2-25 为亮度定义示意图。在物体表面 S 上取一个面积足够小的面元 dA，观察者的观察方向与物体表面 S 法线 n 的夹角为 θ，$d\Omega$ 为观察方向上的单位实体角，dI 为面元 dA 接收到的入射光光强，则物体亮度可表达为：

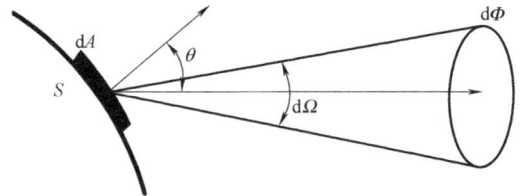

图 2-25　亮度定义示意图

$$L=\frac{\mathrm{d}I}{\cos\theta\mathrm{d}A}=\frac{\mathrm{d}^2\Phi}{\mathrm{d}A\mathrm{d}\Omega\cos\theta}\tag{2-24}$$

亮度和照度都可以作为隧道照明质量的评价指标，但是亮度和照度有本质的不同。亮度与照度的关系如图 2-26 所示，路面上 A 点和 B 点的照度相同，当路面的镜面反射特性较强时，B 点的亮度要低于 A 点的亮度。照度与观察者的位置、观察方向无关，一般用于室内观察者的位置和观察角度经常变化的场所的照明质量评价，如办公区、体育场和生产车间等。亮度大小与灯具的光强分布、观察面的反射率、观察者的位置和方向相关。在道路驾驶中，驾驶者的视线夹角与前方路面的角度基本固定，一般为 0.5°~2°，路面亮度的高低取决于经路面反射后的光线进入驾驶者眼睛的多少，因此亮度指标更适合用于隧道照明质量的评价。

2.9.3　对比度

目标物能否被看见或者是否看得清晰、明确，不仅与观察者的视力条件相关，还与目标物本身的物理条件和环境相关。目标物与背景之间必须在亮度和颜色上与所在

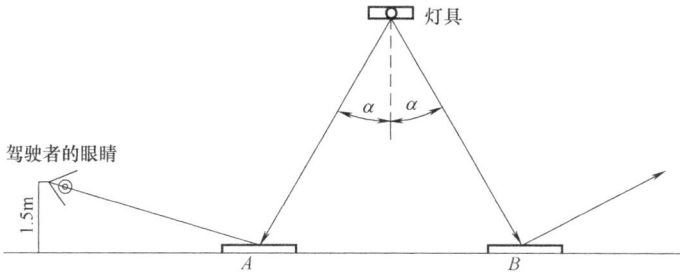

图 2-26　亮度与照度的关系

的背景有一定的差别，物体才能被人眼觉察到，即物体与背景之间必须有一定的对比度。在亮度上对比度的表达式为：

$$C = \frac{L_o - L_b}{L_b} \qquad (2-25)$$

式中　C——亮度对比度；

　　　L_o——物体亮度；

　　　L_b——背景亮度。

当视角和背景亮度一定时，对比度越大，人眼发现和识别目标物的时间就越短，识别的可能性越高。当目标物的亮度低于其背景亮度时，对比度为负值，人眼看到的只是目标物的轮廓；当目标物的亮度高于其背景亮度时，对比度为正值，人能够看到目标物的细节。

在明视觉和中间视觉状态下，目标物与背景之间的颜色存在差异能够增加目标物的可见性。在灰度模式下，目标物与背景的灰度值均为 80，如果目标物没有白色边框，人眼觉察不到目标物的存在；在 RGB 模式下，红色背景的 RGB 成分为（254，5，9），绿色目标物的 RGB 成分为（13，127，13），两者的灰度值相同，但是人眼可以很容易觉察到目标物的存在。

人眼能够觉察到的目标物与背景之间最小的对比度称为阈值对比度。影响阈值对比度的因素有背景亮度等级、眩光程度、视角大小、观察时间长短和观察者的年龄等。当目标物的识别可能性为 50% 时人眼的阈值对比度如图 2-27 所示，从中可以看出，阈值对比度随着背景亮度的增加和目标物视角的增大而降低。

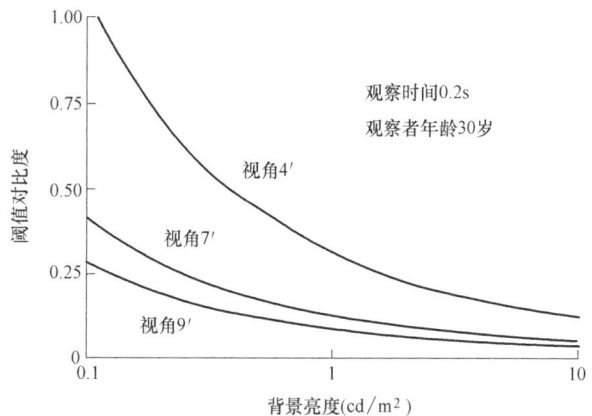

图 2-27　背景亮度、目标物尺寸大小与阈值对比度的关系

与实验室情景不同的是，道路

照明中目标物的出现时间和空间位置是随机的，同时驾驶者还需要观察道路上其他车辆的情况，在实际的道路照明中采用实验室获得的阈值对比度可能导致目标物不可见的情形。为获得良好的可见度，需要引入一个场地参数，根据以往研究经验，场地参数的数值大小应该为3～5。

实验室获得的阈值对比度大都采用正值，即目标物的亮度大于背景的亮度，但在实际道路照明中，目标物或者障碍物的对比度一般是负的，即目标物的亮度低于路面的亮度。当对比度的绝对值相等时，具有负对比度的目标物比具有正对比度的目标物更容易被驾驶者发现，因此这里引入对比度调整参数 F_{cp}，其计算公式如下：

$$F_{cp} = 1 - \frac{d\alpha^{-e}}{2.4C_{th}L_b} \tag{2-26}$$

式中　α——目标物的视角；

　　d、e——与背景亮度相关的参数。

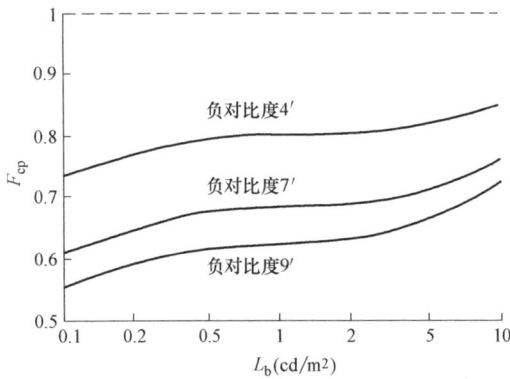

图 2-28　对比度调整参数与阈值对比度的关系

图 2-28 为对比度调整参数 F_{cp} 与目标大小及背景亮度的关系。当目标物的尺寸大小一定时，负对比度情况下的阈值对比度比正对比度情况下的阈值对比度低。

2.9.4　可见度

1946 年 Blackwell 提出采用真实对比度与阈值对比度的比值大小来衡量目标物的可见度，国际照明委员会在 1972 年的 19 号技术报告中引入了这一概念。可见度在形式上只与对比度相关，但实际上它是视角、背景亮度和对比度三个参数的函数。可见度的计算公式为：

$$VL = \frac{C}{C_{th}} = \frac{(L_t - L_b)/L_b}{(L_{th} - L_b)/L_b} = \frac{\Delta L}{\Delta L_{th}} \tag{2-27}$$

式中　C——实际的对比度；

　　C_{th}——阈值对比度；

　　L_t——目标物的亮度；

　　L_b——路面背景的亮度；

　　ΔL_{th}——目标物与背景的亮度差；

　　ΔL_{th}——目标物与背景的阈值亮度差。

在 ΔL_{th} 的确定方面，测试者的年龄为 23 岁，具有正常的视力，注视时间为 0.2s。可见度没有量纲，它仅表示实际的对比度高出阈值对比度的多少。可见度等于1，表明目标物的可视性恰好与实验室条件下的可见度相等。与亮度和照度两个指标相比，可见度更适合用于评估道路照明系统的好坏，因为它更直接地体现了驾驶者的视觉表现。

2.9.5　光幕亮度

光幕亮度是失能眩光的重要影响因素之一。光幕亮度的大小表征叠加到人的视网膜上的白色光幕程度，它是由射入到人眼零散的光线造成的（2°视角以外的光线）。在光幕亮度的计算模型中，观察者眼睛的高度和视线方向与路面平均亮度 L_{avg} 的计算模型是一致的。

光幕亮度的计算公式为：

$$L_v = K \sum_{i=1}^{n} \frac{E_{\theta_i}}{\theta^m} \qquad (2\text{-}28)$$

式中　K——常数，当角度以弧度为单位时 $K=0.03$，当角度以度为单位时 $K=10$；

　　　E_{θ_i}——第 i 个灯具在观察中眼睛所在平面上的垂直照度；

　　　θ——观察者视线与灯具光线入射方向之间的夹角，当 $\theta<2°$ 时，$m=2.3\sim0.7\lg\theta$，当 $\theta\geqslant2°$ 时，$m=2\lg\theta$。

2.9.6　小目标可见度

路面上每个点的可见度仅对单点的路面反射率有效，路面上不同点的反射率因观察方向、光线分布和路面反射率而异，可见度在不同的位置可能完全不同，这就导致只采用可见度指标难以对照明系统的质量进行整体评价。因此，采用可见度对照明系统进行总体评价将难以实施。研究者针对这一问题提出了很多建议，Adrian 于 1989 年提出了小目标可见度（Small Target Visibility，STV）指标模型。

在两盏相邻的灯具之间布设网格点，每个车道上的网格点数量为 20，如图 2-29 所示。目标物的尺寸为 18cm×18cm，垂直于路面，表面法线与行车方向平行。假定目标物表面是理想的朗伯体反射面，反射率为 0.5，观察时间为 0.2s。观察者与目标物之间的距离为 83.07m，观察者的年龄为 60 岁，眼睛高度为 1.45m，目标物的观察视角为 7.45′。

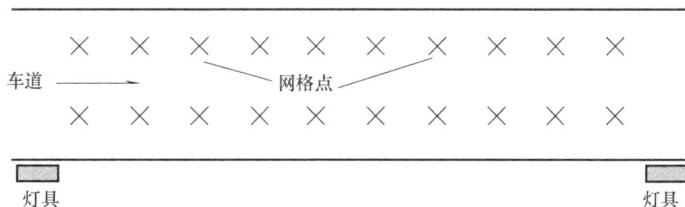

图 2-29　网格点布置

小目标可见度的假设条件如下：

（1）路面是水平的。

（2）道路表面是同质的。

（3）道路表面平整、干燥，表面反射性可以用标准路央类型 C1、C2、R1、R2、

R3、R4 等进行描述，其中 C1、C2 为混凝土路面，R1～R4 为沥青混凝土路面。

（4）只考虑照明灯具的直射光线，不考虑车道和道路以外的光线。

对于道路照明系统，小目标可见度值是一段道路网格上所有点的目标物可见度加权平均值。计算小目标可见度值的步骤如下：

（1）计算目标物的亮度 L_t、光幕亮度 L_v 和背景亮度 L_b。

（2）确定适应亮度 L_a、L_{La} 及目标物的视角 A。

（3）确定视觉系统的灵敏度。

（4）计算参数 B、C、A_A、A_L 的值。

（5）计算参数 M 的值和负对比度调整参数 F_{cp}。

（6）计算 D_{L_2} 的值。

（7）计算调整参数 F_A。

（8）计算调整参数 D_{L_3}。

（9）计算可见度等级 V_L。

（10）计算相对权重可见度等级。

2.9.7 眩光

按照国际照明委员会的定义，眩光是一种视觉条件，这种条件的形成是因为视野中的亮度分布不适当，或视野内亮度变化的幅度太大，或在空间、时间上存在极端的亮度对比，引起观察者不舒适或降低观察目标物的能力，或同时产生这两种现象。

眩光分为不舒适眩光和失能眩光两种，下面分别介绍如下。

1. 不舒适眩光

不舒适眩光是指引起观察者视觉上不舒适感的眩光，是由眩光源的散射光线射入人眼而导致的不舒适性引起的，主要取决于进入眼睛的光线数量，光源的亮度对它影响不大，这种眩光对人眼的视觉能力并不造成实质上的影响。

通常认为，对一个单独的光源来说，不舒适眩光的产生主要取决于以下 4 个主要参数：

（1）光源在观察者眼睛方向上的亮度 L_s。

（2）光源在观察者眼睛方向上的立体角 ω_s。

（3）光源对于观察者视线的角偏移 θ。

（4）观察者的眼睛现场适应亮度 L_f。

2. 失能眩光

失能眩光是指使观察者的视觉观察能力降低的眩光，而光源的亮度是失能眩光的主要影响因素。失能眩光效应是由于在眼睛里杂散光产生的等效光幕 L_{seq} 叠加到垂直影像上，从而减小了目标物的对比度，降低了目标物的可见度。

等效光幕 L_{seq} 的计算公式有 Holladay、Stiles/Crawford、Fry、Adrian、Hartman、

Meskov、Vos 等，这些公式的基本部分都是相同的，即

$$L_{seq} = \frac{kE_{gl}}{\theta^n} \tag{2-29}$$

式中　$k = 9.05\left[1 + \left(\frac{A}{66.4}\right)^4\right]$，当年龄 A 为 25 时，$k = 9.2$；

E_{gl}——眩光源在人眼处的照度；

θ——眩光源与视线的夹角；

n——与眩光 θ 角相关的参数，当 $0.2° < \theta \leqslant 2°$ 时，$n = 2.3 - 0.07 \times \lg\theta$，当 $0 > 2°$ 时，$n = 2$。

失能眩光的发生机理是光幕亮度降低了目标物的可见度，当不存在眩光源时，目标物的对比度为：

$$C = \frac{L_o - L_b}{L_b} \tag{2-30}$$

当存在眩光源时，目标物的对比度变化为：

$$C' = \frac{(L_o + L_{seq}) - (L_b + L_{seq})}{L_b + L_{seq}} = \frac{L_o - L_b}{L_b + L_{seq}} \tag{2-31}$$

与没有眩光源时的对比度公式相比，两者的分子相同，C' 的分母增加了 L_{seq}，因此 $C' < C$，光幕亮度的存在降低了目标物的对比度。

失能眩光也具有时间效应，如果人们长时间暴露在高亮光源下，眼睛也会非常不适，则会影响人眼的视觉能力。

眩光作为一个十分重要的照明质量评价指标，在室内照明和室外照明中有着很广泛的应用，具有代表性的指标有国际照明委员会的统一眩光指数（Unified Glarerating，UGR）和眩光指数（Glare Rating，GR）、英国的眩光指数（Glare index，GI）、美国的视觉舒适概率（Visual Comfort Probability，VCP）、德国的眩光限制系统（亮度限制曲线）和北欧的眩光指数方法等。多年来，在公路照明领域主要使用阈值增量 TI 作为照明系统的质量评价指标。

阈值增量 TI 表示失能眩光的程度，该参数是一客观指标，可以通过测量其他照明指标计算得出，其计算公式如下：

$$TI = \frac{kE_e}{L_{avg}^{0.8}\theta^2} = 641\left[1 + \left(\frac{A}{66.4}\right)^4\right]\frac{E_e}{L_{avg}^{0.8}\theta^2} \tag{2-32}$$

式中　A——驾驶者的年龄；

E_e——由新安装的灯具在垂直于驾驶者视线的平面内产生的照度值，其由纵向 500m 范围内的所有灯具所产生；

L_{avg}——路面的初始安装亮度平均值；

θ——驾驶者视线与每盏灯具中心的角度。

从交通安全的角度来看，失能眩光所产生的负面影响要远大于不舒适眩光所产生

的影响，它是造成交通事故隐患的主要光学因素之一。

2.9.8 频闪

隧道的照明灯具沿纵向等间距地安装在隧道顶部或者两侧，在行车过程中，灯具的发光面在驾驶者视野边缘周期性地出现和消失，对驾驶者的视觉造成干扰，降低了驾驶者对路面和周边环境的视认能力，这种现象称为频闪效应。频闪效应的影响程度取决于以下方面：

（1）单位时间内出现在人眼视野中的频闪光源数量，即闪烁频率。

（2）驾驶者经历频闪的总的时间长度。

（3）在一个频闪周期内亮度最大值与最小值的差值及两者的变化速率。

行车速度和纵向布灯间距确定后，可以计算闪烁频率。室内实验测试表明，当频率低于 2.5Hz 或者高于 15Hz 时，不会对驾驶者的视觉造成干扰，频闪效应可以忽略；当频率为 4～11Hz，且经历的时间大于 20s 时，视觉干扰最为严重。闪烁频率与行车速度、布灯间距相关，三者的关系如图 2-30 所示。若经历时间超过 20s，隧道照明设计时应避免闪烁频率在 4～11Hz。

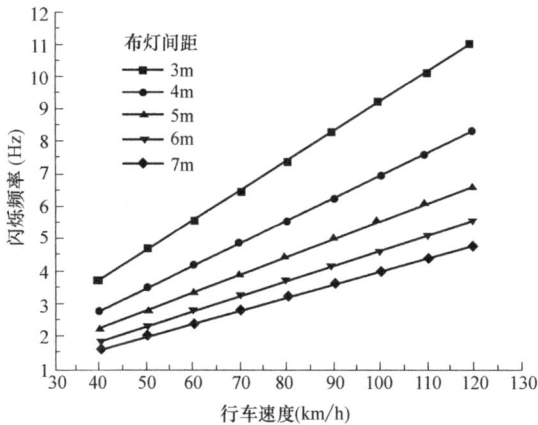

图 2-30　闪烁频率与行车速度、布灯间距的关系

第3章 视觉及其影响因素

3.1 视觉与视觉环境

3.1.1 视觉体验

人们能看见周围物体的明亮、形体、颜色、动静和立体的感觉，即光觉、形觉、色觉、动觉和立体觉（看见物体的远、近、深、浅）等的综合感觉，称为视知觉。

眼睛（图 3-1）是人的视觉器官，通过眼睛的视知觉人们可以感受周围绚丽缤纷的五彩世界。人的视觉体验需要经过这样一个过程：周围环境的光线被眼睛的角膜收集和汇集之后，光线通过眼前房（里面充满眼房液）；然后光线再通过瞳孔和虹膜上的开口，虹膜内肌肉的舒张和收缩改变瞳孔的大小，控制进入光线的数量；最后，光线通过玻璃体液投射到视网膜上；汇集在视网膜上的图像经过视神经传递到大脑，由大脑对接收的视觉信息进行分析和译码，当我们得出"看到什么"的结论时，视觉体验的过程才算完全结束。

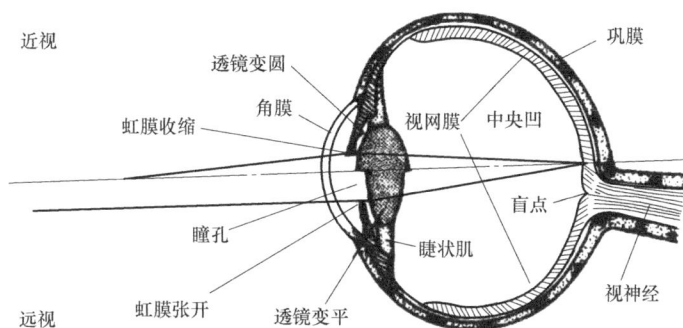

图 3-1 人体视觉器官

通过眼睛人们可以感受周围环境，不过即便对同样的景物，每个人得出的结论却不尽相同。因为眼睛只完成了对外部信息的收集工作，而完整的视觉体验还包括人脑对视觉信息的反应。而不同人的个体差异使得出的结论带有主观的色彩，因此视觉体验的主观性特征是客观存在的。这也告诉从事视觉和照明设计的人们，对视觉体验方面的考察应从客观和主观两方面同时进行，这样才能保证结论的真实性。

3.1.2 视觉环境

大多数人都有过这样的体验：白天，当我们从明亮户外环境进入黑暗的室内环境时，感觉自己像失明了，需经过一段时间才能逐渐适应；晚上，路灯光线昏暗，远远看见一只黄色的猫停在路中间，再走近一看却发现这是一只白猫。

我们常常依据光环境的亮度、色彩和对比度来判断视觉环境的特征。由此可见，没有光线或光线明暗会影响我们的视觉对周围环境特征的准确判断。

在全光谱的照明条件下，人眼对物体色彩的判断最准确。换言之，任何缺少或加强某个波段光谱的光源都会影响人眼对物体颜色的判断。人工光源中，最接近全光谱的光源是白炽灯和卤钨灯这一类的热辐射光源。钨丝灯和卤钨灯光源色表呈现黄白色，如果以自然光100的显色指数作为参照，显色指数高于90。在这些光源下，物体显现最真实的颜色。而在高压汞灯和低压钠灯下，同样的物体显现的颜色却偏暖，因为这两种光源的显色指数均低于39。但是人的视觉系统对色彩的认知具有恒常性，即使在不同显色指数的光源下，大脑也能对视觉神经感知到的颜色进行加工，最后得出对物体本色的认知。这就是为什么在夜晚昏暗的光线下，我们仍然知道树叶是绿色的，而不是红色的。

在同样的光照条件下，影响人眼对环境中亮度感知的因素来自两方面，一方面受到颜色物理亮度的影响，另一方面受到物体与环境之间亮度对比关系的影响。

物体表面的光滑程度、材料的质感和彩色属性等因素直接影响人眼对物体亮度的判断。例如，在同样的人工光照环境中，同样体积的两个立方体，灰色金属质感的立方体比灰色布面的立方体看起来亮很多。这是因为金属材质的反射系数高于表面颗粒较粗的布面，进入人眼的光线较多。

另外，由于受到视野中的环境亮度和物体亮度之间对比度影响，眼睛对亮度的感知有所不同。从理论上而言，当环境亮度保持为 $100cd/m^2$，物体亮度与环境亮度的比值为 3：1，人眼的感受性最高。例如，将同样体积、颜色和质感的立方体放置在不同照度的环境中，与 $100cd/m^2$ 亮度的环境相比人眼能更迅速地从 $300cd/m^2$ 亮度光环境中判断出立方体的特征。

当环境亮度逐渐升高时，即使物体亮度和环境亮度的比值为 3：1，眼睛的感受性下降趋势也较迅速；如果环境亮度逐渐下降，物体亮度和环境亮度的比值仍是 3：1，眼睛的感受性下降趋势则较缓。例如，我们暴露在高光下更容易产生眩晕，而处在昏暗环境下感觉更放松。值得注意的是，实际生活中视神经对亮度的判断存在个体差异。换而言之，人眼对明暗的适应性不同，作出的判断也不同。

3.2 视觉的特性

3.2.1 暗视觉、明视觉和中间视觉

视网膜是人眼感受光的部分，视网膜上分布两种不同的细胞。边缘部位杆状细胞

占多数，中央部分锥状细胞占多数，这两种细胞对光的感受性是不同的。杆状体对光的感受性很高，而锥状体对光的感受性很低。因此，在微弱的照度下（视场亮度在百分之几 cd/m² 以下），只有杆状体工作，锥状体不工作，这种视觉状态称为暗视觉。当亮度达到几个 cd/m² 以上时，锥状体的工作起着主要作用，这种视觉状态称为明视觉。介于明视觉与暗视觉之间的视觉状态称为中间视觉，此时杆状体和锥状体同时作用。另外，杆状体与锥状体对光感的光谱灵敏度也不同（图 3-2）。黄昏亮度低，暗视觉杆状体工作时，绿光与蓝光显得特别明亮。而在白天亮度高，即明视觉锥状体工作时，波长较长的光谱如红色光显得明亮。

杆状体虽然对光的感受性很高，但它却不能分辨颜色。只有锥状体在感受光刺激时，才有颜色感。因此，只有在照度较高显得明亮的条件下，才有良好的颜色感。在低照度的暗视觉中，颜色感则很差，此时，各种颜色的物体都给人以蓝、灰的色感。

图 3-2 为以明视觉光谱光视效率的流明定义的 3 个光谱光视效率曲线。其中明视觉 1W 为 683lm，峰值于 555nm 处，暗视觉 1W 为 1700lm，峰值于 507nm 处，而司辰视觉的 1W 为 3850lm，峰值于 3850lm，峰值于 490nm 处。司辰视觉的光谱光视效率曲线是适用于所有非印象过程（包括昼夜控制和静态的瞳孔大小变化）的光谱光视效率曲线。它有别于明视觉和暗视觉，而强调它在昼夜控制中的作用。

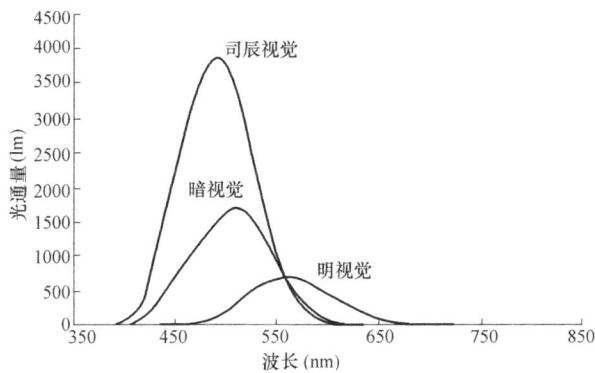

图 3-2 暗视觉、明视觉和司辰视觉的光谱效率曲线

通常认为，中间视觉的亮度水平范围为 0.01～3cd/m²。涉及中间视觉照明的领域有道路街道照明、室外照明和其他夜间交通照明等。中间视觉下的人眼光谱光视效率函数 $V_{mes}(\lambda)$ 和明视觉人眼光谱光视效率函数 $V(\lambda)$ 有所区别，如图 3-3 所示。

照明视觉光度学是以亮度匹配为基础，基于明视觉光度学 $V(\lambda)$ 的夜间照明测量并不能如实反应进入人眼的光效率。人眼视觉功能任务的完成：识别、探测、反应时间等来建立的光谱光效率函数。

在中间视觉区域，人眼视觉系统的光谱灵敏度不是一成不变的，它随着照明程度（视场亮度水平）的不同而不同。这是由于视网膜上起作用的杆状细胞与锥状细胞的数量变化而引起的。因此，仅仅一个中间视觉光谱灵敏度函数是不够的，我们需要一系

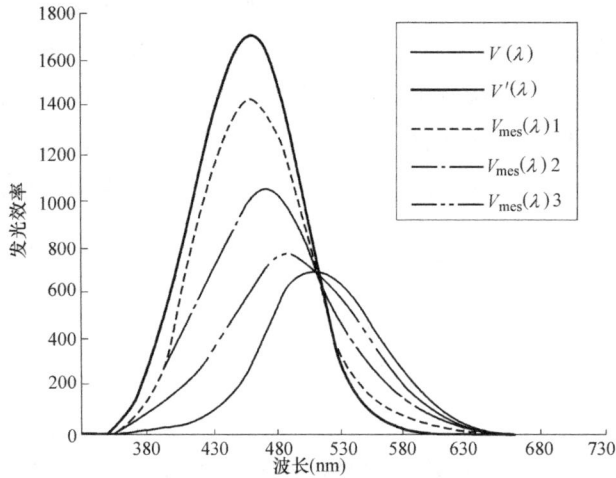

图 3-3　中间视觉下的人眼光谱光视效函数

列函数，以及在光度测量中使用该系列函数的详细说明。新的中间视觉系统中所描述的光谱光视效率函数 $V_{mes}(\lambda)$［如图 3-3 中的 $V_{mes}(\lambda)$ 1，$V_{mes}(\lambda)$ 2，$V_{mes}(\lambda)$ 3 所示］，是明视觉光谱光视效率函数 $V_{mes}(\lambda)$ 与暗视觉光谱光视效率函数 $V'(\lambda)$ 的线性组合。

3.2.2　视觉阈限

光刺激必须达到一定的数量才能引起光感觉。能引起光感觉的最低限度的光量（光通量）称为视觉的绝对阈限。绝对阈限的倒数表明感觉器官对最小光刺激的反应能力，称为绝对感受性。实验证明，在充分适应黑暗的条件下，人眼的绝对感受性非常之高，即人眼视觉阈限是很小的，长时间作用的大目标，其亮度为 $10^{-6}\,cd/m^2$ 时便能看见。人眼的视觉阈限与空间和时间因素有关。对于范围不超过 1°呈现时间不超过 0.1s 的短暂刺激，视觉阈限亮度值遵守里科定律（即亮度×面积＝常数）和邦森-罗斯科定律（即亮度×时间＝常数）。作用时间超过 0.2s 时，视觉阈限就与时间无关了。

3.2.3　视觉适应

在现在和过去呈现的各种亮度、光谱分布、视角的刺激下，视觉系统状态的变化过程称之为视觉适应（Visial Adaptation）。它可分为明适应（Light Adaptation）与暗适应（Dark Adaptation）。

视觉系统适应高于几个坎德拉每平方米亮度的变化程度及终极状态称为明适应。视觉系统适应低于百分之几坎德拉每平方米亮度的变化过程及最终状态称为暗适应。

对眼睛来说适应过程是一个生理光学过程，也是一个光化学过程。开始是瞳孔大小的变化，继之是视网膜上的光化学反应过程（视紫质的变化）。明视觉是视网膜中心锥体细胞为主的视觉，而暗视觉则是以边缘的杆体细胞为主，适应就包含着这两种细胞工作的转化过程。

一般来说，暗适应所需过渡时间较长。图 3-4 是用白色试标在短时间内达到能看得出的程度所需的最低亮度界限（亮度阈值）变化曲线。可见，整个过程的开始阶段感受性增长很快，杆状体退出工作而锥状体开始工作。由图 3-4、图 3-5 可以看出，明适应时间较短，开始时感受性迅速降低，30s 以后变化则很缓慢，几百秒后趋于稳定。

当视场内明暗急剧变化时，眼睛不能很快适应，视力下降为了满足眼睛适应性要求，例如在隧道入口处需作一段明暗过渡照明，以保证一定的视力要求，如图 3-5 所示为隧道入口处明暗过渡照明亮度的最低界限值。隧道出口处因明适应视觉很短，一般在 1s 以内，故可不做其他处理。

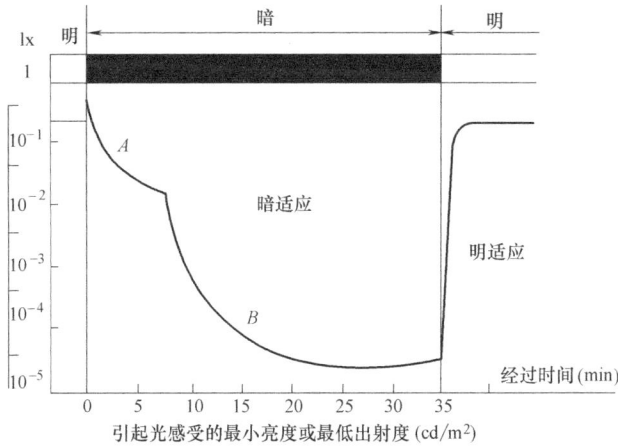

图 3-4　明适应与暗适应

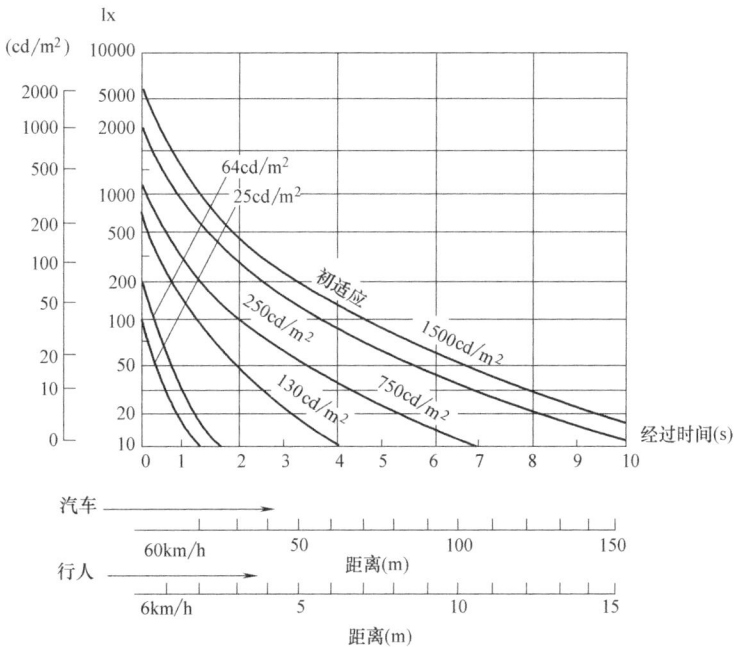

图 3-5　明暗过渡照明曲线，不使视力过渡下降的尽可能暗的界限

3.2.4 后像

视觉不会瞬时产生，也不会瞬时消失，特别是在高亮度的闪光之后往往还可感到有一连串的影像，以不规则的强度和不断降低的频率正负交替出现，这种现象称为后像。正后像是亮的，与闪光的颜色一样，负后像比较暗，颜色接近于闪光的补色。如果闪光的频率增加到某一数值时，闪光的闪烁感就被这种连续的影像所融合而消失，眼睛所感觉到的好像是连续光一样，这个频率称为临界融合频率。临界融合频率值与亮度有关，在暗视觉时，临界融合频率可达 $45\sim60\mathrm{Hz}$。电影之所以使人感到画面连续，荧光灯的发光使人感到稳定连续，都是由于视觉的后像特性而形成的。

强烈的后像对视力工作特别有害，例如偶然看到极亮的发光体后，在一定时间内，我们总被一个黑影（极亮发光体的负后像）所困扰。

3.2.5 个别差异

以上所述的视觉特性，在不同的个人中存在着差别，在同一个人中存在着变异性。这些差别和变异性，有的具有一定的规律性，有的则是随机变化的。年龄增大是视觉特性规律性变异的一个重要因素。成年以后，角膜和水晶体的散光作用随着年龄而加速增大，这种散光作用对于较短波长的光线尤为显著；由于虹膜肌肉逐渐变弱，瞳孔的尺寸也随年龄而缩小，特别是在低亮度视场下缩小更为明显；随着年龄的增加，一定的视场亮度在视网膜形成的照度均匀地下降，60 岁时视网膜照度几乎只相当于 20 岁时的 1/3，这就使光感强度大为减小。老年人视力衰退可以用提高工作面照度的办法得到部分补偿，但由于散射光引起额外亮度光幕等原因，这个办法的效果也受到限制。

3.3　视觉功效

根据视觉作业的速度和精确度评价的视觉能力称为视觉功能（Visual Performance）。

它既取决于作业固有的特性（大小、形状、作业细节与背景的对比等），又与照明条件有关。一般可用以下几个指标来评价。

3.3.1 对比敏感度、可见度

眼睛能够辨别背景（指与对象直接相邻并被观察的表面）上的被观察对象（背景上的任何细节），必须满足以下两个条件之一，或者是对象与背景具有不同的颜色，或者是对象与背景在亮度上有一定的差别，即要有一定的对比。

背景亮度 L_b 和被识别对象的亮度 L_0 之差与背景亮度之比称为亮度对比（Iuminance Contrast）C 用下式表示：

$$C=\frac{L_b-L_o}{L_b}=\frac{\Delta L}{L_b} \tag{3-1}$$

人眼开始能识别对象与背景的最小亮度差称为亮度差别阈限，又称临界亮度差，用符号 ΔL_t 表示：

$$\Delta L_t=(L_b-L_o) \tag{3-2}$$

亮度差别阈限与背景亮度之比称为临界对比 C_t：

$$C_t=\frac{\Delta L_t}{L_b}=\frac{(L_b-L_o)}{L_b} \tag{3-3}$$

临界对比的倒数称为对比敏感度（对比灵敏度），可用来评价人眼辨别亮度差别的能力，用符号 S_c 表示：

$$S_c=\frac{1}{C_t}=\frac{L_b}{\Delta L_t} \tag{3-4}$$

对比敏感度越大的人能辨别越小的亮度对比，或者说在一定的对比之下辨别对象越清楚。在理想情况下视力好的人临界对比越清楚。在理想情况下视力好的人临界对比约为 0.01，即对比敏感度达 100。由式（3-4）可见，要提高对比敏感度，就必须增加背景的亮度。

人眼确认物体存在或形状的难易程度称为可见度（视度、能见度）（Visibility 1）。在室内应用时它用对象与背景的实际亮度对比 C 与临界对比 C_t 之比描述，用符号 V 表示：

$$V=\frac{C}{C_t}=\frac{\Delta L_b}{\Delta L_t} \tag{3-5}$$

在室外应用时，以人眼恰可看到标准目标的距离定义。

3.3.2　视觉敏锐度、视力

视觉敏锐度是表示人眼睛能识别细小物体形状到什么程度的一个生理尺寸。当人的眼睛能把两个非常接近的点区别开来（构成两点影像知觉，人眼达到刚能识别与不能识别的临界状态），此两点与人眼之间连线所构成的夹角 θ 称为视角，以弧分（$1/60°$）为单位，视角 θ 的倒数 $1/\theta$ 即称为视觉敏锐度（视力）（Visual Acuity）。

通常采用缺口圆环（国际上称为兰道尔环）作为检查视力的标准视标，如图 3-6 所示。圆环直径为 7.5mm，环宽与环缺口为 1.5mm。当环心到眼睛切线的距离为 5m 时，环的缺口视角为 $1'$，若刚刚能识别这个缺口的方向时，则视力为 1.0。若距离仍为 5m，而圆环增大一倍，则视力为 0.5。除采用缺口圆环外，也有采用文字、图形、数字等形式的视标。

视力随亮度的提高而提高。当物体亮度超过 1000cd/m² 时，其提高程度开始减弱。当超过 1000cd/m² 时，就不再提高了。

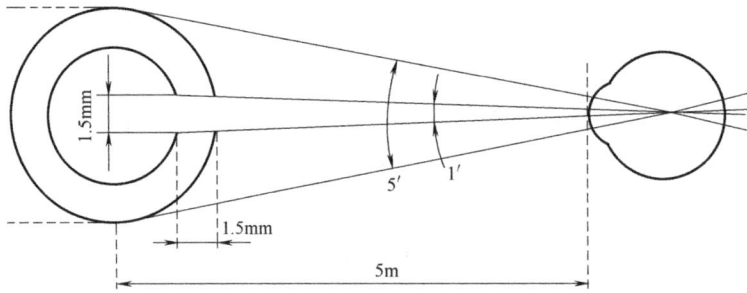

图 3-6　缺口圆环（兰道尔环）视标，视力为 1.0 时的条件

视力还与被识别物体周围的亮度有关，在一个方形视标上，中间有一个五度视角的圆点。试验时，改变圆点与方形视标两者的亮度差别，就会发现，被视点周围较暗或周围亮度与圆点相同时，视力均较高；若周围亮度高于被视点亮度时，视力下降。周围亮度越高，视力下降越严重。

3.3.3　视觉感受速度（察觉速度）

光线作用如视网膜到形成相应的视觉印象，要经过一定的时间，因为产生视觉印象时，视网膜、视神经和大脑皮质要完成许多复杂的过程。

要观察的对象从出现到它被看见所需曝光时间（t）的倒数，称为视觉感受速度 v：

$$v = \frac{1}{t} \tag{3-6}$$

视觉感受速度与背景亮度及背景与对象的对比有关，与被识别对象的视角有关，当背景亮度、对比及视角大时，视觉感受速度增加。

3.3.4　视亮度

对于一个固定光谱成分的光，在不同适应亮度条件下，其感觉亮度与实际亮度不同，或者在同一亮度条件下，不同光谱成分的光，其亮度感觉也不同，即客观的（计量）亮度与感觉到的亮度之间有差异。为此，引进了一个主观亮度的概念，称之为视亮度（Brightness）。

人眼知觉一个区域所发射光的多寡的视觉属性称为视亮度，它受适应亮度水平和视觉敏锐度的影响，没有量纲。假如一个表面具有 $300cd/m^2$（100 英尺朗伯）的亮度，当人们的眼睛适应 $300cd/m^2$ 时，它的视亮度为 100。

3.4　驾驶员的视觉特点

人需要借助视觉辨识、感知周围环境中物体的明亮、形体、颜色、动静和立体等，而在高速行进车辆中的驾驶员视觉较一般人视觉有其特殊性。驾驶员要能够及时判断道路状况，对道路安全隐患作出及时、正确的反应，则对其视觉有更高的要求。

3.4.1　驾驶员的作业

驾驶员的作业是很复杂的，其中和道路照明有关系可以列举出以下 3 个方面：

（1）必须按既定路线执行长时间的动作。

（2）必须在最短的时间里作出有关超车和躲避障碍物（如位于其行进路线上的行人）的决断。

（3）必须在短时间里判断出其在车流中所保持的位置，知道是否有其他车辆闯进他的环境中。

驾驶员所进行的复杂作业可以用下面的基本机动动作来说明：

（1）停车（制动）；

（2）调整速度；

（3）调整横向位置。

不同的机动动作不是都需要相同的执行空间，其中"停车"需要最大空间（包括运行距离和时间）。要确保驾驶员能够在障碍物前停车，就必须能够在很远距离以外发现障碍物。这一距离称为视距，它至少必须等于制动驾驶距离。其他包括观察和反应时间（包括驾驶员的反应、应用制动器、建立起减速的时间）所对应的距离和实际的制动行驶距离。速度越大，需要的视距越大。这就说明，要驾驶员能够安全停车就得在视距或视距外能够精准、及时地获得有无障碍物的视觉信息。

综上所述，为了使驾驶员能够安全、迅速和舒适地行驶就必须为驾驶员创造一个良好的视觉条件，使他在视距以外能获得一系列的视觉信息，如：

（1）道路上有无障碍物或行人，以及它们位于何处的信息；

（2）道路宽度、线型和构造；

（3）道路上是否存在特殊场所（交叉路口等）及其所在位置信息；

（4）路面的状况如何、有无缺陷损伤，以及它们位于何处的信息；

（5）是否有同时使用该道路的其他车辆以及它们的种类和运行速度的信息；

（6）道路外围设施状况（如道路标志等）。

3.4.2　驾驶员的视野

在道路上高速行进的驾驶员的视野范围与一般行人的视野范围是不同的，车辆行进速度越快，驾驶员的视野会变得越狭窄。因为在高速行驶的状态下，驾驶员眼睛越专心注视前方，视野随着速度增加而变得越狭窄，从而导致移动中的周围事物无法深刻地经由眼睛进入到大脑中作判断，只能看清楚焦点附近的物体，这就叫作动体视野。汽车行进速度与视野角度的关系见表 3-1。

表 3-1

汽车行进速度与视野角度的关系

行进速度(km/h)	视野角度(°)
0(静止时)	200
40	100
70	65
100	40

3.4.3 驾驶员的注视范围

国际照明委员会（CIE）建议，驾驶员观察路面的视点高度为 1.5m、视角为 1°时，其注视范围为 60～160m，如图 3-7 所示。

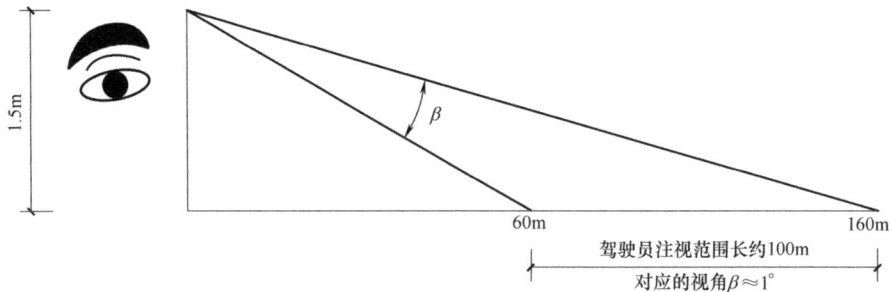

图 3-7 驾驶员的注视范围示意图

3.4.4 驾驶员视看条件的影响因素

影响驾驶员视看条件的因素有：
(1) 路面平均亮度，对隧道来说还有作为背景的墙面亮度；
(2) 路面亮度的平均度；
(3) 物体的亮度；
(4) 物体与背景的亮度对比；
(5) 观察物体的有效时间；
(6) 眩光程度。

此外，其他与物体的形状、轮廓的清晰度、在视野中的位置，以及是否出现在预料的位置上，或者突然出现在非预留位置上等有关。视觉是以生理量度量的，受观察者的精神、视力、身体状况的影响，还受气象（如雾等）和空气混浊程度的影响。

3.4.5 影响驾驶员视觉的因素

1. 适宜的亮度

适宜的亮度是物体在人视网膜上成像引起视觉的基本条件。物体表面亮度越大，视网膜上像的照度就越高，就看得越清楚，视觉与亮度的对数成正比，通过试验可知，人眼可以感觉到亮度为 $1/\pi \times 10^5\,\mathrm{cd/m^2}$ 的物体，该亮度值称为最低亮度阈。当亮度为 $1/\pi \times 10^4\,\mathrm{cd/m^2}$ 时，人眼识别物体的灵敏度最高，超过此值后，灵敏度开始降低；亮度超过 $1/\pi \times 10^5\,\mathrm{cd/m^2}$ 时，视力则极度下降，甚至会引起视觉损伤，该值称为视觉上限。这种刺眼的视觉状况称为眩光。

亮度（L_θ）是一个具有方向性的物理量，当人眼从不同的方向观察同一对象（或背景）时，能感觉到对象（或背景）的亮暗程度的并不是对象（或背景）在发光向上的发光强度，而是垂直于视线方向的单位投影面积（$\mathrm{d}A\cos\theta$）的发光强度（I_θ）。

被观察的表面在不同入射光线照射下，对象（或背景）亮暗程度随观察方向而变化的特性称为亮度特性。它反映了对象（或背景）的反射光在空间的分布情况。如前所述，当被观察的表面的反射光亮度与入射光的方向和观察方向均无关时，称这种表面为均匀漫反射面，严格地讲，均匀漫反射面是很少的，但粗糙的无光泽的表面可以近似地看作均匀漫反射面。在隧道照明中，光线投射到粗颗粒路面材料上时，其表面可看作漫反射面；投射到具有光泽的墙面材料上时，可观察到定向漫反射。实际上，有 100% 的反光材料，任何表面上的反射亮度在数值上永远小于投射到同一表面上的照度。路面和墙面是隧道中的背景，改善路面和墙面的反射率在照明效果上是非常有益的。

2. 对象的大小

"对象"的定义就是能够看到的物体或物体的一部分。能否看清对象，除了依赖于照明条件外，还取决于对象的大小。由日常经验可知，当观察距离很近时，对象的外形轮廓及细部都是清晰的；但是随着观察距离的增大，观察对象就会逐渐变得模糊不清，并且失去楞角，产生显著的变形。

3. 对象和背景的亮度对比

在观察方向上，若对象的表面亮度为 L_θ，背景亮度为 L_b，则对象与背景的亮度对比值 C 可用下式表示：

$$C = \frac{L_b - L_o}{L_b} \tag{3-7}$$

C 值表示对象与背景亮度差别的大小，C 值越大，对象可以被识别得越清楚。C 值小到某值以下时就不能识别对象了，人眼开始不能分辨对象与背景的亮度对比值称为亮度对比阈，以 ε 表示。当 $L_b > L_o$ 时，C 为正值，称为正对比度；$|C| > g$。亮度对比值是决定对象可见性的主要因素。试验（静态条件下）可得亮度对比阈的倒数与背景亮度之间的关系，如图 3-8 所示。

当背景亮度 L_b 在 $10 \sim 104\mathrm{nt}$ 这样大的范围内变化时，亮度对比阈接近一个常数（约 0.02），并且与对象的视觉和形状有关。对象的视角越大，对应的亮度对比阈就越小，但是当视角 $\alpha > 30°$ 时，其近似为一常数。无论视角再怎样增大，ε 值也不再减小。对于正常人的眼睛，该值约为 0.02，换句话说，亮度对比值越小，对应的视角阈越

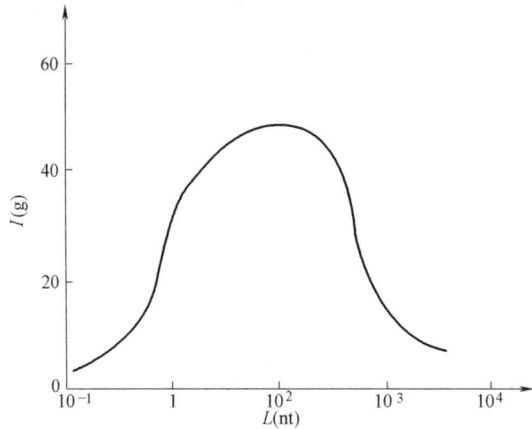

图 3-8　亮度对比阈的倒数与背景亮度之间的关系

大，但是当亮度对比值的绝对值$|C| \ll 0.02$时，对象的视角阈趋于无穷大，即无论怎样增大对象的视角，都无法满足可见性的要求。另外，在同样的视角条件下，线状对象的亮度对比阈要比非线状对象小得多。换句话说，在亮度对比值相同时，线状对象的视角要比非线状对象小得多。

人眼刚刚能够知觉的最小亮度比称为阈限对比，符号为$\overline{C}$。阈值对比的倒数，即表示人眼的对比感受性，也称为对比灵敏度，符号为S_c。

S_c显然不是一个固定不变的常数，它与照明条件、观察目标的大小及呈现的时间等因素有关。对比感受性与背景度的关系如图 3-9 所示。

由图 3-9 中可以看出，S_c随L_b增大而上升，在L_b达到 100nt 以后即接近最大值，之后，尽管L_b在绝对数值上仍有较大的增加，但S_c已无大的上升空间。相反地，当$L_b > 1000$nt 以后，S_c反而有所下降，这主要是由于背景亮度过大而产生眩光的缘故。

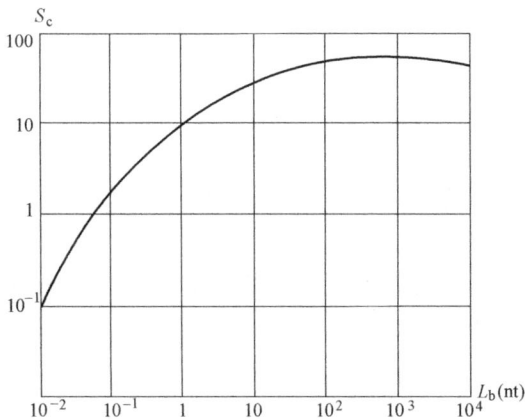

图 3-9　对比感受性与背景亮度关系图

4. 颜色对比的影响

人的眼睛所观察到的世界，暗视觉时色调是灰色的，而明视觉是五彩缤纷的。所以在大多数情况下，对象与背景之间不会单纯地存在亮度对比，而是还伴随着颜色对比，即存在着颜色上的差别。

颜色可以分为彩色和非彩色。非彩色是指由白色、浅灰、中灰、深灰，直到黑色，称为白黑系列，彩色是指除黑白系列以外的各种颜色。颜色是各种波长不同的可见光在人眼中产生的感觉。例如，波长为 $580\sim595nm$ 是黄色，$480\sim550nm$ 的是绿色，$620\sim760nm$ 的是红色等单色光。但通常各种对象和背景反射到人眼中的光线都是各种波长光的组合，有些颜色是由各种单色光所引起的综合感觉，但是人眼不能一一区分光谱的组成。例如，波长为 700nm 的红光和 540nm 的绿光按一定比例混合在一起，引起人眼的感觉与波长为 580nm 的黄光一样。

亮度对比是识别对象的主要因素，颜色对比则为其辅助因素。实际观察表明，一个亮度与背景亮度相同，仅存在颜色对比的斑点，人只能在距离很近时才能把它和背景区分开，而在很远的距离上它就和背景发生混色现象而融合到一起了。当它和背景既存在颜色对比又存在亮度对比时，混色现象就难以发生，并且与亮度对比相同的黑色斑点的视角阈几乎相等。另外，在彩色斑驳的背景上，人眼的视角阈将要加大，这主要是由背景亮度不均匀造成的。颜色的作用是非常重要的。在道路照明中，"光斑效应"不仅影响到驾驶员视觉的舒适性，更重要的是影响其识别对象的能力。从这个观点上看，隧道内不能有光斑状图案及"光斑"，即使在露天道路上的交叉口、弯道上也不应当有斑驳状图案，以免导致交通事故。另外，设置的道路标志图案，只有颜色差别是不够的，更重要的是亮度对比。

5. 环境亮度的影响

照明的目的是为对象及其所在环境或对象的背景照明。这里主要有两个问题：一是光过分地集中在车行道上，驾驶员的眼睛就会变得只能适应这个亮度水平，从而减弱了对较暗区域的观察能力；二是观察对象时需要有背景衬托，如果背景没有足够的照明，对象将缺乏立体感，因而变得难以被发现。前者可选择合适的照明器，使道路外延约 5m 处的照明水平不低于其毗邻的车道内 5m 处亮度值的 50％。在隧道内不存在外延，但应加强墙面的照明，提高墙面材料的反射系数。

对背景亮度的要求是足以识别背景。隧道内的背景主要是路面和墙面，顶棚也可以是背景。从这个角度上讲，顶棚应该是浅颜色的，但顶棚很容易脏，所以清洗工作量较大，有一定的难度。足够亮的背景才能衬托出对象的轮廓和相对位置，使驾驶员作出精准的判断，保证行车安全。

6. 空气对能见度的影响

（1）空气对光通量的衰减作用和光幕

发光（或反光）物体的光通量，必须经过空气才能到达人的眼睛。其在传播的过程中必然受到两种作用；一种是吸收作用，即空气把其中部分光通量转换成其他形式的能量；另一种是散射作用，即空气使其中另一部分光通量偏离了原来的传播方向。

空气的散射是造成定向传播的光通量衰减的最主要原因。空气不仅会把来自对象的光通量散射出去，使对象的亮度降低，还会把日光散射到观察方向上来，使对象与观察者之间形成一层明亮的光幕，使对象的亮度得到增强。如果空气透明度很大，以明亮光幕为背景的远处的山，会因光幕作用而变得明亮起来。

由于在隧道洞口，汽车排除的烟无法消散而涌出洞口形成烟雾。如果烟雾很多，在阳光照射下产生光幕，亮度对比就下降很大，势必影响到障碍物的可见性。为消除这种影响，有的隧道在入口上方设置了排烟通道，使大部分烟雾不再涌向洞口，而由通道排出。

（2）空气的散射作用

散射是指空气组成成分把原来向一个地方传播的光变成向各个方向传播，使原来光线减弱的现象。空气中不同的组成成分对不同波长光线的散射作用不同，可以分为以下两种情况：

1）分子散射

它的散射源是气体分子，其尺寸比可见光的波长小得多。这种散射的特点是散射光的强度与波长的四次方成反比。所以，波长越短的光线，受到的散射效应就越强，而长波长的光线则不易被散射。

2）悬浮粒子的散射

悬浮于空气中的各种固态和液态微粒如烟、雾、尘埃等，是形成悬浮粒子的散射源。这些散射粒子的大小很不规则，其半径分布在 $10\sim100\mu m$ 这样广阔的范围内。它们对各种波长的光线的散射作用因微粒大小不同而不同，当散射粒子的半径比可见光波长小得多时，其散射作用与分子散射相同；当散射粒子的半径与可见光波长相似时，其散射作用为最大；当散射粒子的半径比可见光波长大的多时，其散射作用与波长无关，此时散射光谱与入射光谱相同，称为漫散射。

雾粒子半径通常大于 $3\sim5\mu m$，所以它对可见光的散射无选择性。雾越大，散射性越强，雾的颜色就越白，也就越不透明。由于雾粒子的影响，一部分光向驾驶员方向散射，使其可以看到雾中出现的光幕。要通过光幕看到观察对象，驾驶员要经过相当的努力才能做到，如果驾驶员在雾中打开前大灯，会出现"白壁现象"。

空气中的悬浮粒子越少、越小，其对可见光的散射作用与波长的关系就越大，成为有选择性的散射，对于下层空气分子来讲，主要是波长较短的蓝色光被散射出来。由于这种有选择性地散射作用，来自对象（或背景）的不同波长的光线将受到不同程度的散射。另外，在对象（或背景）与观察者之间的气幕主要是短波散射光幕。这样对象（或背景）既会改变亮度，又会改变颜色，最终与蓝色气幕相融合。由此可见，亮度对比是决定对象可见性的主要因素，颜色对比是次要的。

7. 透过率

在公路隧道内的空气中，或多或少地存在着污染物质，如汽车卷起的尘埃、柴油车引擎产生的煤烟、氮氧化合物所构成的烟雾、水蒸气及其凝结而成的雾等，其中最主要的是尘埃和煤烟。

光通过污染空气时，入射光通量中的一部分被吸收，一部分被散射，其余部分得以通过，这三部分之和等于入射光通量，并分别把三部分光通量和入射光通量之比称为吸收系数（α）、反射光系数（ρ）和透光系数（τ）。在公路隧道中，为了描述光透过空气的能力，用 τ_{100} 表示光通过 100m 空气的透过率，则：

$$\tau_{100} = \frac{E}{E_0} \tag{3-8}$$

式中　E——某一光源所发出的光照度；

　　　E_0——该光源通过 100m 的污浊空气和清洁空气后的照度。

行驶速度不同时，对 τ_{100} 有不同的要求。国际道路会议常设协会（PLARC）提出：$v = 80km/h$ 时，$\tau_{100} = 0.6$；$v = 60km/h$ 时，$\tau_{100} = 0.48$；$v = 480km/h$ 时，$\tau_{100} = 0.4$。

同时指出 $\tau_{100} < 0.3$ 是不允许的。有的国家，如日本把 $\tau_{100} < 0.5$ 作为国家标准。由于烟雾的深度不同，因此同一光源的透过率不同。烟雾浓度相同时，不同类型光源的效果不同，其视距也不同，如钠灯视距为 80m，荧光灯视距为 45m。

8. 观察时间的长短

观察尺寸大的物体只需很短的时间，在驾驶员眼睛不停地注视视野内的物体时，发现视野内的障碍物的时间不小于 $0.1 \sim 0.2s$。同一物体，照度越高（背景亮度越大），识别时间越短。对处于运动状态的驾驶员来说，辨别障碍物的时间受到限制。驾驶员从发现障碍物直到进行判断和作出制动的反应时间总共只有 0.5s，是相当短的，所以应该保证足够的照度。识别时间还受视觉适应的影响，不论是暗适应还是明适应，识别时间都会受到影响，剧烈和频繁的视觉适应会增加眼睛的疲劳，使视力迅速下降。忽明忽暗的路面，墙面的亮度改变是应该受到限制的。

第4章 照明方式和设计要求

光源在三维空间内向所有方向或某些方向辐射电磁波，可见光范围内的光能量在空间的分布即光源的光场。在光源的光场中，光强的分布特性数据是进行照明设计和计算的基础与依据。

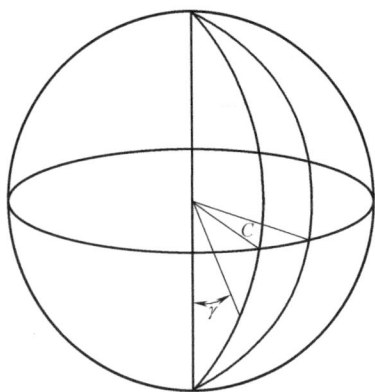

图4-1 球坐标系

为了研究和测量光源的光场，必须建立适当的坐标系，用来描述空间中任意一点光强与光源的相关关系，一般采用球坐标系来进行描述，如图4-1所示。假设光源放置在球体的中心，球体的半径表示光源与测量点的距离。用 γ 表示光源与测量点的角度关系，采用角度参数 C 来定位测量点的经度，将球体分割成平面系统，通过角度参数 γ 来定位测量的纬度。

历史上曾使用的坐标系有 A 坐标系、B 坐标系和 C 坐标系，分别用 (C, γ)、(A, α) 和 (B, β) 角度坐标来进行划分，其中参数 A、B、C 代表所在的平面，参数 γ、α、β 表示指定平面内的测量角度，如图4-2所示。A 坐标系已经不再使用，B 坐标系一般用于表达泛光灯的光强分布，目前应用最广泛的是 C 坐标系。

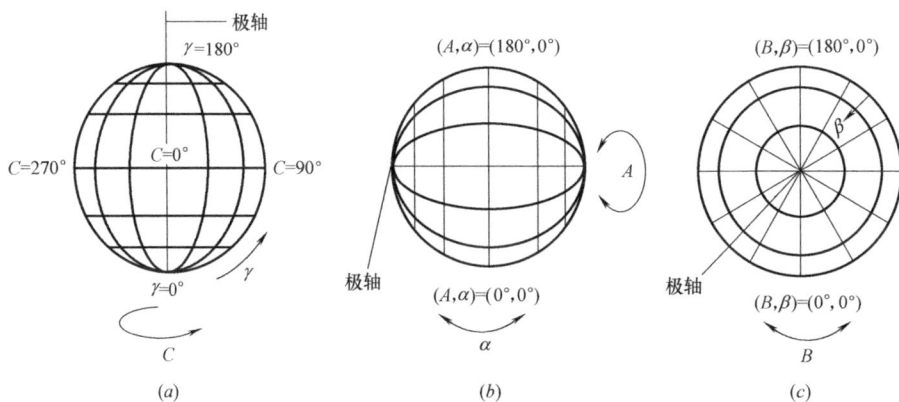

图4-2 光源坐标系统
(a) C坐标系；(b) A坐标系；(c) B坐标系

将光源的坐标系统比喻成一本书的页码可以帮助理解光强分布的概念，国际照明委员会即采用了这一途径，图4-3为 C 坐标系的书本化描述示意。从灯具的发光面中

56

心向所照射平面做的垂线为系统的第一轴，在道路照明中，$C0\sim180°$平面与道路的纵向中心线平行，$C90°\sim270°$平面与道路的纵向中心线垂直。

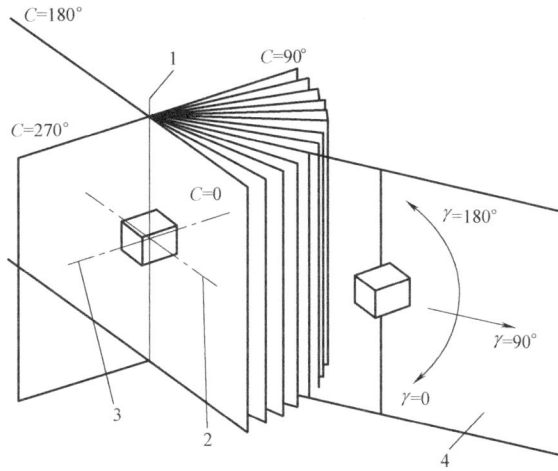

图 4-3　C 坐标系
1—第一轴：极轴；2—第二轴；3—第三轴；4—剖面—C 平面

　　目前，规模较大的灯具制造商一般都配置了分布式光度测试仪，可以方便、快速地获得灯具的空间光强分布及灯具的总光通量等参数，以便于对产品的质量进行改进。图 4-4 为某种类型的分布式光度测试仪的原理图。

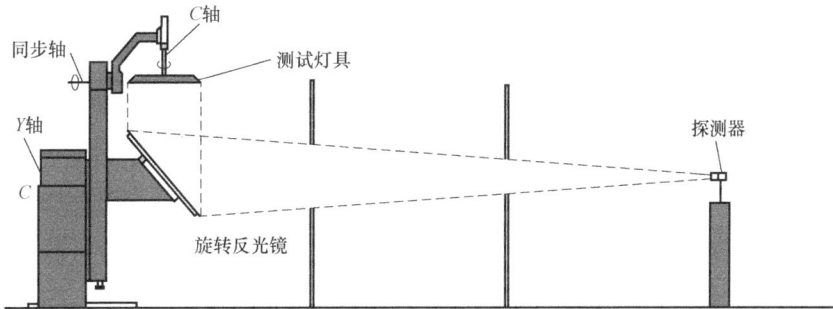

图 4-4　分布式光度测试仪原理图

　　国际上比较流行的光强分布文件标准格式有 CIBSETM-14、Eulumdat、CIE102 和 IESNA LM-63 等。目前，应用最广泛的为 IESNA LM-63-2002 文件格式，文件的扩展名为 .ies，大部分的光学计算软件均支持该文件格式，我国大部分的灯具生产商均提供灯具的 IESNA LM-63-2002 格式给设计和科研机构进行照明计算。尽管每种文件标准格式在形式上有很大的差别，但其核心内容均是记录灯具的光强在空间的分布，因此文件标准格式之间可以通过一定的程序进行格式转化。

　　Eulumdat 光强分布文件格式由德国柏林照明咨询公司在 1990 年提出，文件的扩展名为 ldt，该格式被除英国以外的欧洲灯具生产商所采纳，它可以通过免费的 LDT

程序进行文件内容的编辑。在照明计算领域应用最广泛的德国光学计算软件 Dialux 就是采用了该文件格式。

国际照明委员会在 1993 年发布了 CIE102 光强分布标准格式，文件扩展名为 .de，尽管它是国际照明委员会提出的光强分布文件标准格式，但采用的灯具生产商并不多，多数照明计算软件也不支持该光强分布文件标准格式。

照明方式应符合下列规定：

（1）两车隧道中间段照明灯具宜在隧道顶部两侧交错布置或两侧对称布置；在便于封交检修的前提下，灯具可在隧道顶部单排居中偏侧布置，偏侧距离可根据实际工程情况确定。

（2）三车道盾构法隧道中间段照明灯具宜在隧道顶部两侧交错布置或两侧对称布置。

（3）三车道沉管法或明挖法隧道中间段照明灯具宜在隧道两侧车道中心线上方交错布置或对称布置。

（4）四车道沉管法或明挖法隧道中间段照明灯具宜在隧道顶部距墙一个车道宽的位置上交错布置或对称布置。

隧道曲线段照明设计应符合下列要求：

（1）应为驾驶员提供良好的视觉诱导性。

（2）隧道平曲线半径不小于 1000m 的曲线段，照明灯具可按直线段布置。

（3）隧道平曲线半径小于 1000m 的曲线段，采用两侧布灯方式时，宜采用对称布置，并可适当加密。

（4）隧道内分岔口、交叉口等交通复杂段的照明应适当加强，并应为驾驶员提供良好的诱导性。

4.1　隧道照明和灯具类型

目前有三种基本的隧道照明类型，分别为对称照明、逆光照明和顺光照明，如图 4-5 所示。在总的光通量输出相同的情况下，不同形式的照明类型下的路面亮度、对比度、可见度、小目标可见度和眩光等指标有着显著的差别。

对比显示系数 q_c 可用来对隧道照明类型进行分类界定，计算公式如下：

$$q_c = \frac{L_r}{E_v} \tag{4-1}$$

式中　L_r——路面的亮度；

E_v——路面的垂直照度。

1. 逆光照明

当对比显示系数 $q_c \geqslant 0.6$ 时为逆光照明，其主要特点为将大部分的光投向行车方

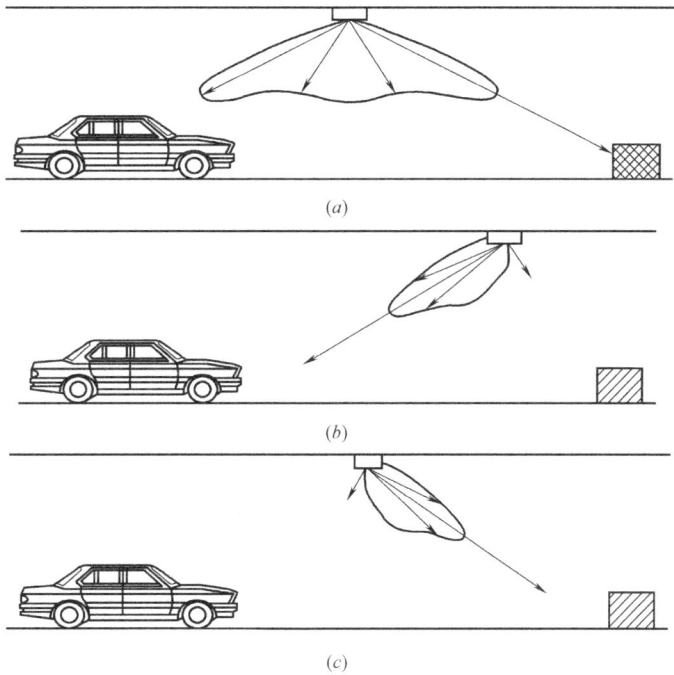

图 4-5　隧道照明类型
（a）对称照明；（b）逆光照明；（c）顺光照明

向相反的方向，而在行车方向上没有投射光。大量的光线经过路面反射后进入驾驶者的眼睛，驾驶者感受到的路面亮度等级较高，有利于降低照明系统的电能消耗。在逆光照明情况下，目标物面向驾驶者的垂直面的照度较低，目标物的亮度低于路面的亮度，因此目标物与路面间的对比度的极性为负，且对比度的绝对值较大，这意味着采用逆光照明时能够获得较高的可见度。根据"小目标可见度"理论，目标物容易被驾驶者觉察到，在隧道入口加强照明中采用这种照明类型，能够节省初期投资和后期的运营成本。

2. 顺光照明

当对比显示系数 $q_c < 0.2$ 时为顺光照明，光线投向行车方向相同的方向，由于光线经过路面反射后只有少部分投向驾驶者的眼睛，驾驶者感受到路面的亮度等级较低，要达到与逆光照明类型同样的路面亮度，顺光照明的照明系统需要更多的光通量。在顺光照明情况下，目标物面向驾驶者的垂直面的照度较高，目标物的亮度大于路面的亮度，因此目标物与路面间的对比度的极性为正，由于路面的亮度相对较低，目标物的亮度较高，对比度的绝对值较小，根据"小目标可见度"理论，驾驶者不易觉察到目标物的存在。相对于逆光照明，顺光照明能够帮助驾驶者观察到前方车辆的尾部，眩光程度较低，这些是顺光照明的优势，然而顺光照明的视觉诱导效果较差，驾驶者有时感觉不到灯具的存在。由于在亮度、视觉诱导等方面的不足，在工程中采用顺光

照明的隧道照明系统较少。

3. 对称照明

对称照明的照明形式将光线投向交通流方向和其反方向的光通量基本上相等，光线同时将路面和目标物照亮，在大多数情况下，目标物与路面间的对比度极性为负，对比度的绝对值介于逆光照明和顺光照明之间。相对于逆光照明和顺光照明，对称照明能提供较好的亮度均匀度。

从发光原理来看，应用于隧道内的照明灯具可以分为两大类：一类是气体放电灯，包含高压气体放电灯和低压气体放电灯等；另一类为固态发光灯，目前仅有 LED 灯具为固态发光灯。隧道照明灯具分类如图 4-6 所示。

目前，公路隧道人工照明采用的灯具以高压钠灯和 LED 灯具为主，仅有少量的高速公路隧道采用金卤灯、无极灯等其他类型的灯具。荧光灯一般应用在城市隧道的照明系统中，在高速公路隧道内有时用于紧急停车带。随着 LED 灯具光效的不断提升和成本的持续走低，LED 灯具正逐渐取代其他类型的照明灯具。

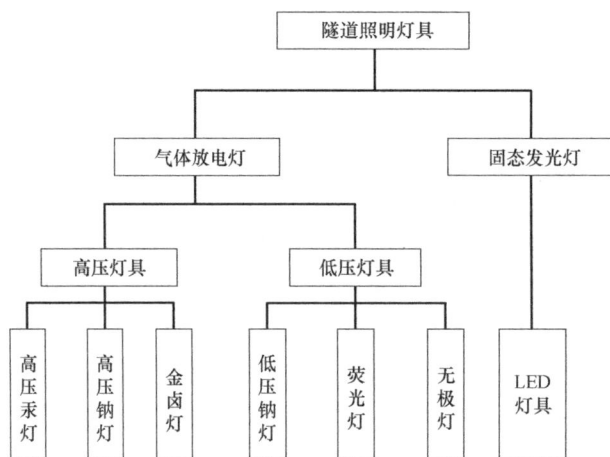

图 4-6 隧道照明灯具分类

4.1.1 高压汞灯

高压汞灯（Highpressure Mercury Lamp）是第一代高压气体放电灯，于 20 世纪 30 年代投入实际应用。高压汞灯的放电管由石英玻璃制成，内部充填汞和惰性气体，放电时的气压约为 10^6 Pa，为了帮助灯具启动，在主电极的旁边设置了辅助电极，借助辅助电极的作用，高压汞灯不需要外置启动器就可以启动。放电管包含在玻璃外壳内，其中充填了惰性气体，使放电管与外界绝热，玻璃外壳内表面涂有荧光粉，它的作用是补充高压汞灯中不足的红色谱线，同时提高灯的光效。

当高压汞灯通电后，辅助电极与其相邻的主电极之间发生辉光放电，产生大量的电子和离子，在放电过程中产生的热量使放电管的管壁温度迅速升高，汞迅速气化。

辉光放电产生的电子和离子逐渐扩散至两个主电极间，在两个主电极间形成电弧，汞原子被电子撞击后由稳定态变化到激发态，再由激发态恢复到稳定态的过程中向外辐射光能。

高压汞灯的光效最大可达 651m/W，光通量衰减的速度较快。高压汞灯的相对谱功率如图 4-7 所示，光谱中有很强的绿光成分，显色性指数范围为 40～60，色温范围为 3500～4500K，寿命约为 15000h。

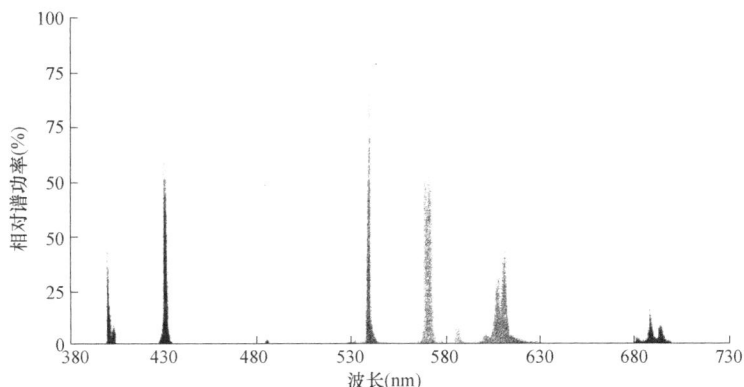

图 4-7　高压汞灯的光谱功率分布

相对于其他高压放电灯，高压汞灯的市场价格较低，在庭院和景观照明中应用较多。

4.1.2　高压钠灯

高压钠灯（High Pressure Sodium Lamp）属于高压气体放电灯的一种，在 20 世纪 60 年代开始应用，并迅速代替了低光效的高压汞灯。高压钠灯的放电管有多晶氧化铝和陶瓷两种，放电管内部充填汞和金属钠，另外还填充了氙气作为启动气体。高压钠灯的结构如图 4-8 所示。

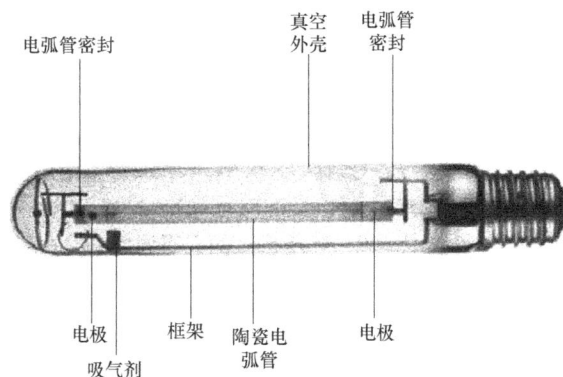

图 4-8　高压钠灯的结构

高压钠灯的发光原理为：当灯具通电后，其内的放电管两端电极之间产生电弧，在电弧的高温作用下管内的钠、汞气化，阴极发射的电子在向阳极运动过程中撞击钠原子，使其获得能量产生电离激发，再由激发态恢复到稳定态的过程中辐射光能。

高压钠灯的光学特性与放电管内钠蒸气的气压相关，当气压为 10kPa 时光源的光效最高，相关色温在 2000K 左右，显色性指数约为 20。通过增加放电管内的钠蒸气气压，能够提高高压钠灯的色温、改善显色性，但同时也显著地降低了发光效率。

由于放电管内钠蒸气压力较高，电子与钠原子之间碰撞频繁，共振辐射谱线加宽，能够辐射出其他频率的可见光，某高压钠灯的光谱功率分布如图 4-9 所示。

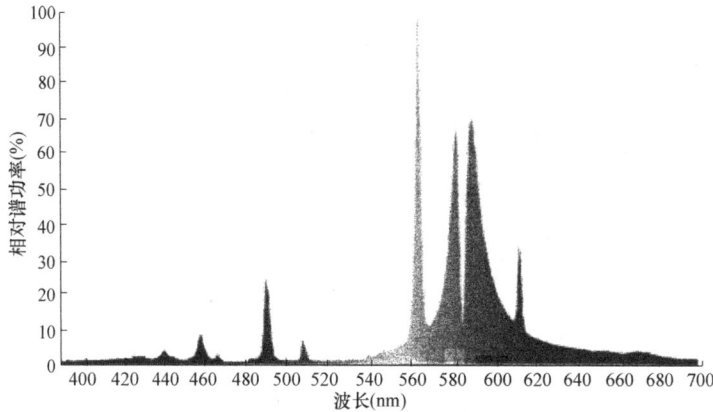

图 4-9　高压钠灯的光谱功率分布

高压钠灯广泛应用于亮度等级要求高、对显色性不敏感的场所，如公路、街道和公园等。隧道照明常用的高压钠灯额定功率有 100W、250W、400W 三种规格。相对于高压汞灯、荧光灯和金卤灯，高压钠灯的光效较高，光源光效可以达到 140lm/W，寿命能达 20000h。高压钠灯最显著的缺点是色温低和显色性差。

4.1.3　金卤灯

金卤灯（Metal Halide Lamp）的结构形式与高压汞灯相似，内部的放电管最初采用石英材料制成，由于存在卤化物的损失问题，灯具在寿命期内有较大的色彩漂移。20 世纪 90 年代开始采用陶瓷材料制作放电管，降低了色彩的漂移程度。与高压汞灯的不同之处在于，金卤灯放电管中不但充有汞，还充填了金属卤化物，为了改善光效和显色性，放电管内部往往还充填氩气，其结构如图 4-10 所示；为了使放电管与外界绝热，玻璃外壳内充填惰性气体或者抽成真空；为了维持真空度，玻璃外壳内还需要配置吸气剂。

如果金属直接充填到放电管内，金属一旦气化就会附着在放电管的内壁上，因此不能将这些金属直接充填到放电管中，而充填这些金属的卤化物就可以解决金属附着内壁这个问题，这就是此种灯具名称的由来。

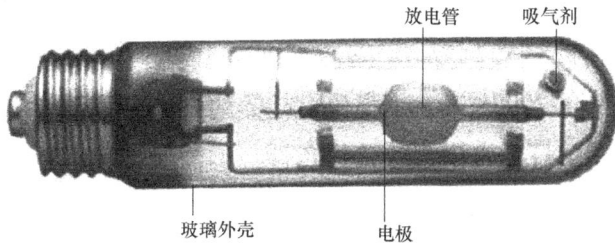

图 4-10　金卤灯结构

金属卤化物在放电管中心区域非常高的温度下分解成金属原子和卤素原子，金属原子由激发态变化到稳定态时向外辐射光能。活跃性较强的金属原子无法到达放电管的内壁，因为在这些区域温度较低，金属原子在到达内壁之前就与卤素原子重新合成了金属卤化物。放电管中的汞并不参与发光过程，而是作为缓冲气体用于调节温度和电压。

金卤灯单个灯具的功率可以达到 2000W，单个灯体输出的光通量较大，适用于体育场、大型商场、工业厂房、车站和码头等场所。

金卤灯的光效较高，范围为 65～1201m/W。金卤灯的光谱功率分布如图 4-11 所示，金卤灯光谱在可见光范围内分布较宽，色温范围为 2700～4500K，显示性指数为 65～90。相比于高压汞灯，金卤灯的光效和显色性都得到了显著的提高。金卤灯能够进行光通量输出的调节，但调光设备的成本较高。

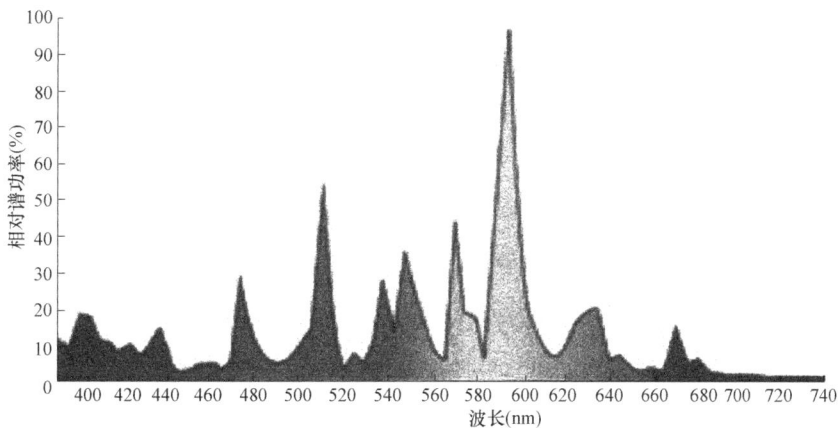

图 4-11　金卤灯的光谱功率分布

低功率金卤灯的寿命约为 7500h，大功率金卤灯的寿命约为 20000h，金卤灯完全启动需要 5min，断电后需要等待 5～10min 才能重新启动。

4.1.4　荧光灯

荧光灯（Fluorescent Lamp）属于低于汞灯的一种，与其他低压放电灯的特点一样，长度尺寸较大。早期的荧光灯为直管形，后来又发展出环形荧光灯和紧凑型荧光灯。荧光灯内部充填了汞和一些惰性气体，电极分布在灯管的两端，如图 4-12 所示。由于长管形荧光灯的长度较大，应用于隧道内能够提供较好的纵向均匀度，视觉诱导效果优于长度较短的灯具。

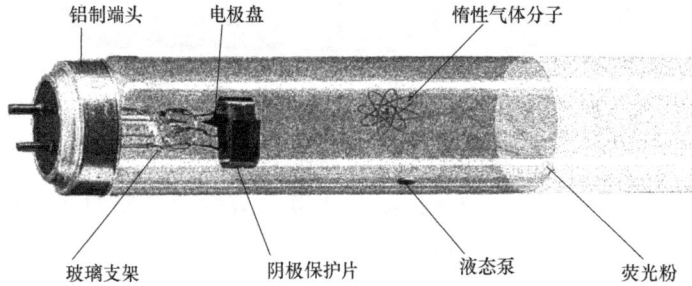

铝制端头　电极盘　惰性气体分子

玻璃支架　阴极保护片　液态泵　荧光粉

图 4-12　长管形荧光灯的结构

荧光灯的发光原理如下：灯具通电后，电极（阴极）发生的电子与灯管内部的汞原子发生碰撞，使汞原子产生紫外线，紫外线照射在涂有三基色荧光粉的管壁上发出可见光。

荧光灯的光效范围为 70～901m/W，其光谱范围较宽，有数个细小的尖峰，色温在 4000K 左右，显色性指数约为 80，如图 4-13 所示。

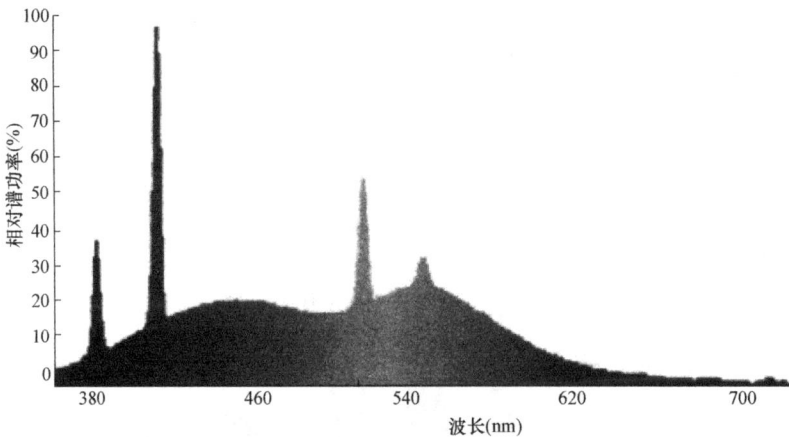

图 4-13　荧光灯的光谱功率分布

4.1.5　电磁感应灯

电磁感应灯（Electromagnetic Induction Lamp）内部没有电极和灯丝，也称为无极灯。按电磁频率来分，包括低频电磁感应灯和高频电磁感应灯，两者都是由高频发生器、耦合器和灯泡组成的，如图 4-14 所示。低频电磁感应灯的耦合器为外置，散热效果较好，但是体积较大；高频电磁感应灯的耦合器为内置，散热效果不佳，但体积较小。低频电磁感应灯的光效比高频电磁感应灯的光效高，电磁干扰也相对较小。

电磁感应灯的工作原理如下：通电后，高频发生器产生高频恒电压传给耦合器，

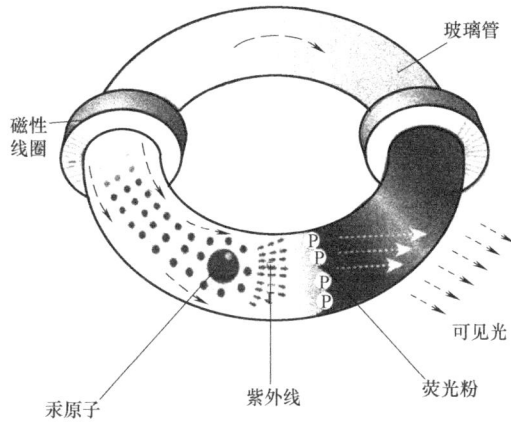

图 4-14　电磁感应灯的主要构件及发光原理

由耦合器在玻璃壳内的放电空间内建立静电强磁场，对放电空间内的汞蒸气进行电离，并产生强紫外光，玻璃泡壳内壁的三基色荧光粉受强紫外光激励而发光。

低频电磁感应灯的光源光效一般在 851m/W 左右，高频电磁感应灯的光源光效一般在 801m/W 左右。与高压钠灯和金卤灯一样，应用于隧道照明的电磁感应灯由于采用了反光器，整灯系统光效较低。电磁感应灯的光谱功率分布如图 4-15 所示。

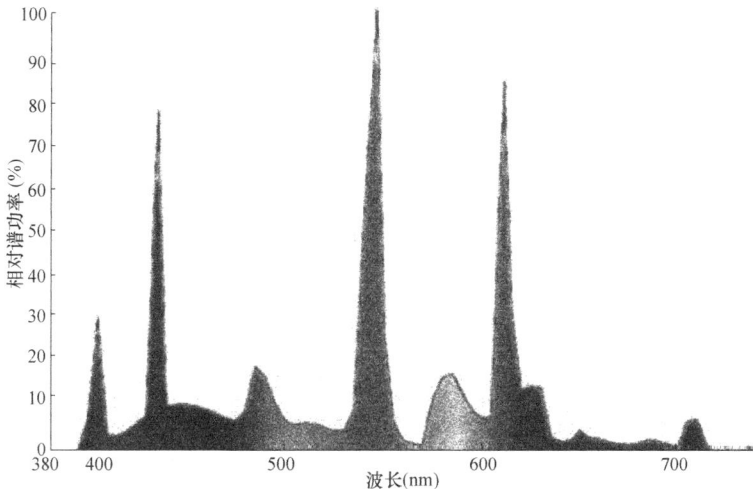

图 4-15　电磁感应灯的光谱功率分布

可见其光谱分布范围较宽，显色性较好，显色性指数一般大于 80，色温范围为 2700~6500K。但电磁感应灯会产生较严重的电磁干扰，在对电磁干扰要求较严格的场所无法使用，同时电磁感应灯的散热问题也很难解决，功率难以做大。

4.1.6　LED 灯具

LED（Light-Emitting Diode）是目前唯一的固态发光光源。LED 灯具本质上是半导体二极管，其核心部分为内部的 PN 结，如图 4-16 所示。当 LED 通电后，P 区的空穴和 N 区的电子在 PN 结进行复合，复合的过程中产生光辐射。早期采用砷化镓（GaAs）的发光二极管只能发射出红外线或红光，后来出现了基于宽能隙半导体材料氮化镓（GaN）和氮化铟镓（InGaN）的蓝光 LED。在蓝光 LED 的基础上，白光 LED 也很快面世。

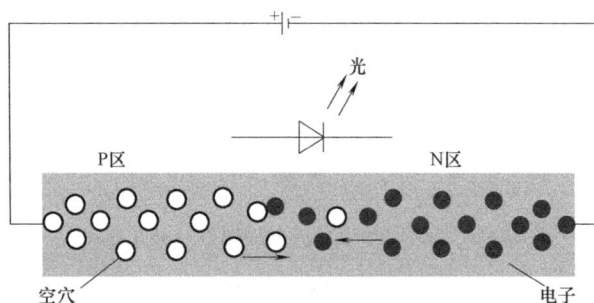

图 4-16　LED 发光原理

早期的 LED 功率较小，光通量较低，主要用于制作指示灯。大功率的 LED 在 20 世纪末才开始出现，1999 年市场上出现了功率为 1W 的 LED。2002 年出现了功率为 SW 的 LED，光效为 18～221m/W。此后的数年里，LED 产品的光效纪录不断被刷新。2012 年 4 月美国 CREE 公司的 LED 试件光效达到 2541m/W，2014 年该公司宣布其产品光效历史性地突破了 3001m/W，达到 3031m/W。

LED 本身发出的是近似单色光，而照明场所通常需要白光，目前可以通过以下两个方案来使 LED 发白光。

（1）通过三原色的 LED 组合成阵列，阵列发出的光经光学混合后形成白光，如图 4-17 所示。由于成本较高，目前很少采用这一方案。

（2）在 LED 芯片上方覆盖荧光粉，荧光粉把 LED 单色光转化为含有三原色的白光。由于这一途径成本较低，市面上大多数 LED 灯具都采用这一途径，其原理如图 4-18 所示。

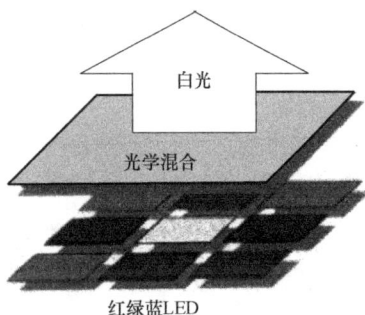

图 4-17　三原色产生白光原理

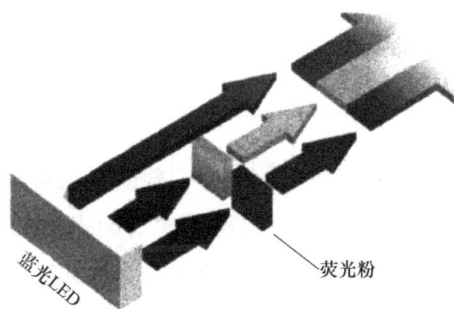

图 4-18　蓝光和荧光粉组合产生白光的原理

采用方案 2 实现发白光的 LED 光谱分布具有如下特征：在波长 450nm 附近有一

个相对较窄的波峰，在波长 550～600nm 范围内有一个相对较宽的波峰，而其他的波长范围相对辐射强度很低，如图 4-19 所示。

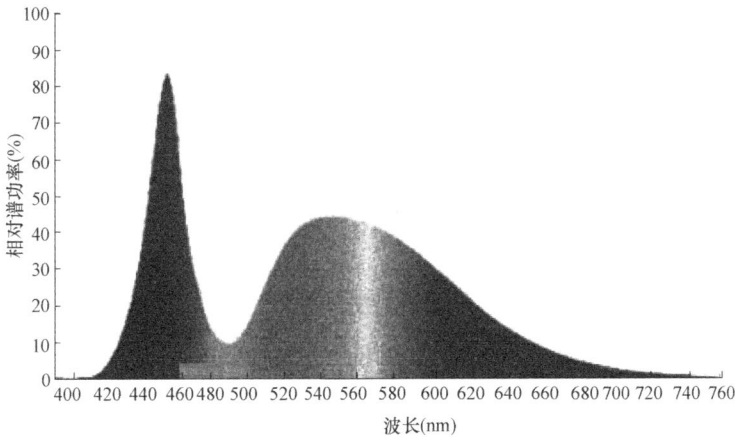

图 4-19　LED 灯具的光谱功率分布

LED 灯具的光效、色温和显色性指数受荧光粉成分的影响较大。通过调节荧光粉的成分和剂量，可以调节 LED 灯具的色温，调节范围为 2700～10000K。通常情况下，色温越高，光效也越高，但是显色性较差，显色性指数一般低于 75。当 LED 灯具的色温较低时，光效较低，而显色性能较好，显色性指数一般大于 80。

与气体放电灯相比，LED 灯具在诸多方面具有如下明显优势：

（1）节能。目前商品化的 LED 光效达到 13 51m/W，由于 LED 是定向光源，光线的利用率较高，没有光能浪费，光源光效与系统光效差别较小。

（2）寿命长。目前 LED 光源的寿命可达 50000h，在寿命方面明显高于其他放电灯。LED 光源本身很少出现故障，通常出现故障的主要是电源驱动器。

（3）LED 具有出色的显色性，显色性指数一般大于 70。

（4）LED 的色温范围为 3000～6500K，可以根据照明场景的需要进行配置。通过不同色温灯珠的组合，可以实现对色温的控制。

（5）LED 通过透镜进行配光，透镜参数在加工过程中易于控制，可以通过透镜对 LED 灯具的光强分布进行精确控制。

（6）LED 支持无极调光，容易实现"按需照明"，能够通过精细化管理实现最大化的节能。

4.1.7　灯具特性综合比较

从对各种灯具的分析可以看出，每种类型的灯具均有自身的优势和劣势，对于隧道照明并不存在一种完美的灯具，见表 4-1。在灯具类型的选择上，需要综合能耗、光衰、色温、显色性、穿透性、寿命和调光等因素进行统筹考虑。

不同灯具特征参数比较　　　　　　　　表 4-1

灯具类型	光效(lm/W)	显色性指数	色温(K)	寿命(h)	调光
荧光灯	70~90	80	4000	20000	√
高压汞灯	35~65	40~60	4500	15000	×
高压钠灯	120~140	25	<2500	20000	√
金卤灯	80~120	60~80	4000	20000	√
电磁感应灯	85	>80	2700~6500	15000	×
LED灯	110~130	>70	2700~6500	50000	√

LED灯具因其在光效、显色性和耐久性等方面的优势正逐渐取代气体放电灯，将成为隧道照明的主要光源。

需要说明的是，虽然荧光灯、高压钠灯和金卤灯能够进行光通量的输出调节，但实现的技术较复杂，在降低光通量的同时，光效、色温和频闪等指标会明显改变，因此，调光的综合效益较差。

图 4-20 呈现了各种灯具的光通量增长趋势。由图可知，在光效的增长方面，传统的气体放电灯的光效在经过几十年的技术发展之后已经没有可以提升的空间；而LED的光效近年来得到了迅速提升，实验室和商用的 LED 光效最高值不断被刷新，且还有较大的增长空间。

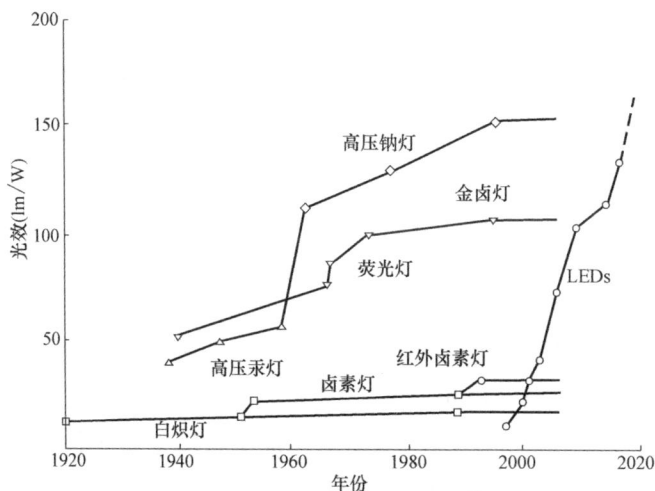

图 4-20　各种灯具的光通量增长趋势

4.2　城市隧道照明用 LED 灯具主要指标

随着光源自身的发展，可供隧道照明的光源越来越多。从最早用汽灯（管道煤气或乙炔燃烧）作街灯，到采用白炽灯、冷白色的汞灯、高显色性的金属卤化物灯、超长寿命的无极放电灯照明，再到最新的发光二极管（LED）光源。现在着重介绍最新的 LED 光源照明的设计（表 4-2）。

城市隧道照明用 LED 灯具主要指标表　　　　　　　　　表 4-2

要求名称	技 术 要 求			
工作条件	相对湿度	环境温度		抗震能力	抗自由跌落能力
	≤95％	A 型	−20～＋55℃	应符合《电工电子产品环境试验　第 2 部分：试验方法　试验 Fc：振动（正弦）》GB/T 2423.10—2008 的试验规定	应符合《电工电子产品环境试验　第 2 部分：试验方法　试验 Ed：自由跌落》GB/T 2423.8—1995 的试验规定
		B 型	−40～＋50℃		
		C 型	−55～＋45℃		
防护等级	不低于 IP65			
寿命	≥30000h			
功率要求	实际功率不高于额定功率的 105％			
电源适应性	电压在额定电压上下波动 15％时，电流不超出在额定电流的±5％范围			
功率因数	额定条件下，实际功率因数不低于 0.93			
初始光通量	不低于 95％的额定光通量，不高于 120％的额定光通量			
显色性	R_a≥65			
噪声	≤55dB(A)			
光通维持率	工作 3000h 后，τ≥97％			

注：工作条件由产品制造商根据需求选定，特殊要求的自行规定。

4.2.1　安全

LED 隧道灯的安全要求应符合《灯具　第 1 部分：一般要求与试验》GB 7000.1—2015 和《灯具　第 2-3 部分：特殊要求　道路与街路照明灯具》GB 7000.203—2013 等国家相关安全标准的规定。

LED 隧道灯的防护等级应达到《灯具　第 1 部分：一般要求与试验》GB 7000.1—2015 中的 IP65 等级要求（光学和电气部分的防护等级可分别标注，并分别评定）。

4.2.2　外观

LED 隧道灯的外形应该紧凑，尺寸合理。灯体宜采用优质金属材料制成，光电部分应做防水防锈处理。

灯具表面可防污物堆积，便于清洗，无损伤、变形、涂层剥落，透光材料应无气泡、无明显划痕和裂纹等缺陷。

LED 隧道灯的标志应正确、清晰和牢固；外观尺寸应符合制造商（或需求方）的规定。

4.2.3　结构

LED 隧道灯的结构应使得灯具便于安装，安装角度应能调节。灯具紧固、连接和密封要求应符合《公路隧道照明灯具》JT/T 609—2004 的相关规定。

4.2.4 照明供电

隧道照明宜采用照明专用变压器供电，与其他设备共用变压器供电时应安装稳压设备。

正常运行情况下，LED 隧道照明灯具的端电压应维持在额定电压 90%～105%范围内。隧道道路两侧基本照明应分别引自变电所的Ⅰ、Ⅱ段低压母线。照明配电宜采用放射式和树干式相结合的供电方式。照明配电系统宜采用 220V/380V 三相四线制供电，灯具宜安 L1、L2、L3 的相序沿线排列接入电源，使三相平衡。照明配电系统的接地形式宜采用 TN-S 系统，灯具金属外壳、配电及控制箱屏等外露可导电部分，应进行保护接地，并应符合国际现行相关标准的要求。照明配电系统供电电缆中性导体应与相导体采用相同材料和相等截面。

4.2.5 照明控制

对于非自镇流 LED 隧道灯驱动控制器应满足以下要求：

(1) 安全要求应符合《灯的控制装置 第 1 部分：一般要求和安全要求》GB 19510.1—2009 和《灯的控制装置 第 14 部分：LED 模块用直流或交流电子控制装置的特殊要求》GB 19510.14—2009 的规定。

(2) 性能要求应符合《LED 模块用直流或交流电子控制装置 性能要求》GB/T 24825—2009 的规定。

(3) 驱动效率不应低于 90%。

(4) 在额定电压和额定频率下工作时的实际功率因数不应低于 0.93。

(5) 驱动控制器功率不应大于对应整灯功率的 10%。

隧道 LED 照明控制应符合下列规定：

(1) 宜采用智能控制系统，系统主要包括控制设备、控制接口及软件要求等。

(2) 应从安全、技术、经济等方面的要求，进行方案论证，选择最佳方案。

隧道 LED 照明控制系统应具有下列功能：

(1) 能够以自动、遥控和手动的方式执行命令。

(2) 能够根据时间、亮度设定的多种模式（至少 6 种以上）进行调试和控制，内置时控和光控模式参数配置可由具有操作权限的操作员重新设置。

(3) 能够灵活地以数据、图形等方式显示隧道内 LED 照明系统的运行情况、控制模式等。

(4) 能够自动地完成数据备份、文档储存（含操作数据及故障数据）。

(5) 能够方便地进行查询、统计和形成报表，同时设置权限管理。

(6) 应设置浪涌保护功能。

（7）LED 隧道照明灯具与控制系统失去通信时，应自动调到 100％光输出，保证故障时照明。

（8）隧道一旦发生火灾，智能控制系统收到 FAS 火灾报警信号，应联动控制隧道内所有基本照明用 LED 隧道照明灯具 100％光输出。LED 智能控制系统如发生故障，故障区域内的 LED 隧道照明灯具应 100％光输出。

（9）应具有记忆功能和故障信息保存功能，当电源断电恢复时应能自动进入断电前的设置，同时保证系统断电后再启动时间不超过 0.1s。

（10）电磁兼容和谐波应满足相关标准的规定，不应影响隧道内监控设备的正常工作，也不应对供电电网造成污染。

（11）系统与 LED 隧道照明灯具之间的通信宜采用独立通信。

（12）系统的时钟应与监控系统的标准时间同步。

（13）系统设备故障时，可在控制界面上跳出画面报警。

（14）系统宜具有自动巡检功能，巡检实时状态信息包含：各个 LED 隧道照明灯具或群组灯具的亮度等级，LED 隧道照明灯具和控制装置的故障信息等。

（15）系统总线物理层宜采用 RS485 接口，半双工通信，波特率不低于 9600bps，单回路传输距离不宜小于 1000m。

（16）系统宜支持广播、组播、点播等多通信方式。

（17）系统应支持在线更新，方便升级。

控制方式及接口协议应符合下列规定：

（1）控制方式宜采用 LCP-SH 协议，可采用 PWM 硬件控制和 DC0～10V 模拟控制。

（2）调光宜采用多级控制方式，出入口段加强照明宜设置 10 级以上控制，中间段照明宜设置 8 级以上控制，同时出入口段加强照明应有 0（断电）档位。

（3）应选用合理的调光方式，调光过程中，LED 隧道照明灯具的色温不应发生变化，调光级数与相应 LED 隧道照明灯具的功率宜呈线性正比；同时调光时，LED 隧道照明灯具的亮度应缓慢过渡。

（4）隧道 LED 照明控制系统与监控系统的接口应采用标准的工业总线通信协议。

控制设备应符合下列规定：

（1）控制设备应能适应隧道恶劣的运行环境，具有防潮、抗腐蚀等能力。

（2）控制设备应能承受电源额定电压±20％的波动。

（3）控制总线线缆应采用低烟无卤绝缘和护套，并具有通信屏蔽功能。

（4）系统内的手持调试设备可就地对 LED 隧道照明灯具进行软件升级或者参数设定等。

软件要求应符合下列规定：

（1）应采用数据库技术、网络技术、通信技术，实现 LED 隧道照明灯具的调光控制、状态监测（自动巡检）和报警功能。

（2）应以其功能性、性能、可靠性、安全性为参考标准。

（3）可通过数据库技术实现数据的集中储存和管理。

（4）应具有较好的可扩展性。可进行软件升级。

（5）可实现与其他监控系统的统一接口。

（6）软件应为中文界面，易于掌握且操作方便。

4.2.6　光强与眩光限制

（1）LED 隧道灯的光强与眩光限制应满足《城市道路照明设计标准》CJJ 45—2015 的道路照明要求。

（2）制造商应标称 LED 灯的截光性能和光强分布。

4.2.7　颜色特性

LED 隧道灯的颜色标准色品坐标应符合《双端荧光灯 性能要求》GB/T 10682—2010 规定的目标要求，制造商可根据用户要求制造非标准颜色的 LED 灯。但应给出非标准颜色色品坐标的目标值，色度坐标 x 和 y 的初始读数距离目标值应在 7SDCM（色匹配标准偏差）之内。同时，LED 灯的初始相关色温值偏离额定色温应在 $\pm 5\%$ 以内。

4.2.8　电磁兼容

自镇流 LED 隧道灯或非自镇流 LED 隧道灯和外置驱动控制器形成的整体的电磁兼容性能应符合：

（1）输入电流谐波应符合《电磁兼容 限值 谐波电流发射限值（设备每相输入电流≤16A）》GB 17625.1—2012 的规定。

（2）无线电骚扰特性应符合《电气照明和类似设备的无线电骚扰特性的限值和测量方法》GB/T 17743—2017 的规定。

（3）电磁兼容抗扰度应符合《一般照明用设备电磁兼容抗扰度要求》GB/T 18595—2014 的规定。

4.2.9　配光特性

符合以下要求：

（1）城市隧道中所采用的 LED 隧道灯具应具有良好的配光特性，各生产厂家应根据自身灯具特点确定合理的、适用于城市隧道环境的配光曲线和照射角度。

（2）灯具的配光，应便于工程安装调整，以达到合适的照明设计效果。

（3）LED 隧道灯具宜采用对称截光型配光，在照明范围内各单位空间角度内的光通量分布应均匀。

（4）生产厂家应提供灯具配光曲线、配光参数。

4.2.10 节能

（1）城市隧道照明设计应合理选择设计参数，在满足规定的亮度和照明质量要求的前提下，通过多方案的经济技术分析论证，确定合理、节能的照明方案。

合理设计是实现隧道照明节能的核心环节。隧道照明节能在满足照明标准的前提下，通过细致分析隧道所处地理位置、隧道规模、交通量大小等工程特点，合理选定设计参数，并进行不同光源、灯具选型、灯具布置形式以及分期实施方案等多种照明方案的全寿命周期经济技术比较，"因隧制宜"地确定最佳设计方案，避免凭经验的模式化设计。

例如，隧道中间段照明灯具近期采用中线侧偏方式，远期可采用增设一排灯具、更换灯具或变化光源功率等多种照明方案进行比选。

（2）城市隧道照明设计应根据交通量变化、洞外亮度变化、季节更替等多种工况制定调光及运营管理方案。

隧道照明系统通常按最不利工况进行设计，不分工况开启照明设施必然会造成能耗增加或引起安全隐患。应根据交通量变化、洞外亮度变化、不同季节等制定适宜的调光及运营管理方案，以确保隧道照明系统在不同运营条件下的安全与节能运行，并实现科学管理。

隧道照明通常采用分级调光或动态调光。例如，白天加强段照明可采用晴天、阴天、云天、重阴天四级调光方案或时序多级调光方案；夜间中间段照明根据交通量变化可采用动态调光。

隧道照明设计时，基本照明功率密度值宜小于表 4-3 的要求。

隧道基本照明功率密度限值 表 4-3

隧道类别	快速路和主干路隧道	次干路隧道	支路隧道	联络车道
照明功率密度(LPD)限制（W/m²）	≤1.2	≤0.90	≤0.60	≤1.2

在满足规定的亮度和照明质量要求的前提下，以表 4-3 中的数值作为照明节能设计指标。

设计亮度不应低于照明标准值，偏差且不宜超过±10%。设计亮度与照明标准值的偏差参考《建筑照明设计标准》GB 50034—2013 第 4.1.7 条。考虑到照明设计时布灯的需要和光源功率及光通量的变化不是连续的这一实际情况，根据我国国情，规定了设计照度值与照度标准值比较，偏差不宜超过±10%。

4.2.11 节能措施

隧道接近段可采用下列减光措施；

（1）隧道接近段宜根据工程现状，采取设置遮阳棚、遮光棚。

（2）洞口采用端墙形式时，墙面可采用暗色调，其装饰材料的反射率应小于 0.17。

（3）隧道洞外侧墙可进行暗化处理。

（4）洞口外至少一个照明停车视距长度的路面可采用黑色路面。

（5）利用植被实现遮光、减光。

（6）有条件时，可利用导光和反光装置将自然光引入隧道内进行照明，或利用太阳能作为照明灯具在满足眩光限制和隧道建筑限界要求时，可降低安装高度。

洞外亮度 $L_{20}(S)$ 对隧道加强照明规模的影响极大，若对洞门做明亮装饰会使洞外亮度值增大，加剧"黑洞效应"，导致照明能耗增加。在隧道减光段采取洞外减光措施，可以降低隧道洞外亮度，达到节能目的。

上述提出的洞外减光措施为常用办法，也可根据洞外现场情况采用其他减光措施，如洞口种植常青树。此外，隧道洞口设计遵循"早进晚出"原则，采取前置洞口工法，实现零仰坡开挖以及大面积绿化洞口等，尽量降低隧道洞外亮度。

采用削竹式洞口时，其洞外亮度低于端墙式洞口，即使隧道洞口处于微丘地段即 20°视场范围内天空面积百分比较高也是如此，因此从降低洞外亮度考虑，推荐削竹式洞口。洞口（门）形式对洞外亮度的影响情况如图 4-21 所示。

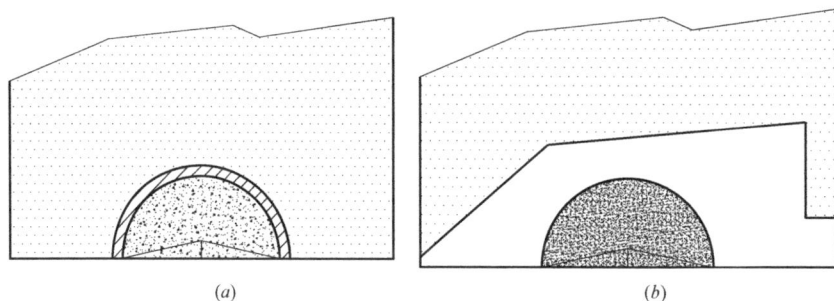

图 4-21　洞口（门）形式对洞外亮度的影响

(a) 削竹式洞门；(b) 明亮装饰性洞门

设置减光设施的隧道洞外亮度应在减光段实测取得或者根据减光设施类型相应折减。其照明可按以下原则设置：

若减光段长度接近隧道加强段长度，且减光效果与未设置减光设施时的加强照明段亮度接近，则以减光段替代加强段，隧道洞内仅设过渡段及中间段照明，即五段式照明。

城市隧道加强照明宜结合导光管系统，且满足下列要求：

（1）导光管采光系统的设计应根据隧道类型、使用要求、光气候和安装条件等因素综合确定。

（2）导光管采光系统主体结构使用寿命不少于 20 年。

（3）导光管采光设计应和基本照明相结合，满足加强照明亮度要求。

（4）导光管采光系统宜有调光控制功能，控制功能宜和隧道电光照明控制系统相结合。

（5）导光管采光系统的管径不宜小于 650mm。

加强照明是为了解决驾驶员白天驶入驶出隧道时适应洞内外亮度反差的措施，减少黑洞效应和白洞效应的措施，导光管采光系统将天然光引入洞内，洞内亮度将随着天然光的光通量变化而变化，不但解决了黑白洞效应，保证了车辆行驶的安全性，且导光管系统在寿命周期内无电能消耗，符合节能需要。

导光管采光系统设计还应符合《导光管采光系统技术规程》JGJ/T 374—2015 和《建筑采光设计标准》GB 50033—2013 的规定。

隧道内可设置环形反光环、反光诱导标志或者电光诱导标志。隧道内加装反光环，可使隧道内边界轮廓清晰，明显改善行车诱导效果，并可降低隧道照明用电量，具有很好的经济、环境和社会价值。

路面两侧 2m 高范围内墙面宜铺设反射率高的材料。墙面的反射与衬托作用在隧道照明中非常重要，不容忽视。当墙面反射率达到 0.7 时，路面亮度可提高 10%。

在隧道侧墙 3m 高范围内可设置蓄能发光多功能涂料。入口照明段及出口照明段宜全断面喷涂，其他段两侧拱墙 3m 范围内可喷涂。蓄能发光多功能涂料具有增光增亮、延时发光、提高照明环境显色指数和释放负离子等多种功能，将其作为隧道内的壁面装饰材料，可显著改善隧道内光照环境，提高照明亮度及路面光照均匀度，可明显增加司机对路面小物体的识别能力，有利于运营行车安全。

试验表明，自然光对隧道内的照明影响一般为 60m。同时为解决隧道进、出口的"黑洞""盲光"现象，在公路隧道出、入口段 60m 全断面设置蓄能发光多功能材料。其他长度范围内两侧拱墙 2～3m 及检修道侧面路缘石设置蓄能发光多功能环保材料可起到增光节能、提高地面照明均匀性、改善光照环境等作用，同时可保证发生意外事故时的应急逃生指示照明。

同时，蓄能发光多功能涂料具有逃生引导指示照明的作用。文献资料表明，建筑物及地下工程在发生火灾时，真正被火烧死的人员约占火灾死亡总人数的 1/4，而因无法逃生被烟雾熏死的人员占死亡总人数的 3/4；各种试验及文献资料调研表明，在发生火灾时，当建筑物内的烟雾浓度使人视觉视程达不到 3m 之外后，人在建筑物中就很难再逃生出去，故在火灾中延长眼睛在烟雾中的视觉视程能力尤为重要。蓄能发光多功能材料穿透烟雾能力的烟雾浓度与可视距关系试验如图 4-22 所示。

隧道照明采用中线或中线侧偏布置形式时，基本照明宜选用逆光型灯具；隧道照明采用两侧交错或两侧对称布置形式时，宜选用宽光带对称型照明灯具。

应制定维护计划，宜定期进行灯具清扫、光源更换及其他设施的维护。清扫和维护灯具等照明设备对节能有着重要的现实意义。对灯具来说，若能按半年或一年周期

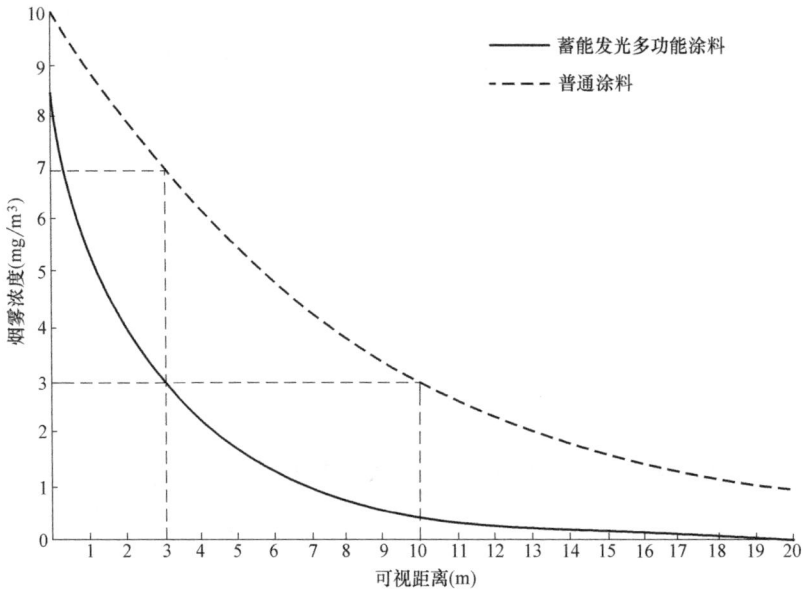

图 4-22　蓄能发光多功能材料穿透烟雾能力的烟雾浓度与可视距离关系试验

进行一次彻底擦拭，基本能够保持 0.65 以上的维护系数。但是，若长期不进行擦拭或擦拭不彻底，同时灯具的防护等级又较低的话，其维护系数甚至有可能减低到 0.3～0.4。即可以通过擦拭灯具来提高光源光通量利用率，这样就有可能在满足照明数量和质量要求的前提下，通过选用功率较小的光源，从而达到节能的目的。

4.3　照 明 设 计

4.3.1　隧道照明的设计程序

隧道照明设计必须符合隧道设计规范中有关照明的要求，照明电气设计还必须符合电气设计规范（规程）的有关规定。

设计总则：

按我国目前的设计程序，多数采用两阶段设计：初步设计和施工图设计。各阶段的设计深度和有关的设计内容、图纸、说明等要求分述如下。

1. 初步设计

（1）初步设计的深度要满足下列要求：

1）综合各项原始资料经过比选，确定电源、照度、布灯方案、配电方式等初步设计方案，作为编制施工图设计的依据。

2）确定主要设备及材料规格和数量作为订单的依据。

3）确定工程造价，据此控制工程投资。

4）提出与其他工种设计及概算有关的技术要求（简单工程不需要），作为其他有关工种编制施工图设计的依据。

（2）说明书内容

1）照明电源、电压、容量、照度选择及配电系统形式的确定原则；

2）光源与灯具的选择；

3）导线的选择及线路控制方式的确定；

4）工作、应急、检修照明控制原则、应急照明电源切换方式的确定。

（3）图纸应表达的内容、深度

1）照明干线、配电箱、灯具、开关平面布置，并注明区段名称和照度；

2）由配电箱引至各灯具和开关的支线。

（4）计算书：照度计算、保护配合计算、线路电压损失计算等。

（5）主要设备材料表：统计出整个工程的一、二类机电产品（照明器、导线、电缆、配电箱、开关、插座管材等）和非标准设备的数量及主要材料。

2. 施工图设计

（1）施工图设计深度的要求

1）据此编制施工图预算。

2）据此安排设备材料和非标准设备的订货或加工。

3）据此进行施工和安装。

（2）图纸应表达的内容与深度

1）照明平面图

① 配电箱、灯具、开关、插座、线路等平面布置。

② 线路走向、引入线规格、有功计算容量、电能计算方法。

③ 复杂工程的照明，需绘局部平剖面图。

④ 图纸说明：

A. 电源电压、引入方式；

B. 导线选型和敷设方式；

C. 设备安装高度；

D. 接地或接零；

E. 设备、材料表。

2）照明系统图：用单线图绘制，标出配电箱、开关、熔断器、导线型号规格、保护管径和敷设方法、用电设备名称等。

3）照明控制图：包括照明控制原理图和特殊照明装置图。

4）照明安装图：照明器及线路安装图。

说明书、图纸的内容、深度等根据各工程的特点和实际情况会有所增减，但一般上述每个阶段设计深度要求希望能够达到。

3. 照明方式

照明方式是根据显示对比系数 q_c 来定义的。显示对比系数是指路面亮度和隧道某

一特定地点的垂直亮度 E_v 之间的比值，即

$$q_c = L/E_v \qquad\qquad (4-2)$$

根据对比系数来定义的隧道照明方法有三种：对称照明法、逆向照明法和同向照明法。

对称照明法：光线沿交通流的同向和反向相同地落在障碍物上的照明。对称照明法的特征是所使用的光源关于交通流方向的法平面对称地发光。

逆向照明法：光线沿交通流反方向落在障碍物上的照明。逆向照明法的特征是所使用的光源关于交通流方向的法平面不对称的发光，其最强的光线落在与交通流相反的方向。这个术语只涉及正常的交通流的方向，其原理如图4-23所示。

同向照明法：光线沿交通流方向落在障碍物上的照明。同向照明法的特征是所使用的光源关于90°/270°的平面（交通流方向的法平面）不对称地发光，其最强的光线落在与交通流相同的方向。

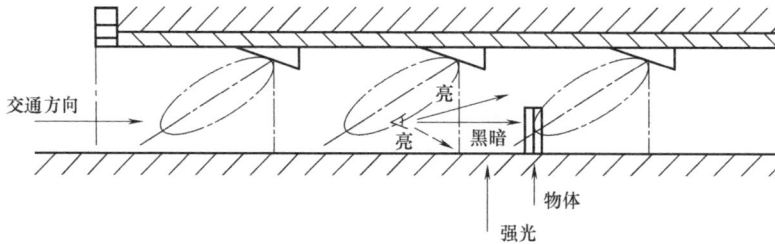

图 4-23　逆光照明技术原理图

同向照明在国外基本不用，对称照明与逆光照明比较见表4-4。

对称照明与逆光照明的比较　　　　　　　　　　表 4-4

比较项目	对称照明(常用方式)	逆光照明
特征	在道路纵断面方向(车辆行进方向)上,灯具的配光大致对称,灯具安装在侧壁上	在道路纵断面方向(车辆行进方向)上,灯具的配光不对称,在60°处出现光强峰值
图示		 这个部分的光被遮挡而变暗(变黑)
道路纵断面方向的灯具配光		
道路横断面方向的灯具配光	在灯具的中心轴方向具有最大的光强 	在灯具的中心轴左右光强大致对称 在两车道的各条车道上方安装灯具

4.3.2　设计依据的标准、规范

(1)《城市地下道路工程设计规范》CJJ 221—2015；

(2)《城市道路交通设施设计规范》GB 50688—2011；

(3)《城市道路照明设计标准》CJJ 45—2015；

(4)《20kV 及以下变电所设计规范》GB 50053—2013；

(5)《供配电系统设计规范》GB 50052—2009；

(6)《低压配电设计规范》GB 50054—2011；

(7)《通用用电设备配电设计规范》GB 50055—2011；

(8)《建筑设计防火规范》GB 50016—2014（2018 年修订版）；

(9)《电力工程电缆设计标准》GB 50217—2018；

(10)《火灾自动报警系统设计规范》GB 50116—2013；

(11)《建筑物防雷设计规范》GB 50057—2010；

(12)《建筑物电子信息系统防雷技术规范》GB 50343—2012；

(13)《建筑照明设计标准》GB 50034—2013。

4.4　隧　道　照　明

4.4.1　隧道照明区段划分

从照明的角度来看，隧道是这样的一个结构物，它覆盖在道路上，阻碍了白天的自然光线照射在路面上，降低了驾驶者观察道路和环境的能力。为了确定隧道纵向上白天不同的亮度等级需求，将隧道在纵向上分成不同的区段，分别为接近段、入口段、过渡段、中间段和出口段，如图 4-24 所示。从行车安全的角度来讲，隧道入口段是照

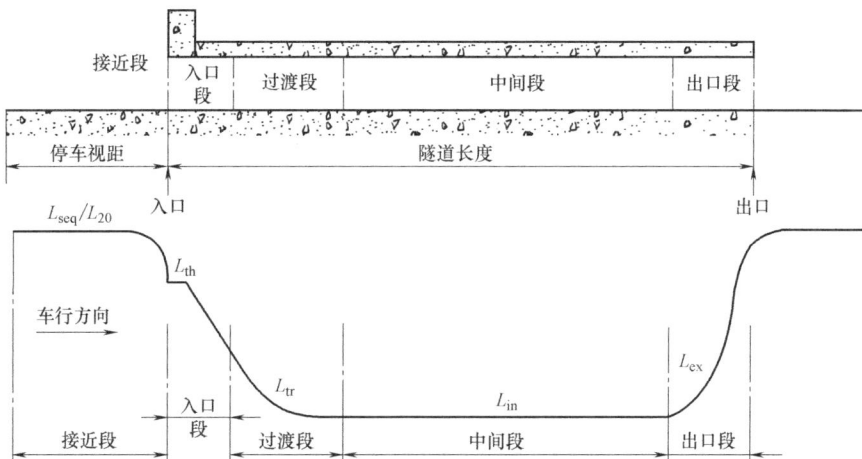

图 4-24　隧道照明区段划分

79

明区段中最重要的部分，其次为过渡段和中间段。

4.4.2 接近段

接近段包含隧道洞口前的道路和周边环境，驾驶者在这个区段内必须能够看到隧道内部一定长度内路面上的状况，如障碍物、行驶或者静止的车辆等。接近段开始于隧道洞门前方一个停车视距处，结束于隧道洞门处。在接近段内，驾驶者视野中的标准视野亮度 L_{20} 或者光幕亮度 L_{seq} 是确定洞内入口段和过渡段照明亮度的主要依据。

在接近段，驾驶者视野内的景物如隧道建筑、山体和路面等应尽可能地采用隧道加强照明色调或者绿色植被对其表面进行暗化处理，从而降低洞外亮度 L_{20} 或者等效光幕亮度 L_{seq} 的大小，减轻黑洞效应及对入口段亮度的需求。

一般情况下，视野内的天空亮度远高于建筑、树木和山体等景物的亮度。在接近段，如果视野内有天空存在，为了避免出现 L_{20} 或 L_{seq} 过高的情形，应尽可能地采用树木、建筑等对天空部分进行遮挡，降低入口段的亮度需求。

4.4.3 入口段

入口段是进入隧道口后的第一段。沿着车行方向，入口段要么开始于隧道的洞门，要么开始于隧道减光棚（洞）的起点。入口段的长度应大于一个停车视距。一般采用小目标可见度原则来确定入口段的亮度。入口段的照明系统必须保证驾驶者在接近段能够觉察到路面上的小目标障碍物。

以小目标可见度为准则，入口段亮度的需求主要取决于两个方面：一是驾驶者在接近段的视觉适应状态，主要受接近段的洞外亮度等级影响；二是驾驶者视网膜中心凹对视野中心（2°视角）的亮度适应速度，主要受人眼的生理特征及等效光幕亮度 L_{seq} 大小的影响。

目前确定隧道入口段照明亮度等级的方法主要有三种：第一种是基于稳态视觉适应理论的 L_{20} 方法，通过该方法确定入口段的亮度步骤相对简单，但是精确度不高；第二种为基于等效光幕理论的觉察对比度法，该方法相对繁复，但是精确度较高；第三种方法为结合了驾驶者主观感受的 SRN（Safety Rating Number）法，该方法是在觉察对比度法的基础上发展而来的。

目前有两种途径能够满足入口段的亮度需求：一是采用减光棚（洞），利用自然光线为路面提供光通量，从隧道照明的角度来看，减光棚（洞）段即隧道的入口段；二是采用人工照明的方式，即在入口段的顶部或者两侧布设照明灯具，为隧道路面和墙壁提供光通量。

4.4.4 过渡段

过渡段是入口段和中间段之间的照明区段，是为了避免入口段照明与内部中间照明之间的急剧变化而设置的照明段。过渡段的亮度变化必须是逐步的，如果亮度降低过快，驾驶者的眼睛不能完全适应洞内的亮度环境，会产生"视觉停留"效应，导致目标物可见度和视觉舒适性的下降。

4.4.5　中间段

中间段是过渡段之后的区段，在过渡段和出口段之间。因为驾驶者在中间段基本上适应了洞内的亮度环境，所以中间段的亮度在纵向应该保持恒定。隧道内空间狭小，路面一旦有障碍物，驾驶者缺乏空间进行绕避，同时隧道内一旦发生交通事故，其严重程度一般会大于隧道外的一般路段。因此，为了降低隧道内的事故发生率，隧道中间段路面必须具有一定的亮度等级。

4.4.6　出口段

出口段是在行车方向上接近出口洞门的区段。在该区段内，驾驶者的视觉受到洞外自然光线的显著影响。出口段开始于中间段的末端，终点为隧道洞口。

4.4.7　L_{20}方法确定入口段亮度

L_{20}方法基于静态视觉适应理论，是最早采用的入口段亮度确定方法，具有计算模式简单、易于执行的优点。

洞外亮度L_{20}的数值通过以下方式获得：在道路纵向距洞口一个停车视距S_D、路面上方的高度为 1.5m 的参考点上，观察者面向洞口投射一个锥角为 20°（2×10°）的圆锥体，圆锥体轴线通过隧道洞口所在的竖直面中心线距路面$h/4$的点，圆锥体与路面、地面、山体和洞门等相交接的面上所有物体的亮度平均值即洞外亮度L_{20}，如图4-25 所示。

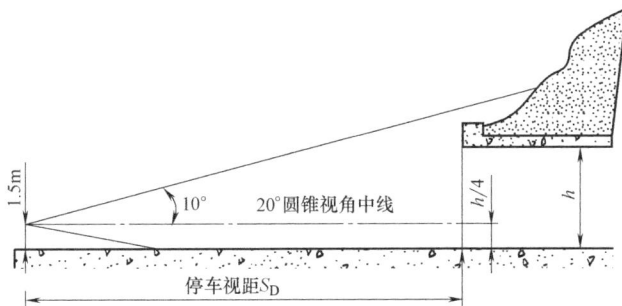

图 4-25　洞口

洞外亮度L_{20}通常代表接近隧道洞口的驾驶者眼睛在参考点时的视觉适应状态，以L_{20}作为确定洞内入口段亮度的基础。L_{20}的值与季节和天气情况密切相关，因此很难通过测量手段确定其精确值。在工程应用中，可通过两种方法确定L_{20}的大小，即计算查表法和环境简图法。

1. 计算查表法

计算查表法是根据天空在20°圆锥视野中的占比、洞口朝向和车速来估算洞外亮度方法。根据L_{20}的定义，结合隧道进出口纵坡，利用土建图纸提供的信息，计算出20°圆锥视场和圆心位置，绘制出隧道洞口20°圆锥视场图，确定天空面积占比，根据表4-5查询得到隧道洞口亮度。该方法并未考虑洞口环境的影响，查表得到的洞外亮度误差较大。

洞外亮度估算表

表 4-5

天空面积占比	洞口朝向或洞外环境	洞外亮度(cd/m²)			
		40km/h	60km/h	80km/h	100km/h
35%～50%	南洞口	—	—	4000	4500
	北洞口	—	—	5500	6000
25%	南洞口	3000	3500	4000	4500
	北洞口	3500	4000	5000	5500
10%	暗环境	2000	2500	3000	3500
	亮环境	3000	3500	4000	4500
0	暗环境	1000	1500	2000	2500
	亮环境	2500	3000	3500	4000

注：1. 天空面积占比指接近段亮度$L_{20}(S)$定义中所指的20。圆锥视场中的天空面积占比，S指洞口一个停车距的点。

2. 南洞口指北行车辆驶入的洞口，北洞口指南行车辆驶入的洞口。

3. 东洞口与西洞口取用南洞口与北洞口的中间值。

4. 暗环境指洞外景物（包括洞门建筑）反射率低的环境；亮环境指洞外景物（包括洞门建筑）反射率高的环境。

2. 环境简图法

环境简图法就是将隧道洞口外的景物亮度与各种景物所占的面积百分比相乘，再将各部分计算值相加后得到洞外亮度的方法。在隧道洞口外参考点上，以洞口所在竖直面距地面1/4洞高处作为瞄准点，采用数码相机在隧道洞口采集图像数据，图像作为计算L_{20}值的简图。由洞口的高度可知，L_{20}视野半径与洞口的高度成比例，可以通过洞口的高度来确定L_{20}在图像中的范围，如图4-26所示。L_{20}的计算公式如下：

$$L_{20} = \gamma L_c + \rho L_r + \varepsilon L_e + \tau L_{th} \tag{4-3}$$

式中　L_c——天空亮度；

γ——20°圆锥视场内天空所占的百分比；

L_r——路面亮度；

ρ——路面所占的百分比；

L_e——周边环境亮度；

ε——周边环境所占的百分比；

L_{th}——入口段亮度；

τ——洞口所占的百分比。

其中，$\gamma + \rho + \varepsilon + \tau = 1$。

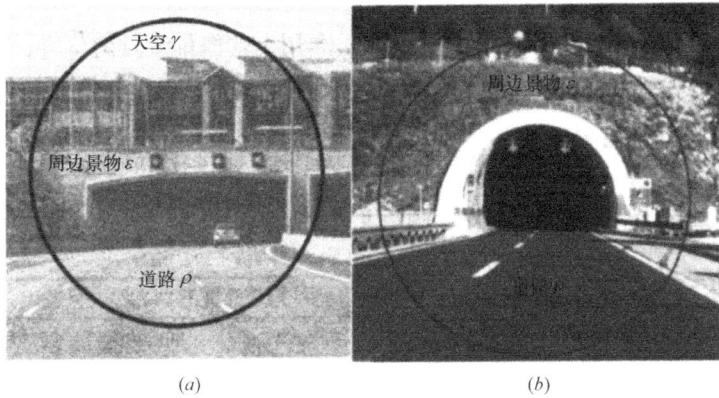

图 4-26　L_{20} 视锥覆盖范围

（a）城市隧道；（b）公路隧道

在 L_{20} 计算公式中，仅有 L_{th} 是未知数，当停车视距 S_D 大于 100m 时，τ 的值一般小于 10％，同时 L_{th} 相对于其他部分的亮度值也较低，因此 L_{th} 的值可以忽略不计。

当停车视距小于 60m 时，L_{20} 的计算公式可以表达为：

$$L_{20} = (\gamma L_c + \rho L_r + \varepsilon L_e)/(1 - \tau k) \tag{4-4}$$

式中，$k = L_{th}/L_{20}$，k 的值一般小于 0.1，τk 的乘积更小，可以忽略 τk，因此 L_{20} 的计算公式可以简化为：

$$L_{20} = \gamma L_c + \rho L_r + \varepsilon L_e \tag{4-5}$$

其中，$\gamma + \rho + \varepsilon + \tau = 1$。

为了提高计算精度，将周边环境细分为岩石、端墙、房屋、草地、树木和雪地等子部分，这些子部分的占比总和等于 ε。

借助计算机图形图像技术，可以通过求解各个区域的面积或像素数这两种方法获得 γ、ρ、ε 的值，具体方法如下。

（1）面积法：将图像导入 AutoCAD 等计算机绘图软件中，利用多段线（pline）工具勾勒出每个图像中 L_{20} 范围内每个部分的轮廓，通过属性提取手段求出每个部分的面积，从而得到每个部分的占比。

（2）像素数法：利用 Photoshop 等图像处理软件，先通过多边形套索工具勾勒出每个部分的轮廓，然后通过直方图工具求得每个部分的像素数，从而得到每个部分的占比。γ、ρ、ε 的值确定后，通过亮度计测量 L_{20} 视野内各个部分的亮度，如果无法通过测量的方式得到隧道现场 L_c、L_r、L_e 的精确值，可以采用表 4-6 提供的数据，通过式（4-5）就可以得到洞外亮度 L_{20} 的值。

隧道洞处景物亮度参考（103cd/m²）　　　　　　　　　　　　表 4-6

驾驶方向	L_c	L_r	L_e			
			岩石	房屋	雪地	草地
N	8	3	3	8	15(V)、15(H)	2
E-W	12	4	2	6	10(V)、15(H)	2
S	16	5	1	4	5(V)、15(H)	2

注：V 表示表面凹凸不平的山地；H 为平原地区，表面几乎在同一水平线上的城市。

入口段的亮度与洞外亮度 L_{20} 呈比例关系，计算公式如下：

$$L_{20} = kL_{20} \tag{4-6}$$

比例系数 k 的大小与车速和入口段照明配光类型相关。车速越大，驾驶者适应洞内亮度环境的时间越短，洞内的亮度需求就越高，因此 k 值越大。逆光照明能够提供较高的目标物对比度，使得目标物易于被驾驶者觉察到，洞内的亮度需求较低，因此采用逆光照明的隧道的 k 值小于采用对称照明和顺光照明的隧道的 k 值。

4.4.8　觉察对比度法确定入口加强照明

（1）觉察对比度法是基于等效光幕理论，将视野内的物体表面假定为一个个眩光源，由眩光源发出的光线，经过眼球散射后在人的视网膜前方形成一个明亮的光幕，这个光幕叠加到清晰场景的图像上，光幕的存在降低了目标物与背景的对比度，使目标物的可见度降低。在洞内入口段设置人工照明就是为了保证目标物的对比度等于或者大于阈值对比度，抵消光幕的负面影响，其原理如图 4-27 所示。

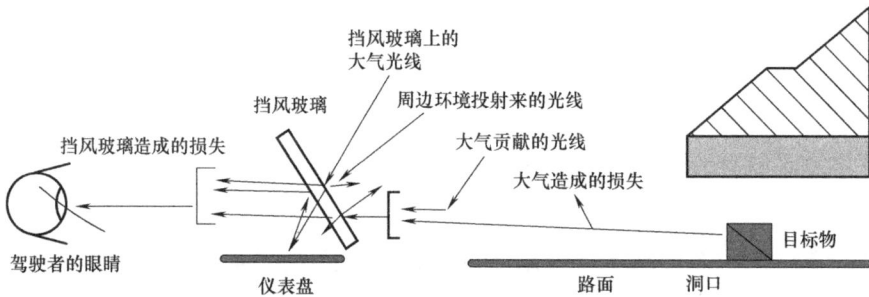

图 4-27　觉察对比度法的原理

驾驶者的视觉任务就是在洞外一个停车视距处断定隧道内其他车辆或者目标物的存在与否。受外界自然光线的影响，驾驶者所觉察的目标物对比度一般低于目标物的固有对比度，目标物的觉察对比度与固有对比度的差值大小至少受到如下因素的影响。

1）驾驶者视线方向上大气中的颗粒物散射光线形成的光幕；

2）挡风玻璃上的灰尘和污垢散射光线形成的光幕（包括从车辆仪表盘反射的光线）；

3）视线外的自然光线在人的眼睛内部散射形成的光幕。

驾驶者能够觉察到的目标物亮度即目标物的觉察亮度，由四部分组成，即经大气和挡风玻璃折减后的目标物亮度、经挡风玻璃折减后的大气亮度、挡风玻璃亮度、视野内物体表面形成的等效光幕亮度。目标物的觉察亮度表达式为：

$$L_{o,p}=\tau_{ws}\tau_{atm}L_{o,instrinsic}+\tau_{ws}\tau_{atm}+L_{ws}+L_{seq} \tag{4-7}$$

式中　τ_{ws}——挡风玻璃透光系数；

　　　τ_{atm}——大气透射系数；

　$L_{o,instrinsic}$——目标物的固有亮度；

　　　L_{atm}——大气的亮度；

　　　L_{ws}——挡风玻璃的亮度；

　　　L_{seq}——等效光幕亮度。

与目标物的觉察亮度组成类似，路面的觉察亮度也是由四部分组成的，其表达式为：

$$L_{r,p}=\tau_{ws}\tau_{atm}L_{r,instrinsic}+\tau_{ws}\tau_{atm}+L_{ws}+L_{seq} \tag{4-8}$$

式中　$L_{r,instrinsic}$——洞内路面的固有亮度；

其他参数意义同前。

在大气光幕亮度、挡风玻璃光幕亮度和等效光幕亮度的影响下，目标物的对比度可以表达为：

$$C_{perceived}=\frac{L_{o,p}-L_{r,p}}{L_{r,p}} \tag{4-9}$$

采用觉察对比度法确定隧道入口段亮度首先要选取或者测量大气的光幕亮度和挡风玻璃的光幕亮度，然后计算隧道洞口周围环境的等效光幕亮度，最后根据最小觉察对比度的值来确定隧道入口人工照明的亮度。

（2）相关参数确定可以通过测量的方法获得大气光幕亮度和挡风玻璃光幕亮度，但是两者的亮度大小受外界因素的干扰较大，一般采用相应的典型值，见表 4-7。如果无法获得当地大气透射系数 τ_{atm} 的值，其值可取 1。挡风玻璃的透射系数一般取 0.8。

大气光幕亮度和挡风玻璃光幕亮度（cd/m^2）　　　　　　　　表 4-7

光幕等级	高	中	低
大气光幕亮度	300	200	100
挡风玻璃光幕亮度	200	100	50

等效光幕亮度 L_{seq} 可以通过配置"眩光镜头"亮度计在隧道现场直接测量得到，或者在车辆内部采用眩光评估计测量得到。在测量条件不足的情况下，也可以基于 Holladay-Stiles 公式采用图像法进行确定。图像法的基本步骤如下。

1）绘制如图 4-28 所示的极坐标图，图中每个环的视锥角见表 4-8。在计算 L_{seq} 时应将视锥角 2.0°的中心区排除在外，因为这一部分会影响视网膜中心凹的适应状态。

极坐标中的角度关系　　　　　　　　表 4-8

环	中心	1	2	3	4	5	6	7	8	9
视锥角(°)	2.0	3.0	4.0	5.8	8.0	11.6	16.6	24.0	36.0	56.8

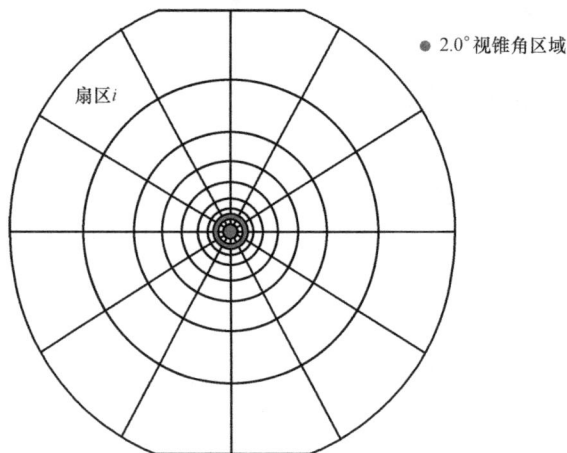

图 4-28 极坐标图

2）在隧道洞口外一个停车视距处采集洞口周边环境的图像，包括洞口、路面、山体和天空等要素。

3）以隧道的洞口净高为参考，通过计算机图形图像技术将极坐标图成比例地叠加到隧道现场采集的图像上，极坐标的中心放置在图像上隧道洞口的中心位置。

4）计算极坐标图中每个扇区的平均亮度 L_{ij}，将挡风玻璃的因素考虑进去，得到车内人眼能够感受到的每个扇区的亮度：

$$L_{ij\,e} = \tau_{ws} L_{ij} + L_{ws} \tag{4-10}$$

当无法测得隧道洞外的各种表面亮度时，可以结合当地条件采用表 7-2 中的亮度数据。

5）利用 Holladay-Stiles 公式计算等效光幕亮度：

$$L_{seq} = 5.1 \times 10^{-4} \sum L_{ij\,e} \tag{4-11}$$

1. 确定最小觉察对比度

目前有数种确定最小觉察对比度的方法，国际照明委员会在 Guide for the Lighting of Road Tunnels and Underpasses（CIE 88-2004）中推荐将 28% 作为最小觉察对比度。

2. 计算入口段亮度

入口段的亮度计算公式为：

$$L_{th} = \frac{L_m}{\frac{1}{C_m}\left(\frac{\rho}{\pi q_c} - 1\right) - 1} \tag{4-12}$$

$$L_m = \frac{\tau_{ws} L_{atm} + L_{ws} + L_{seq}}{\tau_{ws} \tau_{atm}} \tag{4-13}$$

式中　ρ——目标物表面反射系数；

C_m——最小觉察对比度；

L_{atm}——大气的亮度。

如前所述，其绝对值为 28%，大多数情况下认为对比度是负的（对比显示系数 q_c 大于 0.06，目标物的反射系数 ρ 等于 0.2）。

当采用逆光照明时，对比显示系数 q_c 的值取 0.6，当采用对称照明时，对比显示系数 q_c 的值取 0.2。因此，照明类型对入口段的亮度需求具有一定的影响。

4.4.9 SRN 法确定入口段亮度

隧道的入口段照明条件尽管在视觉上能够满足目标物的识别标准，但是驾驶者在进入时仍然会感觉隧道的入口好像是一个黑洞，在这种负面效应下，驾驶者无法确定洞内的情况，潜意识认为进入隧道内是不安全的，进而产生"不安"的情绪。等效光幕亮度 L_{seq} 与入口段亮度 L_{th} 之间的相对关系对驾驶者的信心有重要的影响，采用 SRN 作为辅助指标来确定 L_{th} 的大小。SRN 指标共分为 5 个等级，分值为 1、3、5、7、9，分别代表驾驶者对隧道洞内的信息状态，见表 4-9。

SRN 的值与相应标准　　　　　　　　　　　　　　　表 4-9

SRN	标准	备注
1	黑色的洞口	完全不可接受
3	不充足	洞口太黑，进入时没有充分的安全
5	可以接受	感到安全驶入的下限
7	好	驶入时感到安全
9	出色	具有很好的视觉条件

等效光幕亮度 L_{seq}、隧道入口段亮度 k、SRN 之间的关系如下：

$$L_{th} = L_{seq} \times 10^{(SRN-4.1)/6} \tag{4-14}$$

目标物对比度 C 对入口段亮度 L_{th} 具有显著的影响。等效光幕亮度 L_{seq}、隧道入口段亮度 L_{th}、SRN 对比度 C 之间的关系如图 4-29 所示，图中的虚线为实验室数据拟合曲线。

主观评价值 SRN 与对比度 C 的关系如图 4-30 所示，可见目标物的对比度与主观评价值之间有非常明显的相关关系，因此可以采用目标物的最小觉察对比度来换算主观评价值。在国际照明委员会 Guide for the Lighting of Road Tunnels and Underpasses（CIE 88-1990）中建议选取主观评价值 SRN 值等于 5 时来确定入口段的亮度，从图 4-29 可以得到等效光幕亮度 L_{seq} 与隧道入口段亮度 L_{th} 的关系为：

$$L_{th} = 1.4 L_{seq} \tag{4-15}$$

其适用条件为停车视距为 60～160m，不考虑入口隧道照明类型的影响。

入口段的长度至少等于一个停车视距 SD，入口段前半段的亮度应等于入口段亮度 L_{th}，后半段的亮度可以从 L_{th} 线性减少至入口段亮度的 40%。

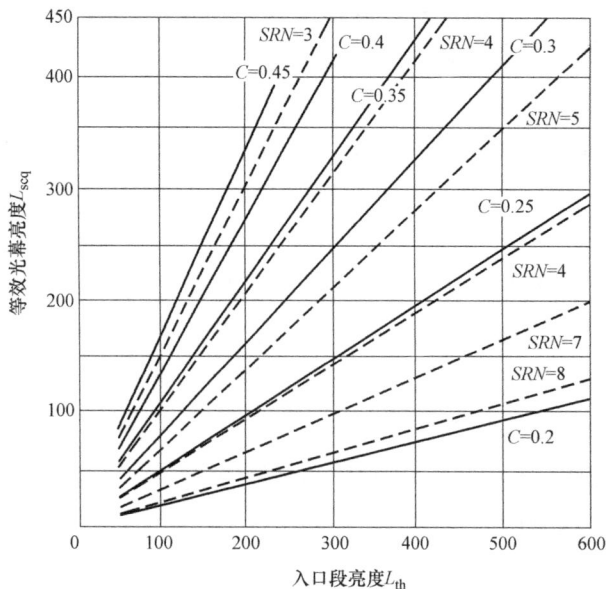

图 4-29　入口段亮度、等效光幕亮度之间的关系

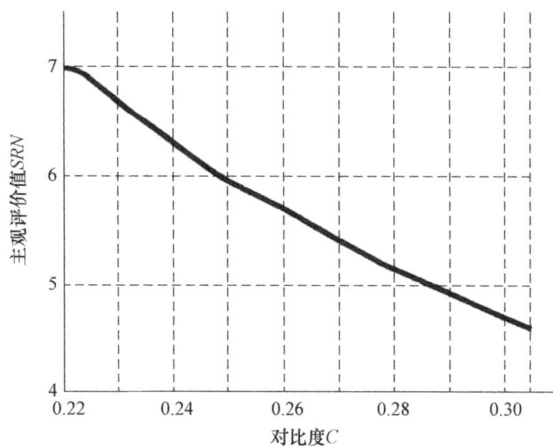

图 4-30　主观评价值 SRN 与对比度 C 的关系

4.4.10　洞外减光棚洞

在隧道洞口前方的路面上方应设置适当形式和长度的棚洞，从隧道照明的角度来看，把棚洞视为隧道的一部分，棚洞的起点即隧道的入口。棚洞的格栅和减光膜（板）允许部分自然光线透射至棚下的路面上，为入口段提供充足的光通量，满足入口段照明亮度的需求，可以节约大量的电能。

减光棚洞从减光材料上可以分为格栅式和密封式两种。

1. 格栅式减光棚洞

格栅式减光棚洞如图 4-31 所示，采用混凝土或者金属制作成具有一定高度和宽度的框架，沿路线纵向或者横向布置在车道上方，自然光线通过格栅间的空隙透射到其下的路面上。这种减光棚洞的优点在于透光率相对稳定，格栅材料本身的材质变化不会影响棚洞的透光率，但这种结构会在路面上留下明暗相间的条纹或者网格，具有明显的频闪效应，给驾驶者带来视觉干扰。在晴天自然光线较强的时段，当太阳光直射至路面时，路面上亮度较高的区域会形成较为严重的失能眩光。

图 4-31　格栅式减光棚洞

2. 密封式减光棚洞

密封式减光棚洞如图 4-32 所示，其顶部和两侧一定高度的范围内用材料封闭，密封材料具有一定的透光率，自然光线通过密封材料后均匀地照射到棚下的路面上，路面的亮度均匀度较好。密封式减光棚洞的缺点是密封材料的透光率受灰尘、油烟的影响较大，需要经常维护。

减光棚洞下的路面亮度随着外界自然光线强度的变化而变化。在晴天时，棚下路面的平均亮度应不大于等效光幕亮度 L_{seq} 的 6 倍；在阴天时，棚下路面的亮度不小于等效光幕亮度的 2 倍。

图 4-32　密封式减光棚洞

4.4.11　亮度控制

隧道入口段和过渡段的亮度等级与接近段的亮度相关，接近段的亮度随季节、天气和时段而变化，因此隧道入口段和过渡段的亮度需求也会发生相应的变化，为了适应这种变化，有必要对入口段和过渡段的照明系统进行亮度的控制。对于减光棚洞，棚洞下的亮度随着外界自然光亮度的变化而自动变化。对于人工照明，需要通过连续调光系统或者分级回路实现亮度的调节，目前隧道照明系统一般分为 6 个亮度等级。

为了实现入口段和过渡段精确的亮度控制，必须采用亮度计对接近段的亮度进行连续监测。亮度计一般放置在距洞口一个停车视距处，探测镜头瞄准隧道洞口，高度应在路面或者硬路肩上方 2～5m 的范围内。

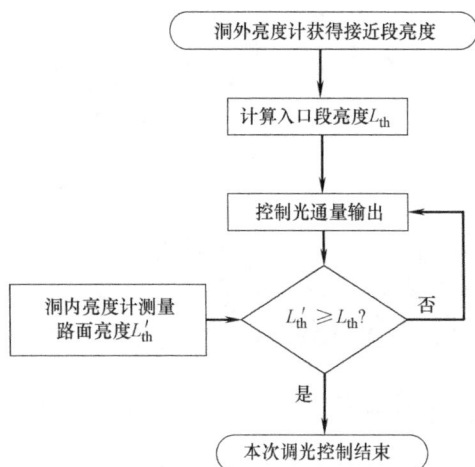

图 4-33　隧道加强照明的亮度控制流程

通过洞外亮度计测得接近段亮度，就可以求出洞内的需求亮度。由于受灯具性能波动、墙壁反射率衰减的影响，需求亮度和实际亮度必然存在一定的差距，为了尽量缩小这一差距，有必要在隧道内设置第二个亮度计，隧道加强照明的亮度控制流程如图 4-33 所示。根据隧道的实际情况，亮度计的高度不可能与驾驶者的眼睛高度相近，因此，亮度计的高度需在隧道建筑界限的高度之上。由此可知，亮度计测得的亮度与驾驶者感受到的亮度是不同的，可以通过校正系数来消除两者之间的差别。

4.5　照　明　计　算

4.5.1　照度计算基本方法的特点及适用范围

（1）照度计算的目的

照度计算的目的是根据所需要的照度值及其他已知条件（照明器形式及布置、照明场所各个面的反射条件及污染情况等）来决定灯具的容量或灯具的数量，或在照明器形式、布置及光源的容量都已确定的情况下，计算某点的照度值。

不论水平面、垂直面还是倾斜面上的某一点的照度，都是由直射光和反射光两部分组成的。

（2）照度计算的基本方法有利用系数法与逐点计算法（包括平方反比法、等照度曲线法、方位系数法等），利用系数法用于计算平均与配灯数，逐点计算法用于计算某点的直射角度（表 4-10）。

照度计算法的特点及适用范围　　　　　　　　　　　表 4-10

方法名称		特点	适用范围
利用系数法	利用技术计算	此法考虑了直射光与反射光两部分所产生的照度，计算结果为水平面上的平均照度	计算室内水平面的平均照度，特别适用于反射条件的房间
	查概算曲线		一般生产及生活用房的灯数概略计算
逐点计算法	平方反比法	此法只考虑直射光产生的照度，可以计算任意面上某一点的直射照度	采用直射照明器的场所，可直接求得水平照度，也可乘上系数求得任意面上的照度
	等照度曲线法		
	方位系数法		使用线光源的场所，就算任意面上一点的照度

（3）维护系数

照明设备久经使用后，被照面照度值会下降，这是由于光源本身的光通衰减，灯具被污染，透光材料及反光材料的老化等因素引起的。为了维护一定的照度水平，计算室内布灯时要考虑维护系数 K（表 4-11）以补偿这些因素的影响。为了与国际接轨，本书采用维护系数。隧道内烟尘大，灯具不易擦洗，所以设计计算时应选用较低的维护系数。

维护系数　　　　　　　　　　　　　　　　　　　　　　　表 4-11

环境特征分类		维护系数		灯具擦洗次数（次/年）
		白炽、高压荧光灯、日光灯	卤钨灯	
清洁	很少有尘埃、烟、烟灰及蒸汽（如办公室、阅览室、仪表车间等）	0.75(0.8)	0.8(0.85)	2
一般	有少量尘埃、烟、烟灰及蒸汽（如商店、营业厅、剧场观众厅、机加工车间等）	0.7(0.75)	0.75(0.8)	2
污染严重	有大量粉、烟、烟灰及蒸汽（如铸工、锻工车间、厨房等）	0.6(0.65)	0.65(0.7)	3
室外	露天广场、道路	0.7	0.75	2

注：括号内数值用于反射光很少的场所。

4.5.2　点光源直射照度计算

1. 点光源水平照度计算

当光源与被照面的距离 l 与光源尺寸相比大得多时，便可以把光源看做点光源。

点光源在水平面上产生的照度应符合平方反比定律。如图 4-34 所示光源（照明器）S 投射到包括 P 点的指向平面（与入射光方向垂直的平面）上某很小的面积（面元）dA 上的光通量：

其中，$d\omega$ 为面元 dA。对光源 S 所张的立体角，按立体角的定义可知：

$$d\omega = \frac{dA_n}{l^2}$$

故光源在指向平面上 P 点产生的照度 E_n（又称为法线方向照度）为：

$$E_n = \frac{d\varphi}{dA_n} = \frac{I_\theta}{l_2}$$

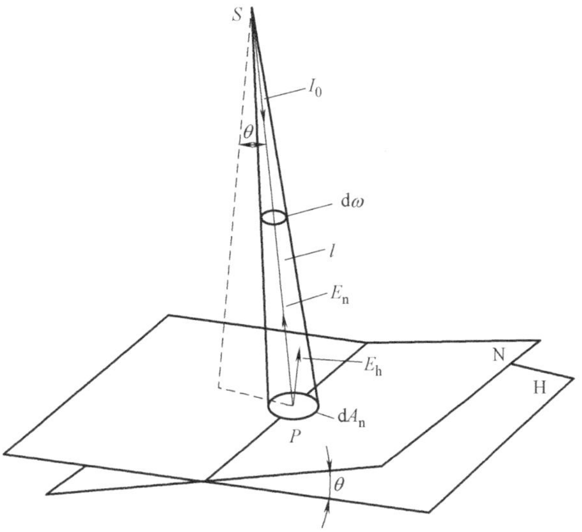

图 4-34　水平面照度计算式

光源在水平面上 P 点产生的照度 E_h 为：

$$E_h = \frac{I_\theta}{l^2}\cos\theta \quad \text{或} \quad E_h = \frac{I_\theta}{h_2}\cos^3\theta \tag{4-16}$$

式中　E_h——水平面照度（lx）；

　　　I_θ——光源（照明器）照射方向的光强（cd）；

　　　l——光源（照明器）与计算点之间的距离（m）；

　　　h_2——光源（照明器）离波照面的高度（m）；

　　$\cos\theta$——光线入射角的余弦。

由于照明器的配光曲线是按光通量为1000lm给出的，并考虑维护系数 K，对于实际照明器，式（4-16）应写成：

$$E_h = \frac{I'_\theta K\phi}{1000l^2}\cos\theta \quad \text{或} \quad E_h = \frac{I'_\theta K\phi}{1000h^2}\cos^3\theta \tag{4-17}$$

式中　I'_θ——照明器配光曲线上 θ 方向的强光（cd）；

　　　ϕ——实际所采用照明器的光源光通量（lm）；

　　其他同式（4-16）。

若将长度为 l 的线状光源、直径为 d 的盘形光源当做光源计算，此时它们与计算点的距离 h 应满足下述要求：$l/h \leqslant 0.6$，$d/h \leqslant 0.4$，则其计算误差能满足工程要求（误差5%以下）。

2. 任意倾斜面照度计算

在实际工程中，被照面不一定都是水平面，往往是任意倾斜面，故需计算任意倾斜面（包括垂直面）上的照度。

任意点 P 的照度值，随 P 点所在平面位置的不同而有不同的数值，根据照度平方反比定律式（4-17）可知：任意两个平面上同一点的照度之比为光源至该平面的垂直长度比。

若 E_n 为 P 点的法线照度（即与入射光线垂直的平面上 P 点的照度），根据矢量运算法则，E_n 在 x、y、z 三个坐标轴（三维空间）上的分量分别是：

$$E_x = E_n\cos\alpha$$
$$E_y = E_n\cos\beta$$
$$E_z = E_n\cos\theta$$

式中　α、β、θ——E_n 矢量与 x、y、z 轴之间的夹角，如图4-35所示。

反之，若已知照度矢量的分量（E_x、E_y、E_z），根据矢量运算法则，其合成矢量 E_n 等于各照度矢量在这个方向上的投影的代数和，可用下式表示：

$$E_n = E_x\cos\alpha + E_y\cos\beta + E_z\cos\theta \tag{4-18}$$

如图4-36所示的倾斜面与水平面成 δ 角，则倾斜面照度 E_i 与水平面照度 E_h 间的夹角也为 δ，即 $\theta = \delta$，$\alpha = 90° - \delta$，根据式（4-18）可得：

$$E_i = E_x \sin\delta + E_h \cos\delta = E_h \left(\cos\delta + \frac{P}{h}\sin\delta\right) \qquad (4\text{-}19)$$

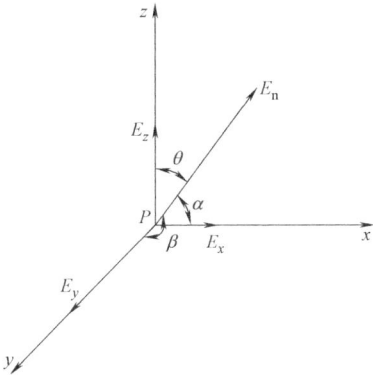

图 4-35　矢量运算

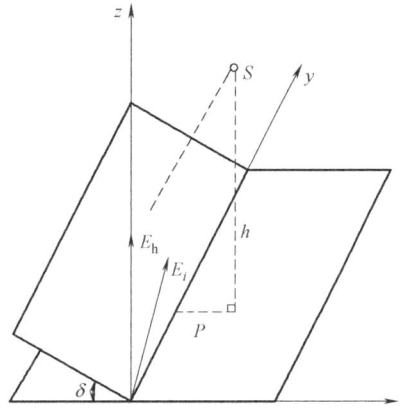

图 4-36　倾斜面上照度计算

经分析可知：当 δ 角增大，且继续变化超过 A 点与光源的连线方位时，原来的受光面变为背光面，原来的背光面成为受光面，所以，δ 角定义为倾斜面背光的一面与水平面的夹角，可大于或小于 $90°$，且当 δ 角进入 $\mathrm{arccot}\dfrac{P}{h}$ 范围内时，式（4-19）括号中两项之和应为两项之差。

任意倾斜面上照度 E_i 完整的计算表达式：

$$E_i = E_h \left(\cos\delta + \frac{P}{h}\sin\delta\right) \qquad (4\text{-}20)$$

式中　E_h——A 点的水平照度（lx）；

　　　δ——倾斜面（背光的一面）与水平面的夹角（图 4-36）；

　　　P——照明器在水面上的投影点至倾斜面与水平面交线的垂直距离；

　　　h——照明器至水平面的距离。

当 δ 角进入 $\mathrm{arccot}\dfrac{P}{h}$ 范围内时，式（4-20）左边第二项取负号。

当 $\delta = 90°$ 时，求得的是垂直面照度 E_v：

$$E_v = E_h \left(\cos 90° \pm \frac{P}{h}\sin 90°\right) = \frac{P}{h}E_h \qquad (4\text{-}21)$$

令

$$\phi = \cos\delta \pm \frac{P}{h}\sin\delta$$

ϕ 为倾斜照度系数。有时为使用方便将 ϕ 作为曲线。

3. 实用计算图表

在实际计算中为了减少计算工作量，往往预先编制各种图表或曲线供设计人员使用，现介绍如下。

（1）空间等照度曲线

在采用旋转对称配光的照明器场所，可利用"空间等照度曲线"进行水平面照度的计算。已知计算高度 h 和计算点到照明器间的水平距离 d，就可以直接从"空间等照度曲线"图上查得该点的水平面照度值。但由于曲线是按光源的光通量为 1000lm 绘制的，因此，所查得的照度值是"假设水平照度 e"，还必须按实际光通量进行换算。

当照明器内的光源总光通量为 ϕ，且计算点是由若干个照明器共同照射时，则被照点的照度应为：

$$E_h = \frac{\phi \sum eK}{1000} \qquad (4-22)$$

式中　E_h——水平面照度（lx）；

　　　ϕ——每个照明器中光源总光通量（lm）；

　　　K——维护系数；

　　　$\sum e$——各照明器所生的假设水平照度的总和（lx）。

图 4-37 给出了 CDG101-NG400 型龟板面照明器的空间等照度曲线，其他常用照明器的空间等照度曲线可查阅有关手册。

（2）平面相对等照度曲线

对非对称配光的照明器可利用"平面相对等照度曲线"进行计算。

根据计算点的 d/h 值及各照明器对计算点的平面位置角 β（作一照明器的对称平面，或作任意一平面，将它定位起始平面，该平面与被照面的交线与光线投影长度 d 间的夹角即为 β 角）如图 4-38 所示，从"平面相对等照度曲线"上可以查得"相对照度 ε"，由于"平面相对等照度曲线"是假设计算高度为 1m 而绘制的，所以求计算面的实际角度时，应按下式计算：

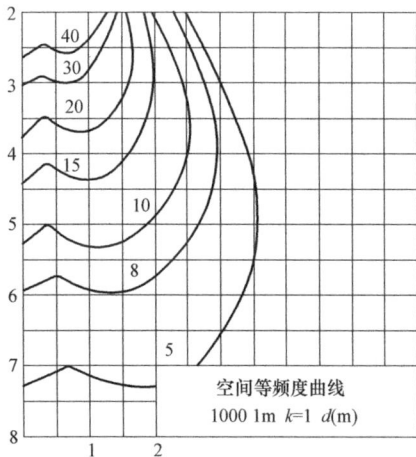

图 4-37　CDG101-NG400 型
照明器空间等照度曲线

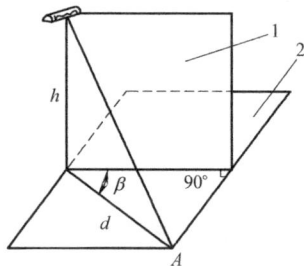

图 4-38　不对称照明器
计算点坐标的确定

1—对称面；2—被照面

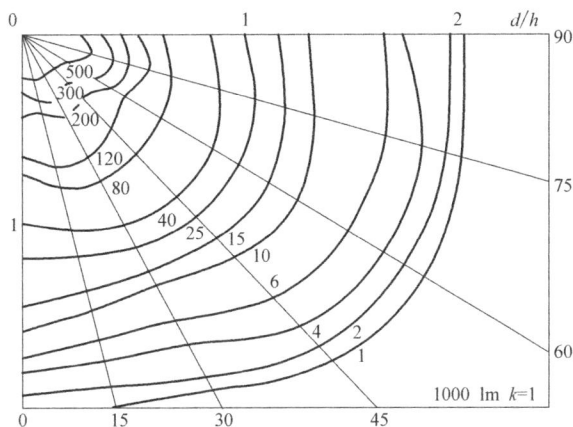

图 4-39　CDHP-209（KNG250＋NG250）型照明器平面相对等照度曲线

图 4-39 给出了 CDHP-209 型混光照明器（KNG250＋NG250）平面相对等照度曲线，一般照明器的平面相对等照度曲线可查阅相关手册。

4.5.3　线光源直射照度计算

线光源是指宽度 b 与其长度 L 相比小得多的发光体，通常连续的一列灯具属于此类。线光源的照度计算方法有多种，方位系列法是线光源逐点计算法的一种。

线光源的光强分布通常用两个平面上的光强分布曲线表示。一个平面通过线光源的纵轴，这个平面上的光强分布曲线称为纵向（平行面、C_{90} 面）光强分布曲线。另一个平面与线光源纵轴垂直，这个平面上的光强分布曲线称为横向（平行面、C_0 面）光强分布曲线，如图 4-40 所示。

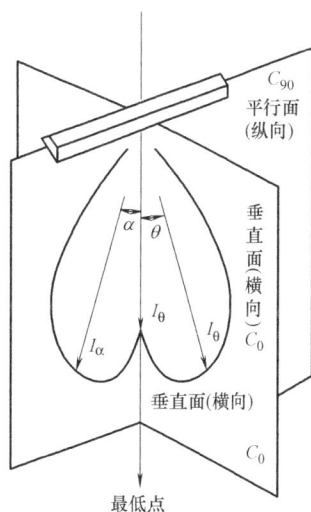

图 4-40　线光源光强分布

各种线光源的横向光强分布曲线可用如下的一般形式表示：

$$I_\theta = I_0 f(\theta) \tag{4-23}$$

式中　I_θ——θ 方向上的光强；

　　　I_0——线光源发光面法线方向上的光强。

各种线光源的纵向光强分布曲线可能是不同的，但任何一种线状照明器在通过灯纵轴的各个平面上的强光分布曲线具有相似的形状，可用一般表达式表示：

$$I_{\theta\alpha} = I_\theta f(\alpha) \tag{4-24}$$

式中　$I_{\theta\alpha}$——与通过纵轴的对称平面成 θ 角，与垂直于纵轴的对称平面成 α 角方向上的强光；

　　　$I_{\theta0}$——在 θ 平面上垂直于灯轴线且 $\alpha=0$ 方向的强光（θ 平面是通过灯的纵轴与

通过纵轴的铅直面成 θ 夹角的平面）。

根据研究，实际应用的各种线光源的纵向（C_{90} 面）光强分布曲线中可用五类理论光强分布曲线来表示：

A 类：$I_{\theta\alpha}=I_{\theta0}\cos\alpha$

B 类：$I_{\theta\alpha}=I_{\theta0}\left(\dfrac{\cos\alpha+\cos^2\alpha}{2}\right)$

C 类：$I_{\theta\alpha}=I_{\theta0}\cos^2\alpha$

D 类：$I_{\theta\alpha}=I_{\theta0}\cos^3\alpha$

E 类：$I_{\theta\alpha}=I_{\theta0}\cos^4\alpha$

图 4-41 绘出了这五类理论光强分布的 $I_{\theta\alpha}/I_{\theta0}=f(\alpha)$ 曲线。图中虚线表示一个实际线光源光强分布的例子，可以认为它属于 C 类。

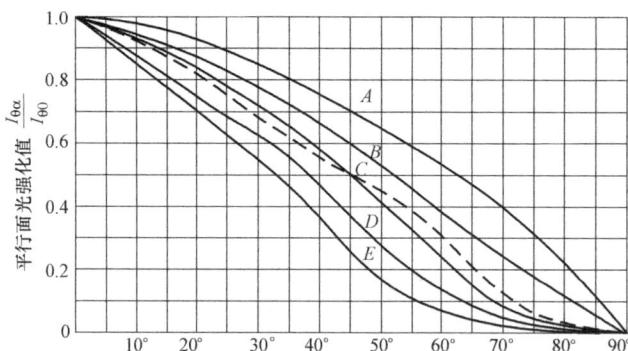

图 4-41　平等面光强分布的分类

采用理论光强分布可以使线光源的照度计算标准化。一种实际的线状光源被应用时，首先鉴别（可通过测量计算）其光强分布属于哪一类，然后利用标准化的计算资料使计算大大简化。

1. 基本计算方法

为了简化问题起见，先讨论如图 4-42 所示线光源在水平面 P 点上的照度计算。计算点 P 与线光源的一端对齐。水平面的法线与入射光平面 APB（或称 θ 面）成 β 角。

在长度为 L 的线光源上取一线元 dx，线状光源在 θ 平面上垂直于灯轴线 AB 方向的单位长度光强图 $I'_{\theta0}=I_{\theta0}/L$，线光源的纵向光强分

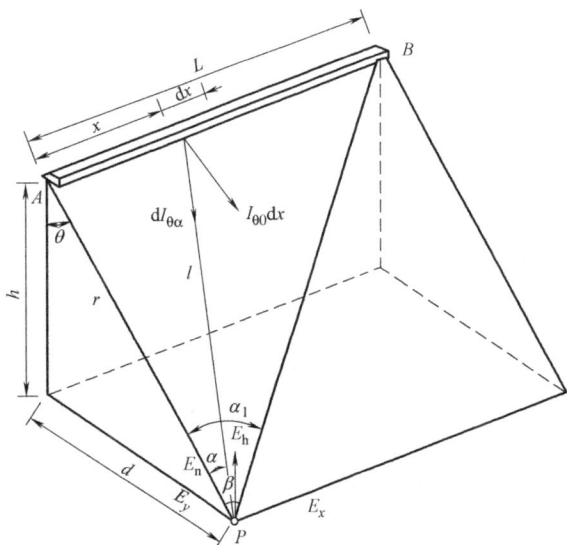

图 4-42　线光源在 P 点产生的照度计算图

布具有 $I_{\theta\alpha}=I_{\theta0}\cos^n\alpha$ 的形式，则自线元 $\mathrm{d}x$ 指向：

$$\mathrm{d}I_{\theta\alpha}=\frac{I_{\theta0}}{L}\mathrm{d}x\cos^n\alpha=I'_{\theta0}\mathrm{d}x\cos^n\alpha$$

线元 $\mathrm{d}x$ 在 P 点上的法线照度为：

$$\mathrm{d}E_{\mathrm{n}}=\frac{\mathrm{d}I_{\theta0}}{l^2}\cos\alpha=\frac{I_{\theta0}\mathrm{d}x\cos^n\alpha\cos\alpha}{Ll^2} \tag{4-25}$$

整个线状光源在 P 点产生的法线照度 E_{n} 为：

$$E_{\mathrm{n}}=\int_0^{\alpha_1}\frac{I_{\theta0}\mathrm{d}x\cos^n\alpha\cos\alpha}{Ll^2} \tag{4-26}$$

从图 4-42 上可知：

$$x=r\tan\alpha$$

所以

$$\mathrm{d}x=r\sec^2\alpha\mathrm{d}\alpha$$

$$r/l=\cos\alpha$$

$$l=r/\cos\alpha$$

故

$$\cos\beta=\cos\theta=h/r$$

$$r=\sqrt{h^2+d^2}$$

将这些关系式代入式（4-26），得：

$$E_{\mathrm{n}}=\int_0^{\alpha_1}\frac{I_{\theta0}\cos^2\alpha}{Lr^2}r\sec^2\alpha\cos^n\alpha\cos\alpha\mathrm{d}\alpha=\frac{I_{\theta0}}{Lr}\int_0^{\alpha_1}\cos^n\alpha\cos\alpha\mathrm{d}\alpha \tag{4-27}$$

令

$$F_x=\int_0^{\alpha_1}\cos^n\alpha\cos\alpha\mathrm{d}\alpha \tag{4-28}$$

则

$$E_{\mathrm{n}}=\frac{I_{\theta0}}{Lr}F_x=\frac{I'_{\theta0}}{r}F_x$$

P 点的水平照度 E_{h} 可根据下式计算：

$$E_{\mathrm{n}}=E_{\mathrm{n}}\cos\beta=\frac{I_{\theta0}}{Lr}\frac{h}{r}F_x=\frac{I_{\theta0}h}{Lr^2}F_x=\frac{I'_{\theta0}}{h}\cos^2\theta F_x \tag{4-29}$$

式中　$I_{\theta0}$——长度为 L 的线状照明器在 θ 平面上垂直于轴线 AB 的光强（cd）；

$\qquad I'_{\theta0}$——线状照明器在 θ 平面上垂直于轴线的单位长度光强（即 $I_{\theta0}/L$）（cd）；

$\qquad L$——线状照明器的长度（m）；

$\qquad h$——线状照明器在计算水平面上的悬挂高度（m）；

$\qquad d$——计算 P 点至光源在水平面上的投影距离（m）；

$\qquad F_x$——方位系数。

将 $n=1$、2、3、4 分别代入式（4-28），可求出 A、B、C、D 四类理论光强分布的线光源的方位系数 F_x。

A 类（$n=1$）：

$$F_x = \int_0^{\alpha_1} \cos\alpha\cos\alpha d\alpha = \frac{\alpha_1}{2} + \frac{\cos\alpha_1\sin\alpha_1}{2}$$

B类（$n=2$）：

$$F_x = \int_0^{\alpha_1} \cos^2\alpha\cos\alpha d\alpha = \frac{1}{3}(\cos^2\alpha_1\sin\alpha_1 + 2\sin\alpha_1)$$

C类（$n=3$）：

$$F_x = \int_0^{\alpha_1} \cos^3\alpha\cos\alpha d\alpha = \frac{\cos^3\alpha_1\sin\alpha_1}{4} + \frac{3}{4}\left(\frac{\cos\alpha_1\sin\alpha_1 + \alpha_1}{3}\right)$$

D类（$n=4$）：

$$F_x = \int_0^{\alpha_1} \cos^4\alpha\cos\alpha d\alpha = \frac{\cos^4\alpha_1\sin\alpha_1}{5} + \frac{4}{5}\left(\frac{\cos^2\alpha_1\sin\alpha_1 + 2\sin\alpha_1}{3}\right)$$

其中：

$$\alpha_1 = \arctan\frac{L}{\sqrt{h^2+d^2}} = \arctan\frac{L}{r}$$

如果线光源的纵向光强分布具有 B 类理论光强分布的曲线，则图 4-42 中 P 点的法线照度 E_n 为：

$$\begin{aligned}
E_n &= \frac{L_{\theta 0}}{Lr}\int_0^{\alpha_1}\left(\frac{\cos\alpha + 2\cos^2\alpha}{2}\right)\cos\alpha d\alpha \\
&= \frac{I_{\theta 0}}{Lr}\left(\frac{\cos\alpha_1\sin\alpha_1 + \alpha_1}{4} + \frac{\cos^2\alpha_1\sin\alpha_1 + 2\sin\alpha_1}{6}\right) \\
&= \frac{I_{\theta 0}F_x}{Lr} = \frac{I'_{\theta 0}}{r}F_x
\end{aligned} \tag{4-30}$$

P 点的水平面照度 E_h 为：

$$E_h = E_n\cos\beta = \frac{I_{\theta 0}}{Lr}\frac{h}{r}F_x = \frac{I_{\theta 0}h}{Lr^2}F_x = \frac{I'_{\theta 0}}{h}\cos^2\theta F_x \tag{4-31}$$

其中：

$$F_x = \frac{\cos\alpha_1\sin\alpha_1 + \alpha_1}{4} + \frac{\cos^2\alpha_1\sin\alpha_1 + 2\sin\alpha_1}{6}$$

$$\alpha_1 = \arctan\frac{L}{r}$$

方位系数是角度 α 的函数 $F_x = f(\alpha)$，可从图 4-43 查得。

在实际计算中考虑到光通衰减、灯具污染等因素，以及灯具的配光曲线是按光源光通量为 1000lm 给出的具体情况，故实际照度计算公式为：

$$E_h = \frac{I_{\theta 0}K}{Lr}\frac{\Phi}{1000}\cos\theta F_x = \frac{KI_{\theta 0}\Phi}{1000Lh}\cos^2\theta F_x \tag{4-32}$$

式中　K——维护系数，可查表；

　　　Φ——实际所采用照明器的光源光通量（lm）。

在图 4-42 中，如果求 P 点在垂直于线状光源轴线的平面上的照度，即 P 点照度

E_x，则有：

$$E_x = \int_0^{\alpha_1} \frac{I_\theta \mathrm{d}x \cos^n\alpha}{Ll^2} \sin\alpha = \frac{I_\theta}{Lr} \int_0^{\alpha_1} \cos^n\alpha \sin\alpha \mathrm{d}\alpha$$

$$= \frac{I_\theta}{Lr}\left(\frac{1-\cos^{n+1}\alpha_1}{n+1}\right) = \frac{I_\theta}{Lr} f_x \tag{4-33}$$

同前，将 $n=1$、2、3、4 代入式（4-33），可算出 A、B、C、D、E 四类理论光强分布的方位系数 f_x。当线光源具有 B 类理论强光分布时，同样方法可得其方位系数为：

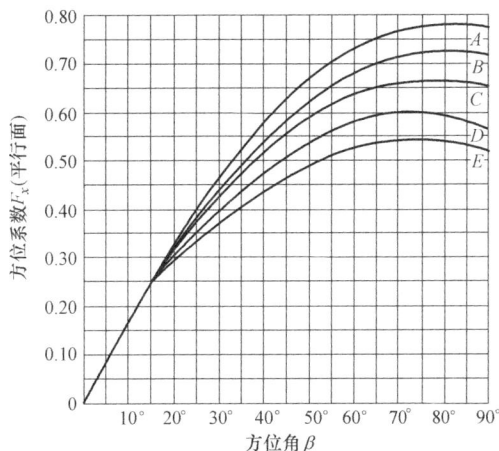

图 4-43　平方面方位系数 $F_x = f(\alpha)$　　　　图 4-44　垂直面方位系数 $f_x = f(\alpha)$

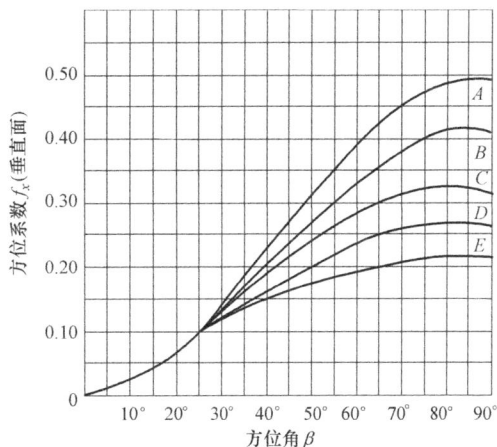

$$f_x = \frac{1}{2}\left(\frac{1-\cos^2\alpha_1}{2} + \frac{1-\cos^3\alpha_1}{3}\right)$$

方位系数 $f_x = f(\alpha)$ 可从图 4-44 查得。

在照明计算中，应先将照明器的纵向光强分布化成 $I_{\theta\alpha}/I_{\theta 0} = f(\alpha)$，并绘成曲线，与五类理论曲线比较，然后按最接近的理论分布求取方位系数 F_x 或 f_x。

2. 被照点在不同情况下的计算

（1）计算点不在线光源端部的照明计算

以上所述的公式都是按计算点 P 位于荧光灯一段的垂直平面上推导而得的，但实际计算 P 点位置应是任意的，不符合图 4-43 的条件，此时可采用将光源分段或延长的方法，分别计算各项在该点所产生的照度，然后求其代数和。如图 4-45 所示计算点位与 P_1 或 P_2 点，则照度可利用如下的关系式进行计算：

$$E_{P1} = E_{AD} - E_{AB}$$

$$E_{P2} = E_{BC} + E_{CD}$$

式中的 E_{AD}、E_{AB}、E_{BC}、E_{CD} 分别是由 AD、AB、BC、CD 各线段光源（或假想的线光源）在计算点上所产生的照度。

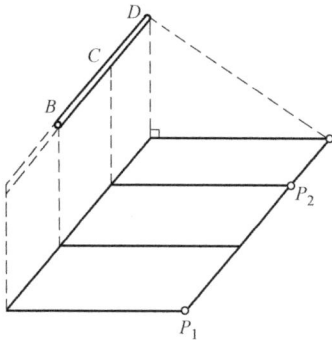

图 4-45　不同位置各点的照度计算

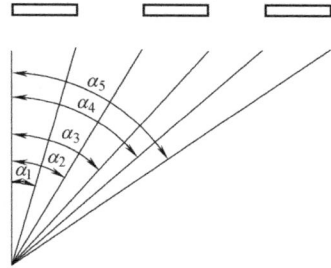

图 4-46　照明器间隔布置图

（2）断续现状光源的照度计算

实际的线光源可能是由间断的各段构成，此时如果各段发光体的特性相同，且依共同的轴线布置，而各段终端间的距离又不过大（不应超过 $0.25h/\cos\theta$），则可看做是连续的。在计算时只要将相应的计算公式（4-32）和式（4-33）乘上一个系数即可，此时误差不超过 10%，即

$$C = \frac{照明器长度 \times 照明器个数}{一排照明器总长}$$

当照明器间隔超过 $0.25h/\cos\theta$ 时，可按下述公式计算：

$$E_{\mathrm{h}} = \frac{KI_{\theta}\Phi K}{1000Lh}\cos^2\theta\left[F_{\alpha1} + (F_{\alpha3} - F_{\alpha2}) + (F_{\alpha5} - F_{\alpha4})\right]$$

式中的 $F_{\alpha1}$、$F_{\alpha2}$、$F_{\alpha3}$、$F_{\alpha4}$、$F_{\alpha5}$ 为方位系数，已知方位角 α_1、α_2、α_3、α_4、α_5（图 4-46），可从图 4-43 查得。

"线光源等照度曲线"是应用"方位系数法"绘制成的，可用来逐点计算水平面直射照度。

若 A 点与线光源有如图 4-47 所示的几何关系，则由 L_1/h、L_2/h、d/h 查"线光源等照度曲线"得 ε_1 及 ε_2，则 A 点照度为：

$$\varepsilon_{\mathrm{A}} = \varepsilon_2 - \varepsilon_1$$

$$E_{\mathrm{A}} = \frac{\Phi\varepsilon_{\mathrm{A}}K}{1000h} \tag{4-34}$$

若 B 点与线光源有如图 4-48 所示的几何关系，则由 L_1/h、L_2/h、d/h 查"线光源等照度曲线"得 ε_1 及 ε_2，则 B 点照度为：

$$\varepsilon_{\mathrm{B}} = \varepsilon_1 + \varepsilon_2$$

$$E_{\mathrm{A}} = \frac{\Phi\varepsilon_{\mathrm{B}}K}{1000h} \tag{4-35}$$

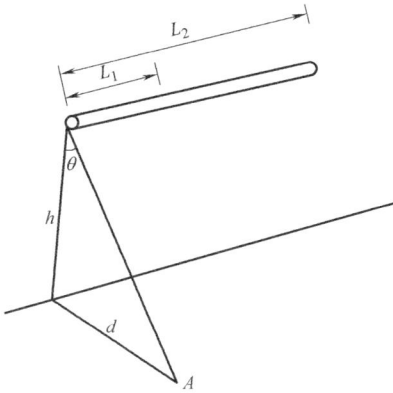

图 4-47　线光源组合计算（1）

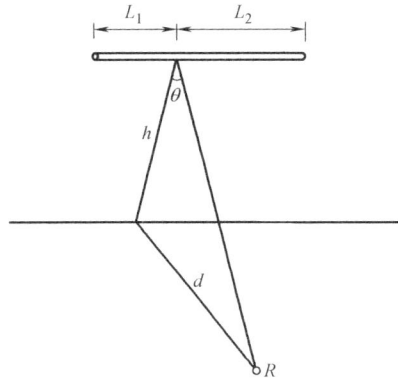

图 4-48　线光源组合计算（2）

4.5.4　线光源计算举例

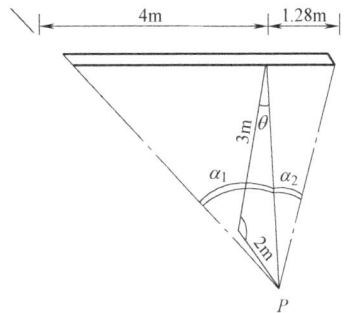

图 4-49　线光源计算举例示意图

[**例 4-1**]　由四盏 YG701-3 三管荧光灯具（3×40W）组成一条光带，如图 4-49 所示，求 P 点水平照度。

解：解法一：用方位系数法。

① 计算灯具在平行面（C_{90} 平面）内的 I_α/I_0，以确定灯具的分类：

YG 701-3 的强光分布见表 4-12。

YG 701-3 强光分布　表 4-12

α	0	5°	10°	20°	30°	40°	50°	60°	70°	80°	85°	90°
I_α	228	224	217	192	150	127	88	51	29	12	5.6	0.4
I_α/I_0	1	0.98	0.95	0.84	0.70	0.56	0.39	0.22	0.13	0.05	0.03	0.002

② 计算：

$$\alpha_1 = \arctan \frac{4}{\sqrt{3^2+2^2}} = \arctan 0.356 = 19.57°$$

$$\alpha_1 = \arctan \frac{1.28}{\sqrt{3^2+2^2}} = \arctan 0.356 = 19.57°$$

③ 由图 4-43 查得 F_{x1} 和 F_{x2}：

C 类灯具：

$\alpha_1 = 47.97°$，$F_{x1} = 0.606$

$\alpha_2 = 19.57°$，$F_{x2} = 0.323$

④ 计算 θ 角：

$$\theta = \arctan \frac{2}{3} = 33.69°$$

⑤ 求 $I_{\theta 0}$，查得垂直面（C_0 测光面）：

$$\theta = 33.69°, \quad I_{\theta} = 163.45\text{cd}/1000\text{lm}$$

⑥ 计算 E_h 设 40W 荧光灯管光通量 2200lm 的灯具长 1.32m。

$$E_h = \frac{KI_{\theta}\Phi}{1000lh}\cos^2\theta(F_{x1}+F_{x2})$$

$$= \frac{0.8 \times 163.45 \times 3 \times 2200}{1000 \times 1.32 \times 3} \times (\cos 33.69)^2 \times (0.606 + 0.323)$$

$$= 140.13\text{lx}$$

解法二：查线光源等照度曲线求解。

① 求 $\dfrac{L_1}{h}$ 及 $\dfrac{d}{h}$：

$$\frac{L_1}{h} = \frac{4}{3} = 1.33, \quad \frac{d}{h} = \frac{2}{3} = 0.67$$

$$\frac{L_2}{h} = \frac{1.28}{3} = 0.43, \quad \frac{d}{h} = 0.67$$

② 查线光源等照度曲线求得相对照度：

$$\varepsilon_1 = 52, \quad \varepsilon_2 = 27$$

③ 计算 E_h：

$$E_h = \frac{\Phi(\varepsilon_1 + \varepsilon_2)K}{1000h} = \frac{3 \times 2200 \times 0.8}{1000 \times 3}(52 + 27) = 139.04\text{lx}$$

4.5.5 隧道照明计算

隧道照明计算是道路照明计算的延伸，由于隧道本身空间上的特点，在隧道照明计算中需要额外考虑一些指标，因此，隧道照明计算比一般道路照明计算要复杂。相对于道路照明计算，隧道照明计算具有如下特点。

（1）隧道是部分封闭的空间，需要考虑墙壁、路面和顶棚等表面间光线的相互反射。即隧道照明不但要考虑灯具发出的直射光的影响，还要考虑内表面间接反射光的影响。

（2）隧道内不同区段对照明的需求不同，因此需要分区段计算照明指标，不同区段内可能采用多种规格的照明灯具，而道路照明一般采用一种规格的照明灯具，计算工况相对简单。

（3）隧道内墙壁是构成驾驶者视野的重要组成部分，隧道照明计算不仅要计算隧道路面的质量指标，还要计算墙壁的质量指标。

（4）在过渡段，对于路面和墙壁的照明指标在纵向上是有变化的，纵向均匀度和阈值增量等指标必须进行特别处理。

根据视觉适应的要求，隧道照明分为接近段、入口段、过渡段、中间段和出口段。隧道照明计算也要分段进行。在受烟尘影响时，隧道墙、顶的反射率较低，在进行照度和亮度计算时，可以只考虑光源的直射作用。隧道照明的质量目前主要是用路面照度和亮度值来评价的。

1. 逐点计算照度

路面一点上的照度是将所有路灯对这一点产生的照度叠加起来（其他光源所产生的照度忽略不计）。P 点上的全部照度为：

$$E_P = \sum_l^n \frac{I_{\gamma c}}{h^2} \cos^3 \gamma \qquad (4\text{-}36)$$

式中　$I_{\gamma c}$——灯具指向 P 点方向的光强，方向用角 γ 和 c 来表示；

　　　n——路灯数。

一般路灯的光度数据图表给出的是等光强曲线，按 P 点所对应的方向角 γ、c 在曲线上查得 $I_{\gamma c}$，代入式（4-36）即可求得一盏路灯对 P 点产生的照度 E_P。

如有几盏路灯时，逐盏重复这个过程，就可求出任何一种道路照明布置中一点上的总照度值。

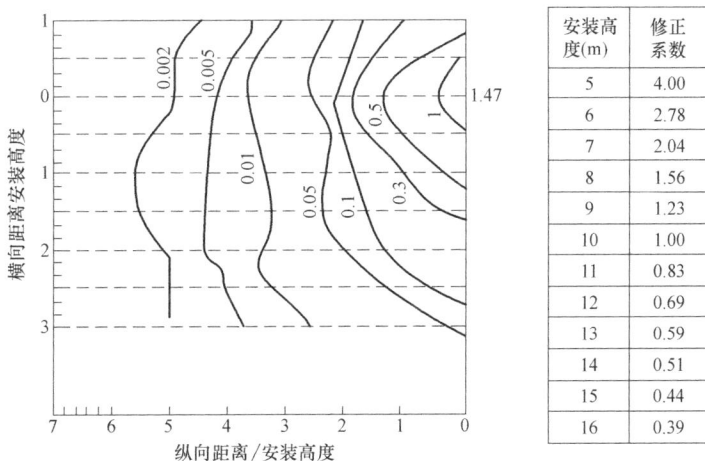

安装高度(m)	修正系数
5	4.00
6	2.78
7	2.04
8	1.56
9	1.23
10	1.00
11	0.83
12	0.69
13	0.59
14	0.51
15	0.44
16	0.39

图 4-50　JTY-61（NG-250）型照明器等照度曲线

计算高度 10m，灯下垂直点照度 33.7lx，若安装高度不等于计算高度，请应用高度修正系数表计算照度 $E = KE'$。

为了计算方便，往往做成等照度曲线。图 4-50 是一张 JTY-61 路灯（250W 高压钠灯）的等照度曲线，其横坐标是纵坐标距离与安装高度之比（s/h），纵坐标是横向距离与安装高度之比（w/h），若计算点相对于每盏灯的位置已确定，即可从图上直接读出该点的相对照度。于是该点照度的绝对值就可从下式求得：

$$E_P = \frac{\alpha \Phi_8}{h^2} \sum e_p \qquad (4\text{-}37)$$

式中　$\sum e_p$——各灯在 P 点产生的相对照度之和；

　　　α——所用灯具特定的系数，在等照度图上给出；

Φ_8——每盏路灯光源的光通量（lm）；

h——路灯的安装高度（m）；

按式（4-36）和式（4-37）计算求得的是初始照度值，要维持照度还需计入维护系数。

2. 平均照度

当计算一部分路面上的照度时，可用下式得到这个面积上的平均照度：

$$E_{av}=\frac{\sum E_P}{n} \tag{4-38}$$

式中 E_P——路面上有规律分布的点的照度；

n——计算点的总数。

很明显，所考虑的点数越多，计算出来的平均照度越精确。

计算一条直的无限长的道路上的平均照度，采用利用系数法是可以很方便求得的。其计算公式为：

$$E_{av}=\frac{n\Phi_8 UNK}{WS} \tag{4-39}$$

式中 Φ_8——光源光通量（lm）；

n——每盏路灯中的光源数；

K——维护系数；

W——道路宽；

S——路灯的间距；

N——路灯排列方式，单排、交错排列为 $N=1$，双侧排列 $N=2$；

U——路灯利用系数（查利用系数曲线）。

在道路照明中利用系数的定义为：在一盏路灯的照明范围内，确定照到路面上的光通 Φ' 与光源所发出的总光通 Φ 之比。

$$U=\frac{\Phi'}{\Phi} \tag{4-40}$$

在灯具的光度资料中灯具的利用系数曲线用两种方式给出：

（1）作为横向距离的函数（以灯高 h 为计量单位），横向距离为路灯的纵轴线到道路的两边侧面，如图 4-51 所示。

（2）作为角 γ_1 和 γ_2 的函数，这两个角是路灯对两边侧面的张角，如图 4-51 所示。

在每种情况下，"近侧墙"的 U 值和"远侧墙"的 U 值加起来必须等于整个路宽的真正利用系数。第一种表达方式对一已知断面的隧道提供一种确定 U 值的简单方法。用第二种表达方式，还能确定不同灯具倾角所对应的利用系数，从而求得较佳的平均照度。

3. 平均照度与平均亮度的换算

能否看清路面及路面上的障碍物，决定于路面及障碍物的亮度。路面的亮度与其

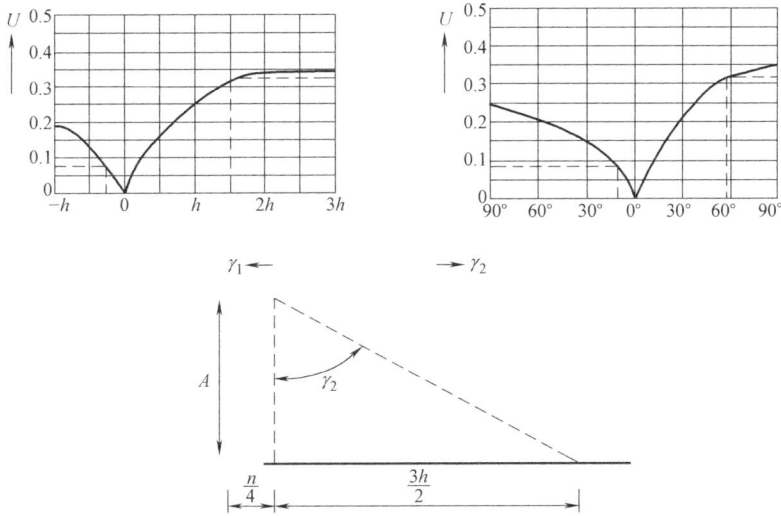

图 4-51　路灯利用系数和横向距离、张角关系曲线

反射特性有关。路面的反射特性用亮度系数 q 来表示，这个系数被定义为一点上的亮度与该点上的水平照度之比。

$$q = \frac{L}{E} \tag{4-41}$$

亮度系数取决于观察者和光源相对于路面上所考察点的位置，如图 4-52 所示，即：

$$q = q(\alpha 、 \beta 、 \gamma)$$

对于驾驶员，主要观察车前 60～160m 这部分隧道路面，此时 α 在 0.5°～1.5°范围内变化，所以可以将 α 假定为一个固定值 1°（CIE 标值），此时路面亮度系数取决于 β、γ 两个角度的值。

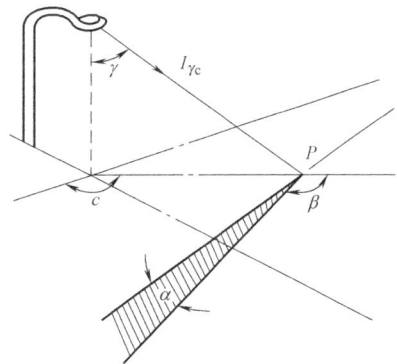

图 4-52　决定亮度系数的角度

路面某点亮度可写成：

$$L = q(\beta 、 \gamma) E(c 、 \gamma) = \frac{q(\beta 、 \gamma) I_{\gamma c}}{h^2} \cos^3 \gamma \tag{4-42}$$

式中　$I_{\gamma c}$——照明器在 P 点方向的光强；

$q(\beta 、 \gamma)$——路面亮度系数。

所有路灯对 P 点产生的亮度总和即为 P 点的总亮度：

$$L_P = \sum \frac{I_{\gamma c}}{h^2} q(\beta 、 \gamma) \cos^3 \gamma \tag{4-43}$$

实际上路面亮度及其分布，除照明条件、观测方向外，还与路面色彩的明暗程度、路表面粒度的粗细及其干湿状态等有关，比较复杂，故一般按求其平均亮度的方法计算。路面平均亮度和平均照度可用下式求得：

$$L_r = Q E_{av} \tag{4-44}$$

Q 称为照明设备的综合亮度系数，在照明器配光、配置、观测场所等确定后，在固定的光入射方向和观测方向上，Q 是个定值。Q 的倒数（$1/Q = E_{av}/L_r$）称为平均照度换算系数，CIE 有推荐值例见表 4-13。其中暗路面如沥青混凝土路面，明路面如水泥石子混凝土路面等。

CIE 推荐的平均照度平均亮度换算系数　　表 4-13

灯具配光类型	为获得 1cd/m² 亮度所需的平均照度(lx)	
	暗路面($\rho < 0.15$)	明路面($\rho > 0.15$)
截光型	24	12
半截光型	18	9
非截光型	15	5

注：ρ 为路面反射比。

（1）隧道照明计算举例

[例 4-2]　某隧道基本照明段灯具布置如图 4-53 所示，等间纵向距离 $d = 8$m；隧道内路面宽度 $w = 10.5$m，灯具安装高度 $h = 5$m，距边墙 $a = 2.5$m。采用 JTY-61 型灯具（250W 高压钠灯），灯具的额定光通量 $\Phi_j = 23750$lm。灯具水平安装，其等照度曲线如图 4-50 所示。

路面为混凝土路面，试确定：

（1）灯具①、②、③对 A 点水平照度和相应亮度；

（2）灯具①、②、③、④对 B 点的水平照度和相应亮度。

解：（1）求 A 点的照度与亮度，用逐点法，为简化计算采用等照度曲线。

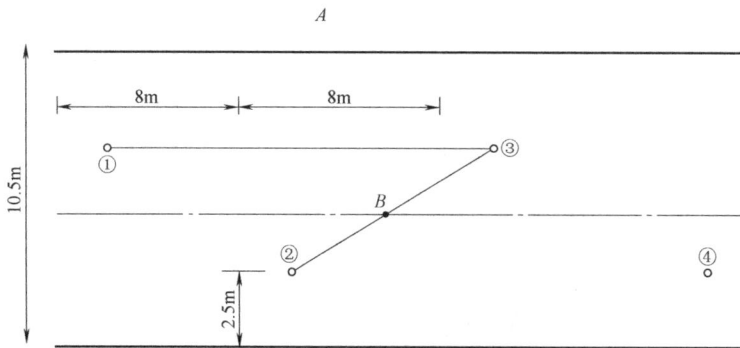

图 4-53　隧道照明计算例题图

1）确定 A 点在等照度曲线上相对于不同灯具的位置。

A 点相对于灯①、③的位置：

横向　　　　　$\dfrac{w}{h} = \dfrac{2.5}{5} = 0.5$

纵向　　　　　$\dfrac{s}{h} = \dfrac{8}{5} = 1.6$

A 点相对于灯②的位置：

横向
$$\frac{w}{h}=\frac{10.5-2.5}{3}=1.6$$

纵向
$$\frac{s}{h}=0$$

2）确定 A 点照度与亮度。

查 JTY-61 点等照度曲线得：

灯①、③在 A 点产生相对的照度：
$$e_1=e_3=0.3\text{lx}$$

灯②在 A 点产生的相对照度为：
$$e_2=0.6\text{lx}$$

灯①、②、③在 A 点产生的总照度：
$$E_A=aK_h\sum e=22.9\times4.0\times1.2=109.92\text{lx}$$

式中　$a=33.7/1.37=22.9$（见等照度曲线上给出的）；

　K_h——安装高度修正系数。

考虑到光通衰减、灯具污染等因素，其维持照度为：
$$E'_A=0.7\times109.92=76.94\text{lx}$$

3）计算点的亮度。

利用 $L=E'/13$ 得：
$$L_A=\frac{76.94}{13}=5.9\text{nt}$$

（2）求灯①、②、③、④在 B 点的照度与相应亮度。

1）确定 B 点在等照度曲线上相对于不同灯具的位置。

B 点相对于灯②、③的位置：

横向
$$\frac{w}{h}=\frac{2.75}{3}=0.55$$

纵向
$$\frac{s}{h}=\frac{4}{5}=0.8$$

B 点相对于灯①、④的位置：

横向
$$\frac{w}{h}=\frac{2.75}{3}=0.55$$

纵向
$$\frac{s}{h}=\frac{12}{5}=2.4$$

2）确定 B 点的照度与亮度。

查等照度曲线图，得：

灯②、③在 B 点的照度：
$$e_2=e_3=0.6\text{lx}$$

灯①、④在 B 点的照度：

$$e_1 = e_4 = 0.2\text{lx}$$

B 点的维持照度：

$$E_B' = 0.7 \times 146.56 = 102.59\text{lx}$$

3）求 B 点的相应亮度。

$$L = E'/13 = \frac{102.59}{13} = 79\text{nt}$$

4.5.6 入口段照明

图 4-54 中，P 为洞口；S 为敞开段起点；A 为适应点；d 为适应距离；$L_{20(S)}$ 为洞外亮度；L_{th1}、L_{th2} 分别为入口段亮度；L_{tr_1}、L_{tr_2}、L_{tr_3} 分别为过渡段亮度；L_{in} 为中间段亮度；L_{ex_1}、L_{ex_2} 分别为出口段亮度；D_{th_1}、D_{th_2} 分别为入口段 TH_1、TH_2 分段长度；D_{tr_1}、D_{tr_2}、D_{tr_3} 分别为过渡段 TR_1、TR_2、TR_3 分段长度；D_{in} 为中间段长度；D_{ex} 为出口段，EX 为出口段长度。

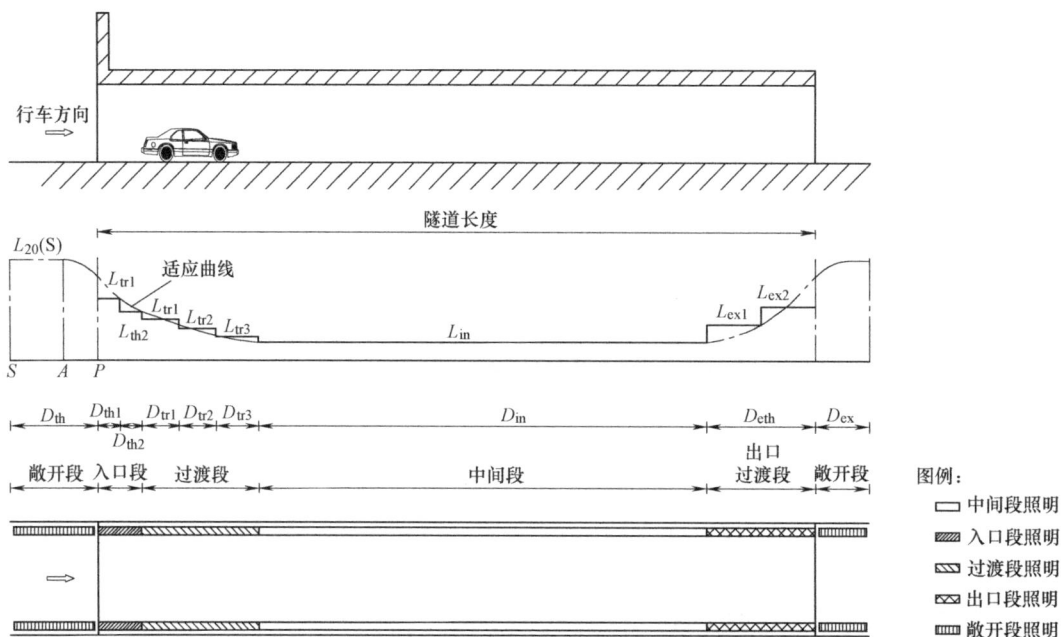

图 4-54 交通隧道照明系统分段图

入口段宜划分为 TH_1、TH_2 两个照明段，与之对应的亮度应分别按式（4-45）、式（4-46）计算：

$$L_{th1} = k \times L_{20(S)} \tag{4-45}$$

$$L_{th2} = 0.5 \times k \times L_{20(S)} \tag{4-46}$$

式中　L_{th1}——入口段 TH_1 的亮度（cd/m²）；

　　　L_{th2}——入口段 TH_2 的亮度（cd/m²）；

　　　k——入口段亮度折减系数，可按表 4-14 取值；

$L_{20(S)}$——洞外亮度（cd/m^2）。

入口段亮度折减系数 k　　　　　　　　　　　　　　　　表 4-14

设计小时交通量 $N[veh/(h \cdot ln)]$		设计速度 v_t(km/h)			
单向交通	双向交通	100	80	60	20～40
≥1200	≥650	0.045	0.035	0.022	0.012
≤350	≤180	0.035	0.025	0.015	0.010

注：当交通量在其中间值时，按线性内插取值。

入口段照明按 TH_1、TH_2 两个照明段进行设置。对近十年来建设的公路隧道的广泛调研表明，入口段后半段亮度偏高，所以入口段采用了分段设置的方法。英国、日本等国家和 CIE、CEN 等国际组织在其相应的标准和技术文件中也有相同的考虑和规定。

采用 K 值法计算入口段加强照明亮度。入口段亮度折减系数 K 的取值参考了 CIE、CEN 等国际组织以及一些国家的照明标准，并充分考虑了目前我国的经济发展水平和隧道照明状况。

（1）暗埋段长度 $L>300m$ 的隧道，入口段 TH_1、TH_2 的亮度应分别按式（4-45）及式（4-46）计算。

（2）暗埋段长度 $100m<L≤300m$ 的隧道，入口段 TH_1、TH_2 的亮度宜分别按式（4-45）及式（4-46）计算值的 50％取值。

（3）暗埋段长度 $L≤100m$ 的隧道，不设加强照明。

隧道的加强照明要求与隧道的长度和通视程度有关。影响隧道通视程度的主要因素是隧道的长度，对于短隧道还包括隧道的宽度、高度、平纵线型等。隧道照明与道路等级、设计速度、交通量、长度、平面线型、日光强弱等因素有关。CIE、CEN 等国际组织和一些国家在其相应的标准和技术文件中也有相同的考虑和规定。*Guide for the Lighting of Road Tunnels and Under passes* CIE 88-2004 根据照明的要求，隧道的照明亮度水平根据隧道平面线型、日照强弱、墙壁反射率和交通量大小等因素可有所不同。

（4）匝道入口亮度折减系数 $k=0.01$。

参照规范《城市地下道路工程设计规范》CJJ 221—2015 中第 3.3.3 条规定，城市地下道路匝道的设计速度宜为主线的 0.4～0.7 倍。

（5）隧道照明设计的洞外亮度 $L_{20(S)}$ 应实测取得，实测有难度时，$L_{20(S)}$ 可按 $3000cd/m^2$ 取值。

洞外亮度 $L_{20(S)}$ 是指在接近段起点 S 处，距地面 1.5m 高正对洞口方向 20°视场实测得到的平均亮度，如图 4-55 所示。洞外亮度 $L_{20(S)}$ 是照明系统的设计基准参数之一，该参数的合理设定对工程投资和运营电费均有极大影响，不容忽视。

通过对南京、上海、宁波等多条隧道的洞外亮度及减光设施处的现场测试和分析，

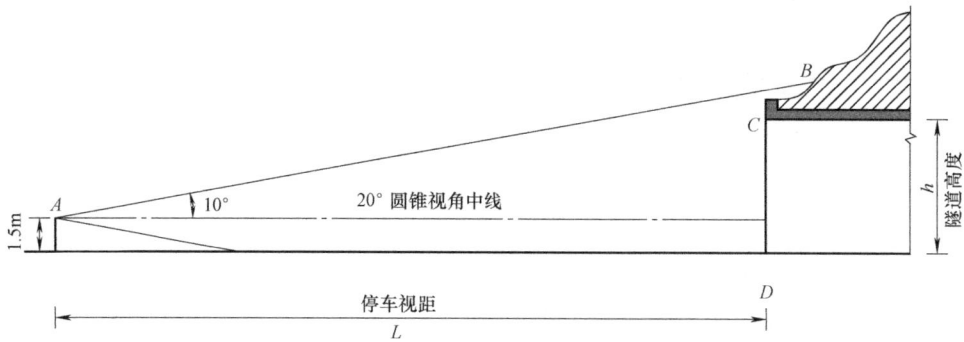

图 4-55　洞外亮度 $L_{20(S)}$ 实测示意图

在隧道洞外亮度实测有难度时，$L_{20(S)}$ 可按 3000cd/m² 取值。

由于 $L_{20(S)}$ 随纬度、季度、气候变化，本条所提供的仅是照明设计阶段的建议值。雪地环境中 $L_{20(S)}$ 会较高，但行车速度亦相应下降，故未提及雪地环境中的 $L_{20(S)}$。

（6）设置减光设施的城市隧道，减光设施的长度不小于 3s 的行驶长度。

根据《交通工程手册》相关理论，驾驶员驾驶行为中的安全反应时间一般为 1.2～1.5s，结合调研遮光设施的长度和行驶时间，可以提出，遮光棚设置长度宜按不小于 3s 的车辆行驶距离，可为其他因素影响留有较大的安全余度。

（7）照明停车视距可按表 4-15 取值。

照明停车视距 D_s （m）　　　　　　　　表 4-15

设计速度 v_t(km/h)	纵坡(%)								
	-4	-3	-2	-1	0	1	2	3	4
100	179	173	168	163	158	154	149	145	142
80	112	110	106	103	100	98	95	93	90
60	62	60	58	57	56	55	54	53	52
40	29	28	27	27	26	26	25	25	25

采用的照明停车视距参数主要参考了 CIE、CEN 等国际组织相应的标准和技术报告的建议值。设计速度为 20～40km/h 时，按照 40km/h 指标取值。

（8）入口段 TH₁、TH₂ 长度应按式（4-47）计算：

$$D_{th1} = D_{th2} = \frac{1}{2}\left(1.154D_s - \frac{h-1.5}{\tan 10°}\right) \tag{4-47}$$

式中　D_{th1}——入口段 TH₁ 长度（m）；

　　　D_{th2}——入口段 TH₂ 长度（m）；

　　　D_s——照明停车视距（m），可按表 4-15 取值；

　　　h——隧道内净空高度（m）。

入口段长度 D_{th} 根据照明停车视距、最小衬托长度、洞口净空高度、适应距离进行计算。为保证机动车驾驶员对路面上障碍物（0.2m×0.2m×0.2m）的视认能力，在故障物背后应有一段最小长度为 b 的明亮路面，如图 4-56 所示。

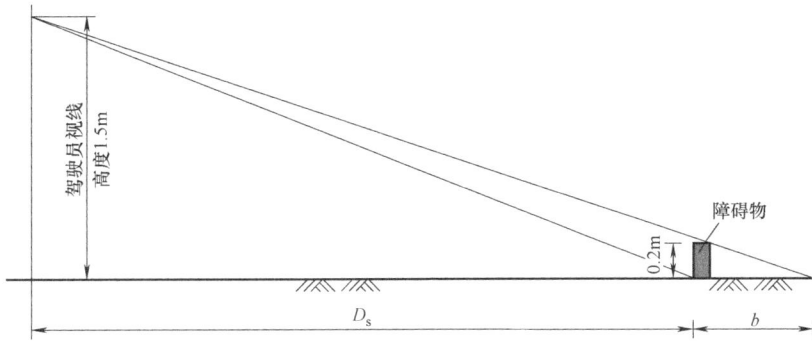

图 4-56　照明停车视距与最小衬托长度（JTG/TD70/2-01-2014 P18）

隧道照明所采用的障碍物尺寸借鉴了 *Guide for the Lighting of Road Tunnels and Under passes* CIE 88—2004 的建议值，即采用尺寸为 0.2m×0.2m×0.2m、反射系数为 0.2 的正方体小目标物体。

车辆驶至洞外适应点 A 时，机动车驾驶员的 20°视场范围内，洞外景物基本消失，开始适应隧道暗环境。适应点 A 与洞口 P 间的距离 d 称为适应距离，$d=\dfrac{h-1.5}{\tan10°}$，如图 4-57 所示。

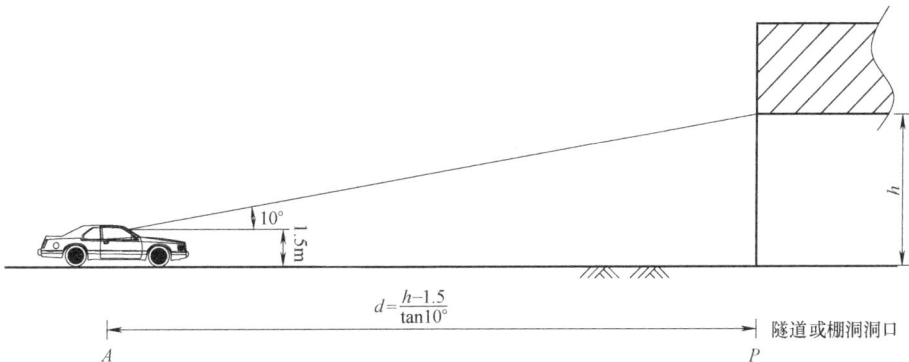

图 4-57　适应距离

（9）设计速度为 20～40km/h 时，主洞和匝道的入口段总长度可按 30m 取值。

4.5.7　过渡段照明

在过渡段，路面亮度逐渐从入口段亮度 L_{th} 过渡到中间段亮度 L_{in}。在过渡段内，亮度变化与行驶时间的关系如下：

$$L_{tr}=L_{th}(1.9+t)^{-1.4}=L_{th}\left(1.9+\frac{d}{v}\right)^{-1.4} \tag{4-48}$$

式中　L_{tr}——过渡段亮度（cd/m²）；

t——从过渡段开始起，在过渡段内驾驶经历的时间（s）；

d——计算点距过渡段起点的距离（m）；

v——行车速度（m/s）。

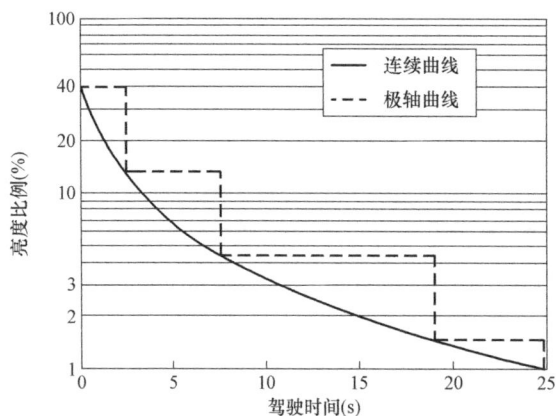

图 4-58　过渡段亮度变化曲线

在过渡段需要经历的必要时间也可通过图 4-58 获得，从图中可以看出，当中间段的亮度 L_{in} 为入口段亮度 L_{th} 的 1% 时，过渡段行驶的时间约为 25s；当亮度比例分别为 2% 和 3% 时，过渡段的行驶时间减小为 14.4s 和 10.3s。

当过渡段的亮度无法实现连续变化时，可以采用梯级曲线代替，每个梯级的亮度值与下一梯级的亮度值的比值不大于 3，最后一个梯级的亮度值必须大于中间段亮度的 2 倍，同时保证梯级曲线位于连续曲线的上方。

过渡段内的亮度从 L_{th} 到 L_{in} 的变化过程中，如果降低的速率过快，就会产生后像效应（After-images），从而影响驾驶者对目标物的识别。生活中的后像效应很多，它是人眼的一种错觉，具体表现为亮度对比度或颜色的反转。例如，人眼凝视墙上黑色钟框、白色钟面的钟 30s，当转向凝视旁边空白的墙壁时，就会看见一个黑色镜面与白色钟框的影像出现，如图 4-59 所示。

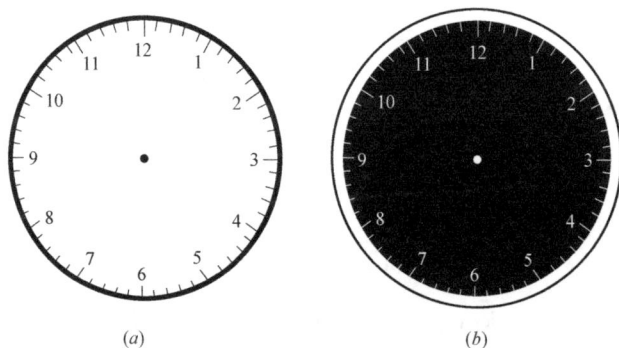

(a) 　　　　　　　　　　　　(b)

图 4-59　后像效应

(a) 原图像；(b) 后像

在过渡段的终点，其亮度与中间段的亮度相等，即：

$$L_{in}=L_{th}(1.9+t)^{-1.4} \tag{4-49}$$

进一步可得：

$$t=\left(\frac{L_{in}}{L_{th}}\right)^{-5/7}-1.9 \tag{4-50}$$

由速度与距离的关系可得：

$$s = vt = v\left[\left(\frac{L_{in}}{L_{th}}\right)^{-5/7} - 1.9\right] \qquad (4\text{-}51)$$

式中　s——过渡段长度（m）；

　　　v——设计速度（m/s）。

从式（4-51）可以看出，过渡段的长度由设计速度、入口段亮度和中间段亮度决定。在过渡段内，驾驶者的视野由隧道内壁构成，为了避免出现二次黑洞效应，过渡段的长度宜长不宜短。

过渡段宜按渐变递减原则划分为 TR_1、TR_2、TR_3 三个照明段，与之对应的亮度应按式（4-52）～式（4-54）计算：

$$L_{tr1} = 0.15 \times L_{th1} \qquad (4\text{-}52)$$

$$L_{tr2} = 0.05 \times L_{th2} \qquad (4\text{-}53)$$

$$L_{tr3} = 0.02 \times L_{th3} \qquad (4\text{-}54)$$

参照 CIE 有关标准规定的适应曲线 $L_{tr} = L_{th1}(1.9 + t)^{-1.4}$ 过渡段照明亮度划分依据。在过渡段区域里，TR_1、TR_2、TR_3 三个过渡照明段的亮度比例按 3：1 划分，如图 4-60 所示。

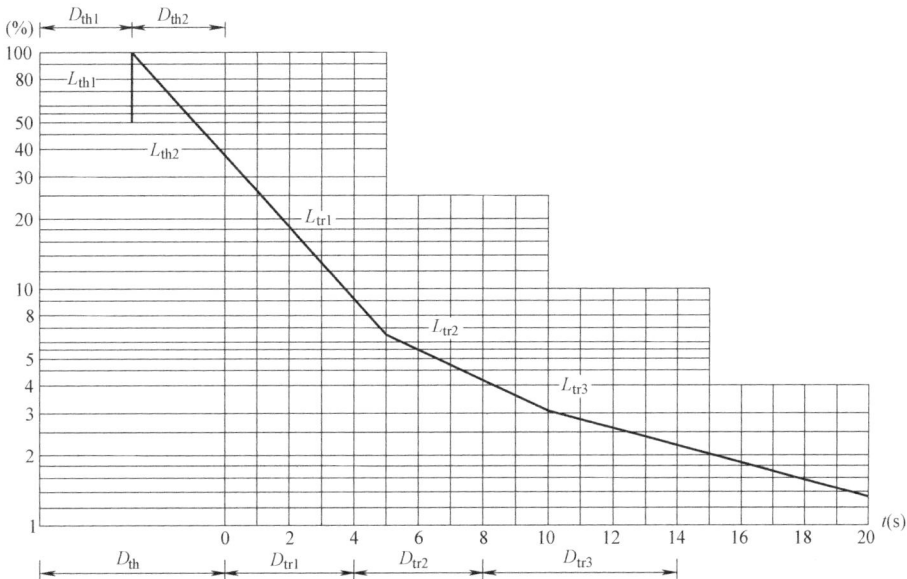

图 4-60　过渡段长度与相应亮度（JTG/TD70/2-01-2014 P19）

长度 $L \leqslant 300m$ 的隧道，可不设置过渡段加强照明；当 TR_3 的亮度 L_{tr3} 不大于中间段亮度 L_{in} 的 2 倍时，可不设置过渡段 TR_3 加强照明。

对于长度 $300m < L \leqslant 500m$ 的隧道，其是否设置过渡段主要取决于隧道的通视程度。对于非光学长隧道，当交通量较小时，隧道出口占很大一部分背景，洞内低亮度和出口处的高亮度形成鲜明对比，可以轻易看见往来车辆和其他物体，通长设置有过

渡段 TR_1；当交通量较大，使得隧道出口处的背景亮度比例较小时，通常设置有过渡段 TR_2、TR_3。

对于光学长隧道，当交通量较小且位于过渡段 TR_1 能完全看到出口时，通常设置有过渡段 TR_1；当交通量较大，使得隧道出口处的背景亮度比例较小，且位于过渡段 TR_1 仍不能完全看到出口时，通常设置有过渡段 TR_2、TR_3。

过渡段长度应按式（4-55）～式（4-57）计算：

1 过渡段 TR_1 长度应如此计算：

$$D_{tr1} = \frac{D_{th1} + D_{th2}}{3} + \frac{v_t}{1.8} \tag{4-55}$$

式中 v_t——设计速度（km/h）；

$\dfrac{v_t}{1.8}$——2s 内的行驶距离。

2 过渡段 TR_2 长度应按式（4-56）计算：

$$D_{th2} = \frac{2v_t}{1.8} \tag{4-56}$$

3 过渡段 TR_3 长度应按式（4-57）计算：

$$D_{th3} = \frac{3v_t}{1.8} \tag{4-57}$$

各过渡段的长度基本上沿着 CIE 有关标准规定的适应曲线分割。过渡段 TR_1 的长度相当于 4s 内的行驶距离；过渡段 TR_2 的长度相当于 4s 内的行驶距离；过渡段 TR_3 的长度相当于 6s 内的行驶距离。

根据式（4-55）～式（4-57）计算各过渡段长度，见表 4-16。

过渡段长度 D_{tr} 计算表（m）　　　　　　表 4-16

设计速度 v_t(km/h)	D_{tr1}			D_{tr2}	D_{tr3}
	隧道内净空高度 h(m)				
	6	7	8		
100	108	106	103	111	167
80	74	72	70	89	133
60	46	44	42	67	100
40	26	26	26	44	67

隧道中间段的亮度等级与停车视距和车流量两个参数相关，当在中间段的行车时间超过 30s 时，可以将隧道中间段分为两个段落，行车时间前 30s 所行驶的距离为第一段，剩余部分为第二段。第二段的亮度等级根据停车视距和车流量进行确定，第二段的亮度等级可以适当降低，两个段落对亮度均匀度、眩光的要求一致，只是第二段的亮度等级低于第一段的亮度等级。

在隧道照明系统中，墙壁和路面共同构成了障碍物的背景，墙壁对于驾驶者的视觉适应有一定的贡献，也对视觉诱导有一定的影响。因此，墙壁的亮度等级是评估隧道照明质量的一个重要指标，路面上方 2m 内的墙壁平均亮度等级应不低于路面平均亮度等级的 60%。

当然，隧道墙壁的亮度也不宜过高，避免与路面形成较大的亮度反差，反而不利于路面上障碍物的识别。在隧道墙壁表面材料的选择上，尽量不选择具有镜面反射特性的材料，因为当车灯的光线照射到这些材料上时，会产生非常明显的镜面反射从而形成眩光源，降低驾驶者的视觉识别能力，同时也降低了行车的舒适性。

4.5.8　中间段

驾驶者通过入口段、过渡段后，行驶至中间段时，眼睛基本上适应了隧道内较暗的照明环境，对亮度的需求没有入口段和过渡段高，但为了能够觉察到路面上的障碍物和其他车辆的运行情况，必须保证路面和隧道壁具有一定的亮度等级，与一般道路照明相类似，隧道中间段的路面亮度由停车视距和车流量两个参数确定。

据统计，隧道内发生交通事故的概率并不比洞外一般路段高，但由于隧道内空间狭小，一旦发生交通事故，驾驶者没有空间应对紧急情况，后果比一般路段严重得多，从这个角度来看，隧道内中间段的照明对于降低事故发生率、提高隧道内的行车安全是非常必要的。

影响隧道中间段照明质量的因素主要如下：

（1）灯具光通量；

（2）灯具光强空间分布；

（3）灯具光源的色温、显色性、S/P；

（4）灯具布置形式；

（5）灯具纵向布置间距和高度；

（6）隧道横断面的几何特性；

（7）路面类型；

（8）隧道墙壁反射率等；

（9）隧道内的烟雾浓度；

（10）驾驶者的年龄和经验。

其中，因素（1）～（5）与灯具的本身特性和安装参数相关，对隧道照明质量的影响最大，具有较大的优化改善空间。

因素（6）～（9）为隧道本身属性和环境条件，是隧道照明系统的基本边界条件，对隧道照明质量有一定的影响，但改变这些边界条件的成本较高。

因素（10）与驾驶者自身条件相关。

这里介绍隧道灯具布置形式，通过数值仿真方法分析灯具本身特性、安装参数对照明质量的影响；采用数值仿真方法分析隧道墙壁反射率对隧道照明环境的影响，并分析隧道灯具频闪效应及其影响因素。

中间段亮度标准 L_{in} 应按表 4-17 取值。

中间段亮度标准表 表 4-17

设计车速 (km/h)	$L_{in}(cd/m^2)$	
	单向交通	
	$N \geqslant 1200 veh/(h \cdot ln)$	$N \leqslant 350 veh/(h \cdot ln)$
100	9.0	4.0
80	4.5	2.0
60	2.5	1.5
40	1.5	1.5

注: 1. 当交通量为中间值,且通过隧道的行车时间超过135s时,中间段亮度标准可按表中亮度高值的80%取值。
2. 隧道照明的维护系数取值宜为 0.65~0.7。

入口段照明、过渡段照明、出口段照明及洞外引道照明亮度标准,可按照《公路隧道通风设计细则》JTG/TD 70/2-02-2014 相关内容执行。

隧道路面左、右两侧墙面 2m 高范围内的平均亮度,不应低于路面平均亮度,且亮度总平均度不宜低于 0.4。

中间段照明亮度宜按表 4-18 取值。

中间段亮度表 L_{in} (cd/m²) 表 4-18

隧道类别	快速路和主干路隧道	次干路隧道	支路隧道	联络车道
L_{av}	2.5	1.5	1.0	2.0

城市道路因车流量呈现潮汐态,车速不稳定,按设计速度不能真实体现城市隧道实际情况,且城市隧道作为城市道路的组成部分,故以《城市道路照明设计标准》CJJ 45—2015 为主要参考依据,并结合《公路隧道照明设计细则》JTG/TD 70/2-01-2014,得出表 4-18 的取值。

当中间段位于曲线时,照明灯具的布置宜符合下列要求:

(1) 平曲线半径不小于 1000m 的曲线段,照明灯具可参照直线段布置。

(2) 平曲线半径小于 1000m 的曲线段,当采用两侧布灯方式时,宜采用对称布置;当采用中线侧偏布灯方式时,照明灯具应沿曲线外侧布置,间距宜为直线段照明灯具间距的 0.5~0.7 倍,半径越小布灯间距应越小,如图 4-61 所示。

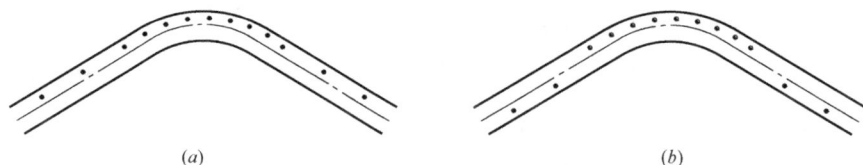

| (a) | (b) |

图 4-61 曲线段中线侧偏灯具布置示意图

(a) 中线左侧偏灯具布置;(b) 中线右侧偏灯具布置

（3）在反向曲线段上，宜在固定的一侧设置灯具；若有视线障碍，宜在曲线外侧增设灯具，如图 4-62 所示。

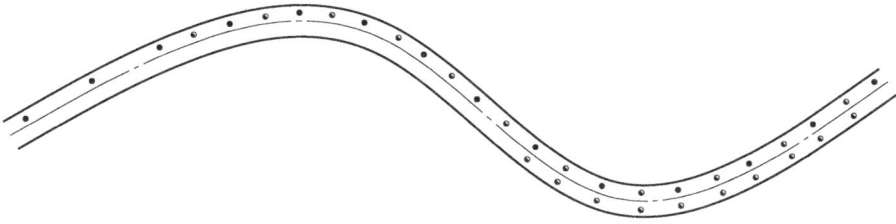

图 4-62　反向曲线段上的灯具布置示意图

与沿曲线内侧布置相比，照明灯具沿外侧布置具有行车诱导性好的优点。"半径越小布灯间距应越小"的规定，是基于更清晰地标示隧道走向、确保路面亮度均匀度的考虑。隧道的反向曲线段宜在固定的一侧设置灯具，其目的是为了提高诱导性，也便于照明设施的安装与维护。

当隧道内按设计速度行车时间超过 20s 时，照明灯具布置间距应满足闪烁频率低于 2.5Hz 或高于 15Hz。

闪烁频率为设计速度与布灯间距之比 v_t/s。当闪烁频率在 4～11Hz 之间时，不舒适感使人无法忍受。

基本照明灯具布置间距可参考表 4-19 取值。

基本照明灯具布置间距表

表 4-19

设计速度 v_t(km/h)	100	80	60	40
灯具布置间距 s(m)	≥12	≥9	≥7	≥5

隧道内中间段的灯具布置形式一般有三种：两侧对称布灯、两侧交错布灯和拱顶偏侧布灯，平面布置如图 4-63 所示，横断面布置如图 4-64 所示。两侧对称布灯和两侧交错布灯形式适用于两车道及以上的隧道，宜采用对称或者顺光照明。拱顶偏侧布灯形式则仅适用于两车道隧道，对称、顺光和逆光三种灯光分布形式均适用于该布灯形式。

当采用回路控制路面亮度时，两侧布置形式的隧道灯具一般分布于 3 个照明回路上，其中 1/4 的照明灯具分配在 1 个回路上，该回路上灯具既作为基本照明灯具，也作为应急照明灯具。采用两侧布灯形式的隧道在灯具日常维护时对交通的干扰小，一般占用一个车道即可进行灯具维护，不必中断隧道交通。

当采用回路控制路面亮度时，拱顶偏侧布置形式的隧道灯具一般平均分布于 3 个照明回路上，其中一个照明回路上的灯具既作为基本照明灯具，又作为应急照明灯具。采用拱顶偏侧布灯形式的隧道在灯具日常维护时对交通的干扰较大，当占用一个车道维护作业时，如果有大车通过，对维护工人的安全造成一定的威胁。采用拱顶偏侧布灯形式，灯具的光通量利用率较高，与两侧布灯形式相比，若隧道灯具的总光通量相同，拱顶偏侧布灯形式的隧道照明系统能够提供更高的路面亮度等级和较高的路面均匀度。

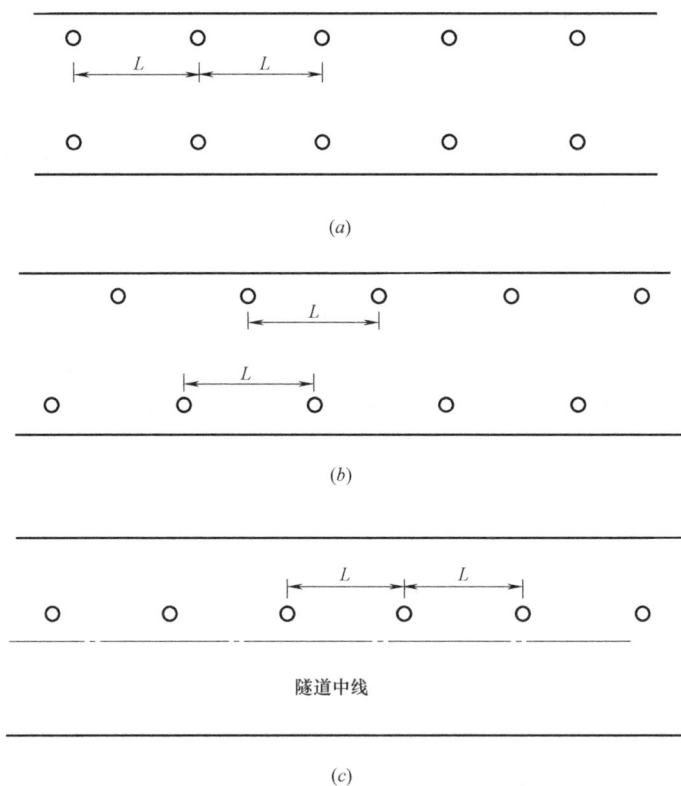

图 4-63 灯具布置形式平面图

(*a*) 两侧对称布灯；(*b*) 两侧交错布灯；(*c*) 拱顶偏侧布灯

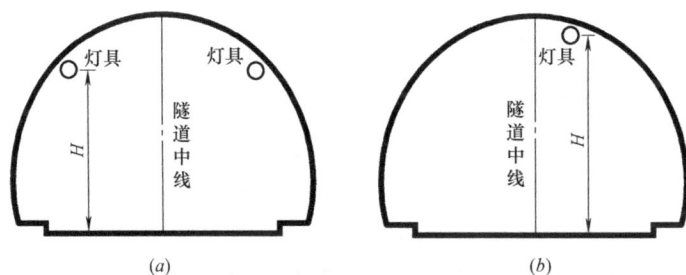

图 4-64 灯具横断面布置

(*a*) 两侧布置；(*b*) 单侧布置

4.5.9 出口段照明与加强照明

驾驶者通过中间段后，为确保驾驶者能够觉察到前方的车辆和通过后视镜观察到车后的情况，有必要在出口段设置照明。在白天，从中间段的终点开始，在一个停车

视距 SD 的长度上，出口段的亮度应从中间段亮度线性增加至中间段亮度的 5 倍，如图 4-65 所示。出口段的灯具布置形式应与中间段灯具布置形式一致。

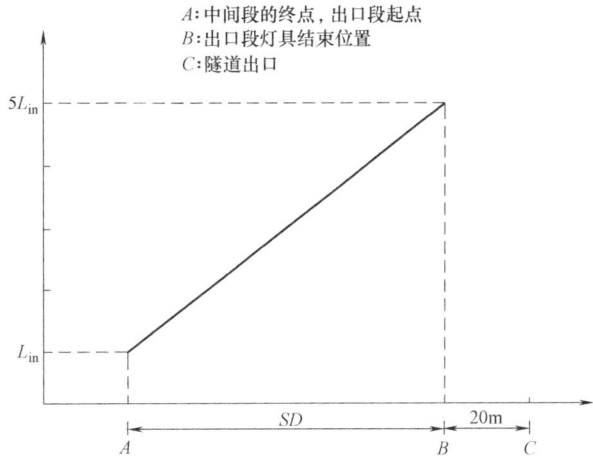

A：中间段的终点，出口段起点
B：出口段灯具结束位置
C：隧道出口

图 4-65　出口段照明设置

在隧道加强照明的区段，驾驶者的眼睛在短时间内经历由亮到暗的亮度环境的急剧变化，在此过程中视觉功能大大下降，对目标物的识别尚且困难，更谈不上视觉的舒适性。因此，隧道加强照明区段的首要功能是保证安全性，即保证目标物（障碍物）的可见度。从可见度的最大化角度出发，采用逆光照明是最合理的照明类型，其次是采用对称照明类型。

由于隧道加强照明区段对路面亮度等级的要求较高，宜选择整灯光效高、光通量能够无级输出的 LED 灯具。应用于隧道加强照明的 LED 灯具的色温不宜过高，中午时分的太阳色温约为 5500K，为了保证洞内外光环境色温的协调，LED 灯具的色温不宜高于 5500K。

出口段宜划分为 EX_1、EX_2 两个照明段，每段长度宜取 30m，与之对应的亮度应按式（4-58）、式（4-59）计算：

$$L_{ex1} = 3 \times L_{in} \tag{4-58}$$

$$L_{ex2} = 5 \times L_{in} \tag{4-59}$$

在隧道出口附近，前车背后的小型车辆常难以发现、视认，容易发生车祸。设置出口加强照明后，有助于消除这类视觉困难，如图 4-66 所示。

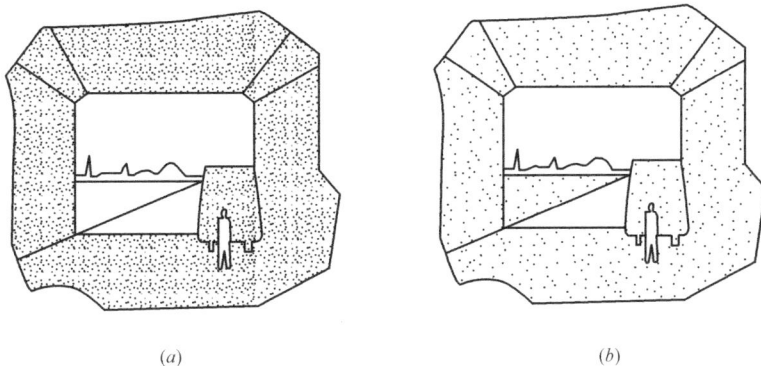

图 4-66　出口加强照明效果
(a) 未设加强照明；(b) 设加强照明

Guide for the Lighting of Road Tunnels and Underpasses CIE 88-2004 推荐白天隧道出口段的亮度应现行增加，在隧道出口前的 20m 范围内，隧道内的亮度应由中间段亮度变化到 5 倍中间段亮度。根据这一建议，作出本条规定。

长度 $L \leqslant 300m$ 的隧道可不设置出口段加强照明。

4.5.10 常用的照明计算软件

随着计算机的普及，照明系统的计算逐步由手算向计算机计算转变，传统的手算工作量大且精度低，只考虑了灯具直射光的影响，忽略了间接反射光的影响。在计算规模上，手算仅能计算场景中某些网格点的亮度指标，难以计算整个场景的亮度分布指标。采用计算机进行照明场景的计算，具有计算速度快、精度高的特点，既能考虑直射光的影响又能考虑间接反射光的影响。结合特殊的光学计算模型，可以直观地展示计算空间内的亮度分布。

照明计算中，只考虑光源直射光的影响、不考虑反射光线影响的照明模型称为局部照明模型；考虑了到达计算点所有光线（包括直射光和反射光）影响的照明模型称为全局照明模型。

目前比较成熟的全局照明计算模型有光线跟踪模型（Ray Tracing）和光能传递模型（Radiosity）两种。

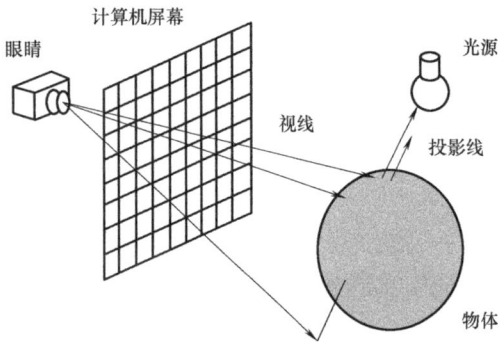

图 4-67 光线跟踪模型示意

1. 光线跟踪模型

光线跟踪模型如图 4-67 所示，光线是通过眼睛的位置反向跟踪，从眼睛发出光线，通过计算机屏幕上的一个像素点，光线射入计算空间，直到与空间内的一个曲面相交，从相交点开始跟踪光线到环境中的每个光源，如果到达光源的光线未被其他对象阻挡，则来自光源的灯光用于计算曲面颜色，如果第二个曲面也是反光的或透明的，则重复光线跟踪过程，直到达到迭代的最大次数或没有更多的相交曲面。

光线跟踪模型最大的不足在于没有考虑物体表面的漫反射和间接反射，只能对直射光线进行精确的计算。对于室内场景，当间接反射光成分较大时，计算结果与实际情况有较大的差距。物体表面的光线反射类型假设为镜面反射，因此对光线在物体表面漫反射的处理不理想，与真实场景有一定的差别。

2. 光能传递模型

光能传递模型是吸收了热辐射传导计算模型而发展起来的照明计算模型，本质上

120

与光线跟踪模型不同，侧重于从能量的角度来进行光环境的模拟，能够更精确地进行照明光度学模拟。首先将场景中的所有表面进行离散化，细分为一个个独立的三角形面片，然后计算所有面片之间的几何关系，最后在所有三角形面片间进行光能量的分配，为每个面片保存最终光能传递值。

在光能传递模型中，假设所有的物体表面反射类型为漫反射，只考虑了漫反射光，对于以镜面反射为主的表面，后处理显示结果不理想，必须采用光线跟踪模型进行镜面反射表面的结果展示，如果场景中存在透明物体，则忽略物体的透明特性。

照明计算软件大都同时支持光线跟踪和光能传递两种模型。应用较广泛的计算软件有 Dialux、AGI32、LITESTAR 4D 等。下面对隧道照明计算中经常使用的软件进行简单介绍。

1. Dialux

Dialux 是德国 DIAL 公司推出的专业照明模拟软件，分为 Dialux 4. x 版本和 Dialux evo 版本。Dialux 4. x 版本的计算内核采用光能传递模型，Dialux evo 版本的计算内核采用 Photon 算法。软件可以在官方网站免费下载使用，是目前业界使用率最高的软件之一。该公司有一个 20 人的工程师团队根据最新的技术进展和规范对该软件进行持续地更新和优化。Dialux 支持室内照明、室外日光照明及道路照明的计算，能够通过表格、等值线、灰阶图和伪色表现图等多种方式对计算结果进行展示。Dialux 支持报表配置和输出，能够自动生成计算报告。

Dialux 具有较强的兼容性，本身也具有强大的建模功能，同时能够导入其他程序建立的模型，如 DWG、DXF、3DS 等。Dialux 建立了在线灯具库，可以根据需要进行选择，灯具厂商可以将产品的数据发布到 Dialux 的灯具库内。

在道路照明计算方面，Dialux 根据国际照明委员会 CIE 140-2000 的算法设置了道路计算模块，通过简单的参数配置即可完成道路照明的计算，但仅能计算灯具直射光的影响。在隧道照明计算方面，用户可以建立隧道三维空间模型分析隧道内光的空间分布，可以对不同的表面设置不同的反射率，但其假设所有表面的反射类型均为完全漫反射，与实际情况有一定的区别。

2. AGI32

AGI32 是美国 Lighting Analysts 公司推出的专业照明模拟软件，计算内核采用光能传递模型，支持室内人工照明计算和室外日光照明计算。AGI32 通过自身的建模工具可以建立复杂的模型，也可以导入其他程序建立的模型文件格式，如 DWG、DXF 等。

AGI32 的计算模式有两种，分别为直接计算模式和完整计算模式。直接计算模式仅计算灯具直射光，考虑了物体对光线的阻挡作用，物体表面均被认为是不透明的非反射表面，所需要的计算时间较短，适用于简单的人工照明计算，如道路照明计算等。在直接模式下，仅能输出计算点的数值结果，无法显示计算场景的渲染结果，无法对计算场景的光场进行直观展示。完整计算模式用来计算灯具直射光和间接反射光，即考虑了表面间的相互反射影响，所需要的计算时间较长，适用于间接反射较强的场景。在完整计算模式下不仅可以输出计算点的数值结果，还可以显示计算场景的渲染结果，能够对空间的光强分布进行直观地展现。

在道路照明方面，AGI32 具有专门的道路计算模块，能够通过简单的参数配置进行道路照明的计算，支持的规范有 IES RP-8-2009、CIE 140-2000、BSEN-13201、AS 1158-2-2005 和 NZ 1158-2-2005。AGI32 能够计算道路照度、亮度、光幕亮度和小目标可见度（STV）。

AGI32 的道路计算模型中，可以考虑物体表面反射光对计算网格亮度的影响，因此可以用于隧道内光场的计算，这需要将隧道内表面赋予 Roadway Contributor 属性，将路面赋予 Road Pavement Single-sided DFO 属性。

3. LITESTAR 4D

LITESTAR 4D 是意大利 OxyTech 公司推出的一款专业照明软件，计算内核采用光能传递算法，支持室内照明、室外照明计算，在室外照明模块中支持道路照明计算和隧道照明计算。

在道路照明方面，LITESTAR 4D 可以通过简单的配置进行道路照明的计算，支持的规范有 CIE 140-2000、EN 13201-2015、UNI10439 和 UNI 10819。

LITESTAR 4D 具有专门的隧道计算模块，在入口加强照明方面，LITESTAR 4D 采用的方法为国际照明委员会 *Guide for the Lighting of Road Tunnels and Underpasses* CIE 88-2004 中推荐的觉察对比度法。LITESTAR 4D 不仅能够计算隧道墙壁的照度和亮度，也可以计算虚拟竖直面的照度。

4.6 隧道照明质量

眼睛之所以能看见物体，是因为物体表面的反射光线进入眼睛。进入眼睛的光线越来越多，就感觉物体越亮。因此，人们对于路面的认识不仅与路面的照度有关，还与路面的表面特性有关。例如，相同的道路使用相同的照明设施，人们在晴天和雨天看到的路面情况是不同的。雨大时看到的路面更亮，原因是积在路面的水像镜子，改变了路面的反射特性，使人对路面的感觉不同了。

在道路上行驶时，驾驶员观察路面障碍物的背景主要是驾驶员前方的路面，而道路照明设施提供的照明是比较低的。人眼处于中介视觉状态，对颜色的察觉能力较差的，此时辨别物体不是通过两者之间的颜色对比来实现的，而是依靠物体与背景之间的亮度对比。因此，障碍物本身的表面和路面之间至少要有一定的、最低限度的亮度差（对比）才能使人察觉到障碍物。其所需的对比值取决于视觉及观察者视场中的亮度分布，后者决定观察者眼睛的适应条件。视角越大（当观察者至障碍物的距离不变时，障碍物越大），路面亮度越高，则眼睛的对比灵敏度越高，察觉障碍物的机会就越大。因此，提高路面平均亮度（或照度）值将有利于提高驾驶员察觉（障碍物）的可靠性。平均亮度水平也直接影响驾驶员的视觉舒适程度，平均亮度越高（但需保持在产生眩光的亮度水平以下），驾驶员就越舒适。

平均亮度不仅影响物体与背景之间的对比度，还会影响人视觉的对比灵敏度。为了研究平均亮度对视觉功能的影响，提出了显示功能（RP）的概念，即显示能力（RP）是指能够看到路面上设定的障碍物的概率。

图 4-68 所示为平均亮度（$\overline{L}$）与显示能力（RP）之间的关系，此图的前提条件是道路的亮度总均匀度为 0.4，阈值增量为 7%。从此图中可以看出，当路面的平均亮度为 0.6cd·m^{-2} 时，显示能力（RP）只有 10%；当路面的平均亮度为 2cd·m^{-2} 时，显示能力（RP）只有 10%；当路面的平均亮度为 2cd·m^{-2} 时，显示能力（RP）高达 80%。

保证亮度均匀度是为了给驾驶员提供良好的能见度和视觉上的舒适性。干燥路面和湿路面的路面亮度有很大变化，均匀度相应也有很大变化。严格的均匀度要求，一般限于干燥路面和路面平均亮度较低的情况。

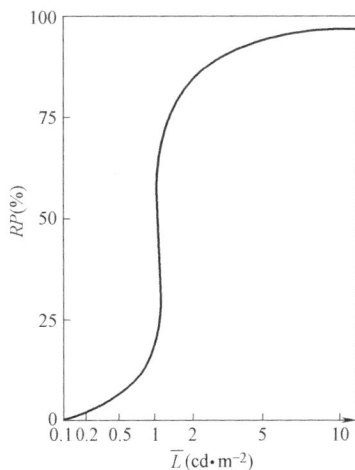

图 4-68　平均亮度（$\overline{L}$）与显示能力（RP）之间的关系

良好的视功能不仅要求有一个较好的平均亮度，还要求路面上的平均亮度与最小亮度之间不能相差太大。如果视场中的亮度相差太大的话，亮的部分会形成一个眩光源，从而影响视觉。路面亮度均匀度包括亮度总均匀度和亮度纵向均匀度两方面。

1. 亮度总均匀度

道路照明设施即使能为路面提供良好的平均亮度，也可能在路面上某些区域产生很低的亮度，因而在这些区域里对比值低、阈值对比高。同时，视场中较大的亮度差会导致眼睛的对比灵敏度下降和引起瞬时适应问题，以致驾驶员的视看能力下降，使其不易觉察出在这些较暗区域里的障碍物。因此，为了保证驾驶员对路面上各个区域都有足够的视看能力，使路面上各个区域里的各点都有足够觉察率，就需要确定路面上最小亮度和平均亮度之间的允许差值，因此引导出了影响觉察可靠性的一个评价指标——亮度总均匀度。它的定义为路面上最小亮度和平均亮度之比，即：

$$U_0 = \frac{L_{\min}}{L_{\mathrm{av}}} \tag{4-60}$$

式中　U_0——亮度总均匀度；

　　　$L_{\min}$——路面上最小亮度值；

L_{av}——路面上的平均亮度值。

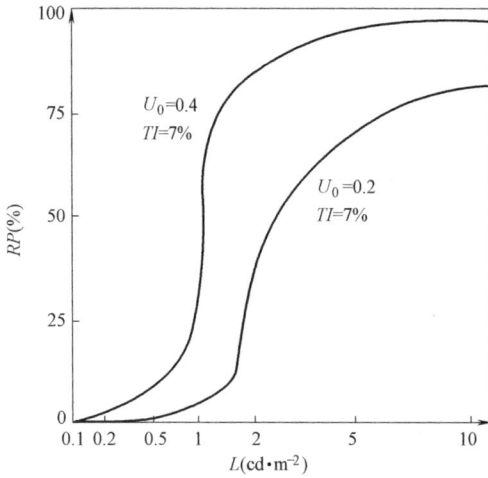

图 4-69　亮度总均匀度（U_0）与
显示能力（RP）之间的关系

不同的亮度总均匀度对显示能力（RP）也有很大的影响，图 4-69 所示为对总亮度均匀度与显示能力（RP）关系的研究结果，图中试验道路的阈值增量 TI 为 7%。从图中可以看出，在相同的路面平均亮度情况下，道路的总亮度均匀度越大，显示能力（RP）越大。如平均亮度同样为 2cd·m^{-2}，当亮度总均匀度为 0.2 时，显示能力（RP）只有 55%；而亮度总均匀度增大到 0.4 时，显示能力（RP）也上升到 80%。因此，道路照明不仅要满足一定的路面平均亮度要求，还要满足一定的均匀度要求。

2. 亮度纵向均匀度

当驾驶员在路面上行驶时，一般情况下总是沿着某一条车道行驶，而在驾驶员前方路面上反复相间出现的亮暗区对驾驶员的干扰（即所谓的"斑纹"效应）很大。因此，为了减少这种干扰，就必须限制沿车道中心线上最亮区和最暗区的亮度差，以提高驾驶员的视觉舒适感，因此导出了影响驾驶员视觉舒适感的另一个评价指标——亮度纵向均匀度。它的定义为路面上通过观察者位置并且平行于路轴的直线上（即车道中心线上）最小亮度和最大亮度之比，即：

$$U_L = \frac{L_{min}}{L_{max}} \tag{4-61}$$

式中　U_L——亮度纵向均匀度；

　　　L_{min}——车道中心线上的最小亮度；

　　　L_{max}——车道中心线上的最大亮度。

注：一条道路有 N 条车道就对应有 N 个 U_L 值（评价时用其中的最小值）。

表 4-20 与表 4-21 给出了公路隧道照明设计对路面亮度总均匀度（U_0）和路面亮度纵向均匀度（U_L）的要求。

<table>
<tr><td colspan="3" align="center">路面亮度总均匀度 U_0</td><td align="right">表 4-20</td></tr>
<tr><td colspan="2" align="center">设计交通量 N(辆/h)</td><td rowspan="2" align="center">U_0</td></tr>
<tr><td align="center">双车道单向交通</td><td align="center">双车道双向交通</td></tr>
<tr><td align="center">≥2400</td><td align="center">≥1300</td><td align="center">0.4</td></tr>
<tr><td align="center">≤700</td><td align="center">≤360</td><td align="center">0.3</td></tr>
</table>

注：当交通量为其中间值时，可按插入法取值。

路面亮度纵向均匀度 U_0 表 4-21

设计交通量 N(辆/h)		U_L
双车道单向交通	双车道双向交通	
≥2400	≥1300	0.6～0.7
≤700	≤360	0.5

注：当交通量为其中间值时，可按插入法取值。

在道路上行驶时，驾驶员观察路面障碍物的背景主要是驾驶员前方的路面，而道路照明设施提供的照明是比较低的，人眼处于中介视觉状态，对颜色的觉察能力是较差的，此时辨别物体不是通过两者之间的颜色对比来实现的，而是依靠物体与背景之间的亮度比。路面亮度总均匀度不应低于表 4-22 的规定。

路面亮度总均匀度 U_0 表 4-22

单向设计交通量 $N[\text{veh}/(\text{h}\cdot\text{ln})]$	U_0
≥1200	0.5
≤350	0.4

注：1. N 表示每小时每车道的混合车辆数。
　　2. 当交通量在其中间值时，按内插考虑。

路面车道中线亮度纵向均匀度不应低于表 4-23 的规定。

路面车道中线亮度纵向均匀度 U_1 表 4-23

单向设计交通量 $N[\text{veh}/(\text{h}\cdot\text{ln})]$	U_1
≥1200	0.8～0.9
≤350	0.7

注：当交通量在其中间值时，按内插考虑。

隧道照明的眩光采用失能眩光限制阈值增量 $TI(\%)$ 评价，中间段照明眩光限制阈值增量 $TI(\%)$ 最大初始值不应大于 10。

隧道内选用的 LED 隧道照明灯具色温宜采用 4000～5000K。

灯具布置应满足闪烁频率低于 2.5Hz 或高于 15Hz。当有困难时，可满足闪烁频率低于 4Hz 或高于 11Hz。

经隧道墙壁反射的光线对路面亮度和照度有一定的影响，但更重要的是墙壁的反射特性对其本身亮度的影响。在工程实践中，材料的反射率一般不会大于 0.8，因此，在分析模型中，隧道路面上方 3m 内的墙壁反射率取值范围为 0.3～0.8，步长为 0.1，其余部分的反射率为 0.3。路面类型为 R_3，平均亮度系数 Q_0 为 0.07，路面的反射率为 0.22（$R_3 = \pi Q_0$）。

墙壁和路面假设为理想漫反射表面，即各个观察方向上的亮度大小一致。传统路面亮度计算模型中仅考虑了灯具的直射光，忽略了间接反射光的影响，不能用于隧道墙壁反射率对照明环境影响的评估，本节的路面亮度 L 与采用路面亮度计算模型得到的结果有一定的差异，由于沥青路面的反射特性接近于理想漫反射体，L 能够在一定程度上反映实际的亮度大小和亮度分布情况。

采用两侧交错布灯形式，纵向间距为10m。为了考察灯具发光面法向角度对内部亮度和照度的影响，分析了两者的工况，得到灯具的发光面法向角度分别为20°和40°。

隧道内的墙壁为空间曲面，无法计算上方2m内的墙壁平均亮度，因此选取了路面上1m和2m处的面单元作为考察对象，用以反映墙壁反射系数对其亮度的影响，计算结果见表4-24、表4-25。为了直观表达墙壁反射率对路面和墙壁亮度的影响，以表中反射率0.3的亮度为基准，计算其他反射率下的亮度对其的增加百分比。

路面平均亮度和墙壁亮度与墙壁反射率基本呈线性关系。在墙壁反射率增加的过程中，发光面法向角度对路面亮度的增加速率影响较大，对墙壁亮度的增加速率影响较小，发光面法向角度为20°的增加速率与发光面法向角度为40°的增加速率基本一致，如图4-70～图4-72所示。

不同墙壁反射率下的路面平均亮度和墙壁亮度（cd/m²）　　　　　　表4-24

墙壁反射率	路面平均亮度		墙壁亮度($h=1m$)		墙壁亮度($h=2m$)	
	20°	40°	20°	40°	20°	40°
0.3	4.31	3.60	2.00	3.30	1.47	2.97
0.4	4.33	3.64	2.72	4.49	2.00	4.03
0.5	4.36	3.68	3.47	5.72	2.57	5.14
0.6	4.39	3.73	4.25	7.01	3.16	6.29
0.7	4.41	3.78	5.06	8.34	3.77	7.48
0.8	4.44	3.83	5.91	9.73	4.33	8.73

路面平均亮度和墙壁亮度增加的百分比（%）　　　　　　表4-25

墙壁反射率	路面平均亮度		墙壁亮度($h=1m$)		墙壁亮度($h=2m$)	
	20°	40°	20°	40°	20°	40°
0.3	0.00	0.00	0.00	0.00	0.00	0.00
0.4	0.46	1.11	36.00	36.06	36.05	35.69
0.5	1.16	2.22	73.50	73.33	74.83	73.06
0.6	1.86	3.61	112.50	112.42	114.97	111.78
0.7	2.32	5.00	153.00	152.73	156.46	151.85
0.8	3.02	6.39	195.50	194.85	194.56	193.94

与墙壁反射率0.3相比，墙壁反射率为0.7的情况下，路面平均亮度增加幅度较小，发光面法向角度为20°时增加2.32%，发光面法向角度为40°时增加5.00%，而墙壁的亮度增加较大，因此通过增加墙壁反射率不能显著提升路面平均亮度，但对提升墙壁的亮度效果明显。

在发光面法向角度为20°的情况下，当墙壁反射率为0.6时，路面上方1m处的墙壁亮度与路面平均亮度相差较小，路面上方2m处的墙壁亮度是路面平均亮度的72%。

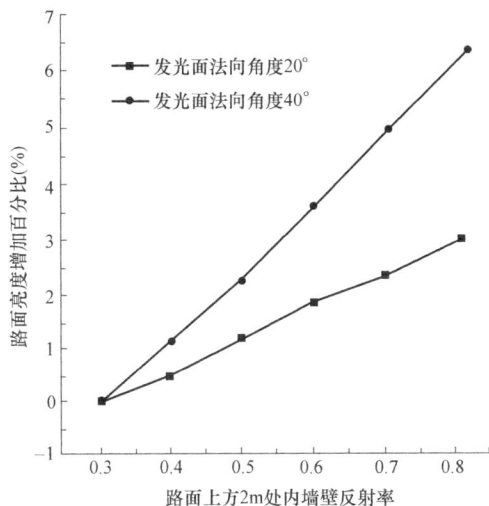

图 4-70 路面亮度与墙壁反射率的关系

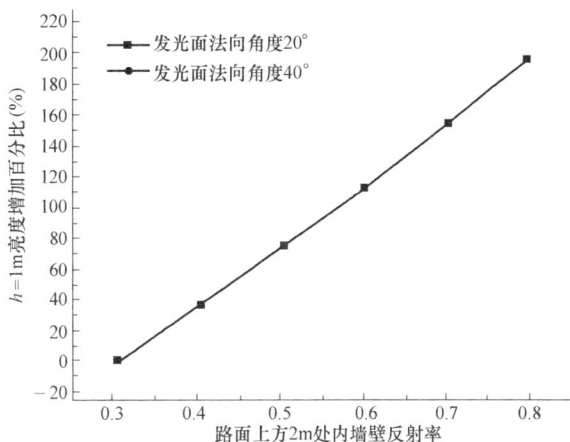

图 4-71 墙壁亮度 (h＝1m) 与墙壁反射率的关系

在发光面法向角度为 $40°$ 的情况下，当墙壁反射率为 0.4 时，路面上方 1m 处的墙壁平均亮度是路面平均亮度的 1.23 倍，路面上方 2m 处的墙壁亮度是路面平均亮度的 1.1 倍。

可以看出，在墙壁反射率较低的情况下，较大的灯具发光面法向角度能够获得较为满意的墙壁亮度等级，但同时这种情况下的路面平均亮度较低。从经济技术合理性的角度来看，为了获得合适的隧道墙壁亮度，必须统筹考虑路面亮度、墙壁材料成本、灯具成本和电能消耗等。

路面为隧道照明的重点区域，具有一定亮度的墙壁只是起到辅助作用，如果路面上方一定高度范围内的墙壁亮度过高，甚至超过隧道路面的亮度，由于视网膜中心区域的亮度低于其他区域，降低了人眼识别路面上障碍物的能力，隧道路面上方一定高度范围的亮度应与路面亮度匹配，不宜存在较大的差距。因此，隧道墙壁表面材料的反射率不应过大，以免墙壁的亮度高于路面亮度，导致路面上的障碍物可见度降低。根据国际照明委员会 *Guide for the Lighting of Road Tunnels and Under passes* CIE 88—2004 的建议，隧道路面上方 2m 处的墙壁平均亮度应不低于相关路面平均亮度的 60%。

隧道入口段、过渡段和出口段可根据天气情况调整照明亮度，可按表 4-26 取值。

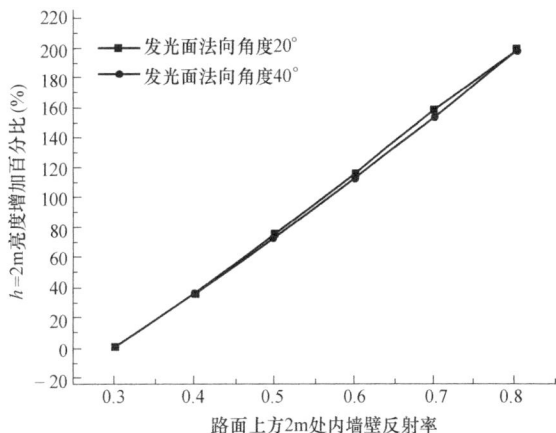

图 4-72 墙壁亮度 (h＝2m) 与墙壁反射率的关系

白天调光 表 4-26

分级		亮度	分级		亮度
Ⅰ	晴天	$L_{20(S)}$	Ⅲ	阴天	$0.25L_{20(S)}$
Ⅱ	云天	$0.5L_{20(S)}$	Ⅳ	重阴	$0.13L_{20(S)}$

4.7 眩 光

眩光影响视觉功效，并刺激眼睛而造成不适，造成眼睛疲劳及观察力的损失。直接眩光由于光源或灯具发出过度的光线直射入眼，通常自垂直面 45°～85°区域为人眼的直接眩光区，如图 4-73 所示；间接眩光或反射眩光通常是由于光滑平整的表面对入射光线的镜反射或半镜反射，如深色大理石台面映现灯具反射的光点。眩光的产生通常为眩光源亮度、位置、大小、数量及与背景亮度对比共同作用的结果。

眩光的形成是出于视场有极高的亮度或亮度对比存在，而使视功能下降或使眼睛感到不适，极亮的部分就形成眩光源。道路使用者在观察障碍物的时候，由于眩光源的存在，其在眼睛中的一部分散射光线产生视感，就好像在视场中蒙上了一层光幕，从而使人对障碍物的辨认能力下降。

眩光是一项十分重要的评价指标，分为失能眩光（生理眩光）和不舒适眩光（心里眩光）两类。

1. 失能眩光（生理眩光）

失能眩光损害人视看物体的能力，直接影响驾驶员觉察障碍物的可靠性，影响行车安全。眩光导致人视觉能力的损失，是由光在眼睛里发生散射而造成的。没有眩光时，直接视场里景物的清晰图像聚焦在眼睛的视网膜上，引起的视感觉与景物的亮度成正比；有眩光时，眩光源的光线在眼睛里不能聚焦而发生散射，在视网膜方向上的散射会起到光幕作用并叠加在清晰的图像上。这层光幕可以认为有一等效亮度，其强度与视网膜方向的散射程度成正比，那么人们所感受到的亮度就是障碍物的亮度和光幕亮度的总和，即视感总亮度＝景物亮度＋等效光幕亮度。

研究发现，等效光幕亮度取决于眩光源在眼睛上产生的照度（E_{eye}）及观察方向和从眩光源来的光线入射向之间的角度（θ）。

通常情况下，道路照明中路面亮度为 0.05～5cd/m²，θ 一般为 1.5°～60°（对驾驶员而言是 20°），等效光幕亮度可以用以下经验公式计算：

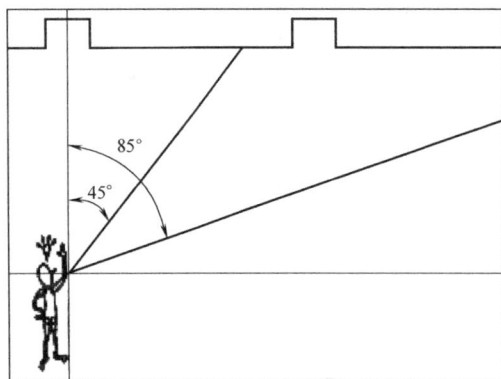

图 4-73 直接眩光区

$$L_v = K \frac{E_{eye}}{\theta^2} \tag{4-62}$$

式中　L_v——等效光幕亮度（cd/m²）；

　　　　θ——视线和从眩光源来的光线入射方向之间的角度；

　　　　K——比例常数，当 θ 以度为单位时，$K=10$，当 θ 以弧度为单位时，$K = 3\times10^{-3}$；

　　　　E_{eye}——眩光源在观察者眼睛上［在垂直于视线（不完全水平）平面上］产生的照度（lx）。

在实际应用中，视场中往往出现多个眩光源，这时总的等效光幕亮度等于各个眩光源产生的等效光幕亮度的叠加，即：

$$L_v = \sum_{i=1}^{n} Lv_i \tag{4-63}$$

把等效光幕亮度加在背景亮度和目标亮度两者之上后，一方面，由于背景亮度增加而引起阈限对比减小，则对比灵敏度增高；另一方面，实际对比灵敏度又减小了。然而，对比灵敏度增高的正效应不足以补偿实际对比减小的损失。这意味着没有眩光时一个刚刚可以看见的物体，在有眩光时就看不见了，除非增加实际对比，也称为阈值增量。其定义为在眩光条件下能刚好看见物体所需增加的额外对比值除以有效对比值，它是一个百分比。

国际照明委员会（CIE）采用了相对阈值增量（TI）来说明由眩光造成人视功能的下降，即失能眩光的衡量。

当道路照明中路面亮度为 $0.05\sim5\mathrm{cd/m^2}$ 时，相对阈值增量可用式（4-64）计算：

$$TI = 65 \frac{L_v}{L_{av}^{0.8}} \tag{4-64}$$

式中　TI——相对阈值增量（%）；

　　　　L_v——等效光幕亮度（cd/m²）；

　　　　L_{av}——路面上的平均亮度（cd/m²）。

2. 不舒适眩光（心里眩光）

不舒适眩光引起人不舒适感觉和视觉疲劳，影响驾驶员的舒适度，平时往往不予以足够重视，即便有也只是定性的评价，实际上不舒适眩光时可以通过计算来定量分析。

图 4-74 所示为相对阈值增量（TI）与显示能力（RP）之间关系的研究结果，研究是在保持道路的亮度总均匀度为 0.4 不变的条件下改变眩光，观察在不同平均亮度下显示能力（RP）的变化。从图 4-74 可以看出，当平均亮度为 $2\mathrm{cd/m^2}$ 时，TI 为 30%，即眩光较大，显示能力（RP）为 65%；当 TI 为 7% 时，显示能力（RP）可达到 80%。因此，相对阈值增量在道路照明质量衡量中是一个很重要的指标。

眩光控制等级 G 和主观评价的对应关系　　　　表 4-27

G	眩 光	主 观 评 价
1	无法忍受的眩光	感觉很坏
3	有干扰的眩光	感觉心烦
5	刚好容许的眩光	可以接受
7	能令人满意的眩光	感觉好
9	几乎感觉不到的眩光	感觉非常好

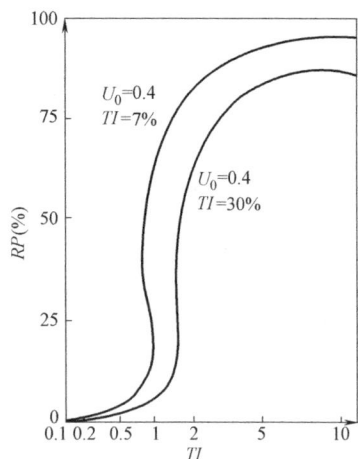

图 4-74　相对阈值增量（TI）与显示能力（RP）之间的关系

国际照明委员会（CIE）在"道路照明国际推荐方案"中提出了对不舒适眩光的评价方法——眩光控制等级 G。实践证明，视觉不舒适的程度依赖于所使用的道路照明器的性质和设施布置设计，因此眩光控制等级 G 也就与这些因素有关。表 4-27 为眩光控制等级 G 和主观评价的对应关系。此表将非常概念化的数字（眩光控制等级 G）与人的感受相联系。

眩光控制等级 G 可以用来度量驾驶员感受到的不舒适眩光，其主要取决于特定灯具指数和道路照明设施的特性。眩光控制等级 G 可以用以下经验公式计算：

$$G = 13.84 - 3.31 \lg I_{80} + 1.3 \left(\lg \frac{I_{80}}{I_{88}} \right)^{1/2} - 0.08 \lg \frac{I_{80}}{I_{88}} + 1.2 \lg F + 0.97 \lg L_{av}$$
$$+ 4.4 \lg h - 1.46 \lg P + c$$

式中　I_{80}、I_{88}——灯具在与路轴平行的平面内，与向下垂轴形成 80°、88°夹角方向上的强光值（cd），该值可以通过灯具的光强表查得，适用范围为 $50\text{cd} \leqslant I_{80} \leqslant 7000\text{cd}$，$1\text{cd} \leqslant I_{80}/I_{88} \leqslant 50\text{cd}$；

　　　　F——灯具在与路轴平行的平面内，投影在 76°角方向上的发光面积（m^2），该值可通过实际采用的灯具计算而得，适用范围为 $7 \times 10^{-3} m^2 \leqslant F \leqslant 4 \times 10^{-1} m^2$；

　　　　h——水平视线（1.5m）距灯具的高度（m），适用范围为 $5m \leqslant h \leqslant 20m$；

　　　　P——每千米安装灯具数目，$20 \leqslant P \leqslant 100$；

　　　　c——光源颜色修正系数，对低压钠灯 $c = 0.4$，对其他光源 $c = 0$。

4.8　特　殊　照　明

当隧道外部供电系统失效时，隧道的照明系统应由不间断电源提供电能，以保证隧道内最基本的照明需求。通常情况下，应急照明的灯具属于基本照明灯具的一部分，在数量上是基本照明的 1/3 或者 1/4，应急照明提供的平均照度应不低于 10lx，在隧道内任何点的照度应不低于 2lx。

城市隧道应设置应急照明，应急照明灯具可利用基本照明灯具，且应满足消防产品认证要求。

城市隧道两侧应设置疏散指示标志，其设置高度不宜大于 1.5m，间距不应大于 50m；横通道、人行疏散通道应设置疏散指示标志，其设置高度不宜大于 1.0m，疏散标志间距不应大于 20m。参照《公路隧道设计规范　第二册　交通工程与附属设施》JTG D7012—2014 中第 4.2.9 条和《建筑设计防火规范》GB 50016—2014 中第 10.3.5 条编写，设置高度以检修道地面为基准，若未设检修道，则以行车道路面为基准。

防火等级为一、二类隧道内应急照明和疏散指示标志的连续供电时间不应小于 1.5h；其他隧道，不应小于 1.0h。隧道防火等级分类见表 4-28。

隧道防火分类表　　　　　　　　表 4-28

用　　途	一类	二类	三类	四类
	隧道封闭段长度 L(m)			
可通行危险化学品等机动车	$L>1500$	$500<L\leqslant1500$	$L\leqslant500$	—
仅限通行非危险化学品等机动车	$L>3000$	$1500<L\leqslant3000$	$500<L\leqslant1500$	$L\leqslant500$
仅限人行或通行非机动车	—	—	$L>1500$	$L\leqslant1500$

隧道内消防应急照明灯具和疏散指示标志的连续供电时间的确定，主要基于两方面的原因：（1）根据隧道建设和运营经验，火灾时隧道内司乘人员的疏散时间多为 15～60min，如应急照明灯具和疏散指示标志的时间过长，会造成 UPS 电源设备数量庞大、维护成本高；（2）欧洲一些国家对隧道防火的研究时间长，经验丰富，这些国家的隧道规范和地铁隧道技术文件对应急照明时间的相关要求多数在 1.0h 之内。

应急照明在正常供电电源停止供电后，其应急电源供电转换时间不应大于 0.3s。

设置的消防疏散指示标志和疏散照明灯具，应符合现行国家标准《消防安全标志第 1 部分：标志》GB 13495.1—2015 和《消防应急照明和疏散指示系统》GB 17945—2010 的规定。

与道路的一般开阔路段相比，隧道内的风险等级较高，隧道内部空间狭窄，在发生交通事故时缺乏有效的可用空间和路径进行事故处置与逃生。在隧道内行车的过程中，驾驶者常常感到缺乏信心和安全感，因此在夜间隧道内要保证具有一定的亮度等级。

如果隧道所在的路段设置了道路照明，隧道内的路面亮度等级、均匀度和眩光控制等应不低于洞外一般路段。如果隧道洞外道路没有设置道路照明，隧道内的路面亮度等级应不低于 1cd/m²，同时总体均匀度和纵向中线均匀度应不低于相关要求。

采用回路控制的公路隧道，一般采取关闭部分回路的方式来达到降低路面亮度的目的，但同时路面的总体均匀度和纵向中线均匀度也出现了下降的情况，见表 4-29。两侧布灯的隧道，灯具分布于 4 个回路上，当所有的回路全部开启时，路面的总体均匀度和纵向中线均匀度较好；仅开启两个回路时（一侧一个回路），路面的平均亮度约为全部回路开启的 50%，但是路面的总体均匀度和纵向中线均匀度降低的幅度较大，路面上的部分区域接收到的光通量很少；如果仅开启一个回路（单侧的一个回路或者应急照明），路面的总体均匀度和纵向中线均匀度变得更加糟糕，路面上部分区域的亮度和照度几乎为零，如图 4-75 和图 4-76 所示。路面上的部分区域亮度与顶棚的亮度基本相当，在路面纵向和横向间隔出现较为明显的光斑或者条纹，对障碍物的识别和视觉的舒适性造成严重干扰，在这种情况下，隧道照明系统给行车安全和舒适带来的负面效应大于正面效应。

高压钠灯回路控制照明的照明指标　　　　　　　　　　　表 4-29

灯具调光	亮度(cd/m²)	总体均匀度	纵向中线均匀度
开启全部	3.69	0.72	0.79
开启 1/2	1.63	0.26	0.14
开启 1/4	0.77	0.19	0.13

图 4-75　采用回路控制的
隧道照明环境（实际图像）

图 4-76　两侧布灯开启部分回路的
亮度分布（数值模拟）

图 4-77　拱顶单侧布灯开启部分回路的亮度分布

拱顶单侧布灯开启部分回路的亮度分布如图 4-77 所示。采用拱顶单侧布灯的隧道，如果开启 2/3 或者 1/3 的灯具，总体均匀度和纵向中线均匀度也面临着同样的问题。总体来看，采用回路控制的公路隧道，在夜间通过回路控制降低路面的亮度达到了节能的目的，但是以牺牲路面的均匀度为代价。

采用回路控制的隧道照明系统，为

了减轻夜间路面均匀度的影响，在设计阶段采用的纵向灯具间距宜小不宜大，并尽量采用宽光带光强分布形式的灯具。

采用无极调光的公路隧道照明系统，通过调节灯具的光通量输出来控制路面的亮度，路面的平均亮度与灯具的光通量输出成正比。路面的均匀度只与灯具的光强空间分布相关，与光适量输出比和路面亮度无关，见表 4-30。

LED 灯具的无极调光照明指标　　　　　　　　　　　　表 4-30

灯具调光	亮度(cd/m²)	总体均匀度	纵向中线均匀度
100％光通量	2.76	0.67	0.93
75％光通量	2.07	0.67	0.93
50％光通量	1.38	0.67	0.93
25％光通量	0.69	0.67	0.93

4.9　隧道照明设计实例

1. 工程概况

本段良睦路（文二西路至绿河路以南）工程位于未来科技城重点片区，南起绿河路以南，北至文二西路，全长约 1.93km，采用地面道路结合隧道和管廊的建设形式，地下隧道总长约 1.8km，管廊全长约 2.0km。本段地下隧道工程为整个良睦路隧道的一期工程从南向北依次穿越规划绿河路，规划创远路，在文二西路以南设置一对平行匝道，二期主线继续下穿文二西路及文一西路，并在余杭塘路以南出洞，全长约 3.65km。本期截至文二西略交叉口南，隧道起始里程（1＋170～K3＋507，总长 1797m，其中南 U 形槽段长 165m，明挖暗埋段长 1632m，包含 200m 露头段）。文二西路以南平行饭道洞口柱号 K3＋324.251，位于文二西路交叉口南侧约 183m。

本隧道采用明挖法施工，按照城市一类隧道标准进行设计，仅限通行非危险化学品等机动车，限高 4.5m，双向 6 车道规榄，主线设计时速 60km/h，亚道设计时速 40km/h，仅限通行非危险化学品等机动车。按照规范要求设置有隧道供配电、照明、监控、消防、通风、排水等设施；主体结构设计使用年服 100 年，地区地震基本烈度为 7 度，地震基本加速度值为 0.10g，抗震设防分类为乙类设防烈度 7 度，按 8 度采用抗震构造措施。

本期隧道部分供配电及照明施工图共分隧道供电设计、隧道配电设计、隧道照明设计三个部分，本部分为第三部分：隧道照明设计施工图。

2. 设计标准及依据

（1）《城市地下道路工程设计规范》CJJ 221—2015；

（2）《城市道路交通设施设计规范》GB 50688—2011；

（3）《城市道路照明设计标准》CJJ 45—2015；

（4）《公路隧道照明设计细则》JTG/TD70/2-01—2014；

（5）《供配电系统设计规范》GB 50052—2009；

（6）《低压配电设计规范》GB 50054—2011；

（7）《建筑设计防火规范》GB 50016—2014（2018年版）；

（8）《浙江省消防技术规范难点问题操作技术指南》（浙公通字［2017］189号）；

（9）《良睦路（文二西路至绿河路以南）工程初步设计》，中国电建集团华东勘测设计研究院有限公司，2018；

（10）《关于良睦路（文二西路至绿河路以南）工程初步设计的批复》（余发改［2018］68号），杭州市余杭区发展和改革局；土建专业提供的总平面图、剖面图；各设备专业提供的负荷资料及设备布置工艺资料；各市政主管部门的审批意见；其他有关国家及地方的现行规程、规范及标准。

3. 隧道照明配电设计

（1）根据各类用电设备的用途及重要性，隧道基本照明为一级负荷，隧道应急照明、主动发光标志为特别重要一级负荷。

（2）隧道基本照明按分区设置照明配电箱，配电箱采用树干式配电，电源引自变电所0.4kV开关柜的两段母排各一回路，一用一备并在最末一级配电或控制装置处自动切换。隧道应急照明、电光标志等从集中应急电源屏（EPS）中接引专用回路供电。

（3）集中应急电源（EPS）随隧道变电所设置，从变电所两段低压柜母排各接引一路电源并设置双电源切换装置、EPS内部设置蓄电池作为第三电源，并禁止其他负荷接入应急电源系统。当市电正常时，由市电经过切换装置给负载供电，同时充电器给备用电池进行智能充电。当市电断电，或超过正常电压的25%时，由控制器提供逆变信号，启动逆变电源，逆变电源开始输出，继续提供正弦波交流电，当市电电压正常后，应急电源恢复电网供电。EPS装置应保证照明中断时间不超过0.3s，持续供电时间不低于3.0h。EPS设备配置智能化蓄电池管理系统和负载自适应控制技术，预留标准化通信接口。

（4）照明配电电缆采用低烟无卤A类阻燃电缆，应急照明、电光标志等采用低烟无卤A类耐火电缆，灯具分支导线采用低烟无卤铜导线，应急照明、电光标志等配线采用耐火型低烟无卤铜导线。

4. 隧道照明设计

（1）照明光源选型。

（2）综合考证隧道内的环境条件和交通需求，并积极响应关于在道路照明工程中推广采用LED绿色照明光源的倡议，隧道照明光源选用工艺成熟、具有丰富使用经验的LED隧道灯，以促进节能、环保。

（3）照度标准

隧道内根据《城市道路交通设施设计规范》相关规定，参照《公路隧道照明设计细则》JTG/TD7012-01—2014 指导原则设置功能照明，同时兼顾《杭州市城市隧道养护技术规程》HZCG 05—2006 的要求，具体详见隧道照明平面布置图，相关基础参数如下：

1）路面为沥青混凝土路面，亮度折减系数取 15lx/(cd·m²) 照明养护系数 M 取 0.7。

2）洞口设置有土建光过渡段，洞外亮度取值暂按 4000cd/m²（面道润外亮度取值暂按 3000cd/m²）设计，照明停车视距取 64.0m（主线）和 32.0m（距道），入口段亮度折减系数取 0.022（匝道为亮度折减系数取 0.012）。

3）隧道主线 60km/h 时速段中间段亮度标准取 2.5cd/m²，照度标准取 37.5lx，路面亮度总均匀度不小于 0.4，路面中线亮度纵向均匀度不小于 0.6，设计值为 42.0lx。

4）隧道内交通分流段、合流段的亮度按中间段亮度的 2～3 倍设置局部加强照明。照明灯具安装高度均 5.2m。

5）面道 40km/h 时速中间段基本照明亮度标准取 1.5cd/m²，照度标准取 22.5lx，设计值为 62.5lx。

（4）应急照明设计

1）隧道内选取基本照明灯具的 10%～20% 作为应急照明光源，应急照明均匀分布于正常照明中，以优化照度的均匀性。应急照明平均亮度不低于中间段亮度的 10% 和 0.2cd/m²。应急照明供电线路在火灾时连续供电时间不小于 180min。

2）在隧道内、横通道内及在发生火灾时仍需工作的场所均按规范要求设置应急照明。在隧道内、横通道内等处均设置疏散指示标志；在隧道安全出口、横通道口等处均设置安全出口标志；在紧急电话、消防设备、横通道等处均设置指示标志。横通道内、疏散通道内、走廊及楼梯间内应急照明平均照度不低于 5lx。

3）隧道内疏散指示标志根据《城市地下道路工程设计规范》CJJ 221—2015 和《建筑设计防火规范》GB 50016—2014（2018 年版）要求进行设置，安装高度不大于 1.3m，间距不大于 40m。

4）隧道内除设置常规的疏散指示标志外，增设标志版面尺寸为 75cm×75cm 的疏散指示标志，安装高度与常规的疏散指示标志同高，间距不大于 40m，与常规疏散指示标志间隔布置，相互间距不大于 20m。

5）隧道内紧急电话指示标志安装于紧急电话上部，底边距地 2.5m，双面显示，用于指示紧急电话位置，安装位置以监控专业紧急电话布置图为准；隧道内消防设备指示标志安装于隧道侧墙消火栓上部，底边距地 2.5m，双面显示，用于指示隧道内消防设备位置，安装位置以消防设备布置图为准。

6）隧道内行人横通道指示标志安装于横通道顶部，底部距横通道顶 20cm，双面显示，用于指示人行横通道位置。车行横通道指示标志安装于横通道洞口右侧，底边距地 2.5m 双面显示，用于指示车行横通道位置。

7）隧道内紧急停车带标志安装于紧急停车带入口前 5m 左右，底边距地不小于 2.5m。双面显示，用于指示紧急停车带位置（若有）；除紧急停车带外均采用单面显示，采用提入式安装。

8）各类消防疏散指示标志和消防应急照明灯具均应符合现行国家规范《消防安全标志》《消防应急照明和疏散指示系统》的有关规定，各类灯光疏散指示标志设有玻璃或其他非燃烧材料制作的保护罩或本身为非燃烧材料。

9）各类灯光疏散指示标志设有玻璃或其他非燃烧材料制作的保护罩或本身为非燃烧材料，外壳防护等级不小于 IP65。疏散指示标志的表面最小亮度不应小于 5cd/m²，最大亮度不应大于 300cd/m²，白色、绿色本身最大亮度与最小亮度比值不应大于 10，白色与相邻绿色交接两边对应点的亮度比不应小于 5 且不应大于 15。

10）除疏散指示标志外的其他电光标志，其白色部分最小亮度不应小于150cd/m²，最大亮度不应大于 300cd/m²，亮度均匀度不应小于 70%。

11）线路暗敷设时，应采用金属管、可挠（金属）电气导管或 B1 级以上的刚性塑料管保护，并应敷设在不燃烧体的结构层内，且保护层厚度不小于 30mm；线路明敷设时，应采用金属管、可挠（金属）电气导管或金属封闭线槽保护。矿物绝缘类不燃性电缆可直接明敷。

（5）灯具布置

本工程隧道全线采用对称排列布置方式。

（6）控制方式

本工程隧道照明拟采用按最大需求设计、按实际需求运行的控制策略。为有效配合 LED 光源，更大限度地促进照明节能，引入 LED 照明智能控制系统。

考虑到隧道照明工程对照明稳定性要求较高，均为长距高线性分布，且隧道内基本不受外界自然光影响，照明形式比较单一，本工程采用 RS485 调光控制系统，各灯具配置调光适配器，采用 RS485 通信实现对回路的整体调光控制，详见隧道照明智能控制系统原理图。

1）控制功能

正常情况下隧道照明控制系统主要包含三个基本功能：

① 检测隧道外当前光强。

② 读取车流量信息，夜间可根据车流量信息控制隧道内的照明。

③ 根据检测到的隧道外亮度值控制隧道内的照明，在保证行车安全的同时节约电能。

2）控制原理

在正常情况下，照明系统分二级进行控制，第一级为自动控制，自动控制为默认的控制方案，也是最优先考虑的控制方案。自动控制包括两种控制方法：光强检测值自动控制和时序自动控制。第二级为手动控制，手动控制为自动控制的一个补充。控制命令的执行优先级与控制方法的选择优先级相反，执行控制命令时手动控制具有最高优先级，其次为自动控制。

3）控制方式

① 光强检测值自动控制

在正常情况下，照明自动控制的优选方案为光强检测值控制。根据洞外光强检测仪测得的实际亮度值，判断对应的照明开启等级，再根据该照明等级调节照度及亮度。

② 时序自动控制

当光强检测仪损坏或其他原因导致采用光强检测值自动控制方法不能取得预期效果时，可以采用照明的时序自动控制。因为每一天内各时序的光线强度是不同的，为达到节约能源和有效利用资源的目的，其照明控制也采用按不同时序的控制方案。

照明的控制不受光强检测仪的限制，将一天大致分为黎明、白天、傍晚和夜间四个时序，对这四个时序分别进行相应的照明控制，因这四个时序的起始和终止时刻还与季节有关，故根据不同的季节进行时序划分可以更进一步提高划分精度，进而节约电能。

③ 车流量判断的辅助控制

夜间执行时序自动控制时，系统可根据车流量信息控制隧道内照明，便于节能。

5. LED 隧道灯主要技术要求

（1）安全要求：LED 隧道灯的安全要求应符合《灯具 第 1 部分：一般要求与试验》GB 7000.1—2015、《灯具 第 2-3 部分：特殊要求 道路与街路照明灯具》GB 7000.203—2013、《普通照明用 LED 模块 安全要求》GB 24819—2009 的规定，防护等级应不低于 P65。

（2）工作条件：LED 隧道灯应在额定电源电压的 90％～105％以及－30～＋45℃条件下正常启动和燃点。

（3）电气条件：LED 隧道灯在额定电压和额定频率下工作时，实际消耗的功率与额定值之差应不大于 10％，功率因数不低于 0.95。LED 隧道灯的电磁兼容规定应符合《道路照明用 LED 灯 性能要求》GB/T 24907—2010 第 5 章的规定。

（4）结构要求：LED 隧道灯的结构应用《灯具 第 1 部分：一般要求与试验》GB 7000.1—2015 中规定，灯具应便于安装，安装角度应能灵活调节。

（5）防尘和防水：LED 隧道灯具的防尘和防水等级应至少为 IP65。灯具驱动控制器外置时，控制器的防尘和防水等级也应该至少为 P65。

（6）LED 器件要求采用成熟的功率型产品，应选用低热阻、散热良好、低应力的封装结构及高折射率、抗劣化封装材料，具有导热率高、光衰小、光色纯、无重影等特点，保证 LED 工作的稳定性、可靠性及高效性。器件允许工作结温≥125℃。灯具与器件装配后，在 25℃时，满负荷稳定工作，LED 芯片结混的混升＜65℃。灯具初始整灯光效应不低于 95lm/W，PN 节至封装底座的热阻＜11℃/W。

（7）使用寿命：芯片应采用国外原装进口高质量芯片（如科锐、日亚、飞利浦、欧司朗等），光源寿命不应低于 50000h。在此寿命期内，整灯光通量应能保证不低于 70% 的额定光通量，产品 3000h 的整灯光通维持率应不低于 96%，6000h 的整灯光通维持率应不低于 92%。

（8）灯具应为成套灯具，灯具与驱动器分离，采用恒流源驱动，技术先进、生产工艺成熟可靠、结构紧凑、便于安装和维护、外观上与周围景观相协调。

（9）灯具应具备短路保护功能，灯具进线孔应与设计采用的电缆及不锈钢软管接头相配，并应设有导出（入）口密封装置，密封等级 P65。灯具的驱动器应能在电网发生电压/频率异常波动时（指超过正常工作范围）实行自我保护方式运行（自锁或降功率），避免受到损害，驱动器寿命要求不低于 50000h。

（10）LED 发光模块采用单元式结构，便于维护。单元模块损坏后，用简单工具，能在现场方便快捷地更换和维修。LED 隧道灯的电源模组、光源模组应可现场更换，且替换后防护等级不应降低。

（11）LED 初始整灯光效不应低于 95lm/W，色温 3000K＜T_c＜3500K，色温一致性＜500K，显色指数不低于 70。驱动电源应预配置调光模共，采用恒流源输出，单路输出不宜采用并联的方式驱动多个（组）LED。

6. 其他

（1）所有电气管线穿墙处应采用防火材料封堵（耐火时限不小于 2.0h）。

（2）施工时，灯具的安装位置可根据现场具体情况进行适当调整，但应满足照度及均匀度的要求。

（3）施工时应与其他工种密切配合，与各类管线有矛盾时及时协调。

（4）本工程电气部分应按照国家电气施工验收规范有关要求进行施工。

（5）未述及部分按国家及杭州市现行规范执行。

（6）施工细节请参见"国家建筑电气标准图集"：

1)《常用低压配电设备及灯具安装（2004 年合订本）》D702-1～3；

2)《电气照明节能设计》06DX008-1；

3)《110kV 及以下电缆敷设》120101-5；

4)《电缆防火阻燃设计与施工》06D105；

5)《室内管线安装（2004 年合订本）》D301-1～3。

第 5 章　照 明 系 统

5.1　概　　况

隧道照明系统的安全性和节能性存在着此消彼长的矛盾，如何解决这个矛盾便成为照明工程师和交通安全工程师的共同目标。在安全行车的前提下，如何提高隧道的运营效率、降低能源消耗，成为隧道建设和运营单位迫切需要解决的问题。

近年来能源危机成为世界各国发展面临的一个主要问题。我国的第十一个五年规划，向全党、全国提出了明确要求，要把节约资源作为基本国策，发展循环经济，保护生态环境，加快建设资源节约型、环境友好型社会，促进经济发展与人口、资源、环境相协调。

公路隧道作为高等级公路的特殊路段，具有隧道洞内外亮度差极大，空气污染严重，侧向净宽较小且高度有限，没有扩展活动的余地和噪声高等特点，加上车辆数量迅速增长，使高等级公路的优越性大大减弱，交通问题显得十分突出，通行能力、行车速度、交通安全性能客观上比其他路段差，事故发生率、交通能耗及对环境的污染成倍增加。在此情况下要保证来往车辆的顺利通行，避免交通事故的发生，隧道照明系统显得尤为重要。在白天，当车辆在驶入隧道的过程中，会出现"黑洞效应"，在驶出隧道时情况正好相反，会出现"白洞效应"；在夜晚，同样需要清楚地看到前方路况。

两个隧道照明中出现的两大主要现象：

（1）黑洞效应。即隧道入口处或隧道内，照明亮度太低，又没有足够的适应时间，使驾驶员在室外高亮度下接近隧道时所看到的隧道犹如"黑洞"一样。

（2）闪烁效应。这是由于照明灯具的间距布置不当引起隧道内亮度分布不均造成周期性的明暗交替环境，在某种车速下产生闪光的感觉。

除此之外，隧道中眩光控制与路面亮度均匀度等影响照明质量的参数也应引起足够重视。

5.2　隧道照明控制方式

公路隧道照明灯具控制方式主要有三种：人工手动控制方式、分时段进行的时序控制方式、自动实时控制方式，其又分为自动分级控制方式和自动无极调光控制方式。

在公路隧道发展建设初期，由于技术的限制，对于隧道的照明运营一般设有统一的控制柜，由专人负责管理，根据不同的时间和天气由工人决定并手动控制灯具的开关数量。

随着自动控制技术的发展，隧道照明控制领域渐渐由自动控制系统占领。首先出现的是自动分级控制，系统分为基本照明、应急照明和加强照明，这种系统能够通过洞外的亮度检测仪器检测实际亮度值，从而调整隧道内部的灯具开关数量，开启相应的加强照明回路，实现实时自动的洞内亮度调节，并且洞内广泛分布的照度检测仪器为隧道内实际亮度水平进行了有效监测，当出现由于灯具损坏等原因造成的洞内亮度水平不够时控制系统可以及时地进行报警。采取这种技术之后，不仅能够有效地使隧道照明满足国家规范要求，为司机提高良好的照明环境，而且因为在最大的限度内关闭了不需要的照明设备，该方法节约了很大的运营成本，特别是对于偏远隧道更是体现了它的强大优势，所以在各类公路隧道中得到了广泛应用。

分级控制不足之处：由于采用了分级控制，即系统根据外界亮度水平分级的将照明设施进行关闭，比如照明回路逐级关灯方式，必然会带来路面照度不均匀、眩光、闪烁等有害现象，给交通安全埋下了隐患。其实这是跟照明设备的技术水平进行的一种折中。当今在隧道照明中普遍采用的高压钠灯，因为高压钠灯具有光效高、寿命长，且所发出的橘黄色的光线，具有强透雾功能，但高强度气体灯启动响应比较慢，要进行连续亮度调节必须通过调整电压实现，会比较困难，而且会巨大增加成本，并且难以实现；另外荧光灯由于技术限制现在还很难实现连续亮度调节；大功率 LED 灯具照明不是很成熟，其连续调光控制成本较高。即使存在着不少缺陷，但分级自动控制方式仍是目前阶段国内最为流行的控制技术。

自动无极调光控制方式：随着照明灯具技术的不断发展，出现了自动无极调光控制方式。这是新兴的一种控制方式，它在自动分级控制的基础上，采用根据外界实际亮度水平，连续对灯具进行调光，使灯具发出不同亮度水平的光能，这样就完全地克服了分级控制所带来的照明均匀性问题，这个技术在目前阶段来说应用还不是很普遍，原因是能满足连续调光要求的灯具还不普遍，一般来说价格比较昂贵，因此通常只在高等级的隧道中采用这种方法。就国内来说只有为数极少的隧道（比如：厦门蔡尖尾山隧道）采用了这种控制方式。这种控制技术是未来隧道照明技术的发展趋势，对隧道照明灯具研究设计上提出了很高的要求，并且在控制系统设计上提供了新的思路。

5.3 隧道照明控制系统

5.3.1 隧道照明控制系统种类

主要分为两类：

（1）计算机集散控制系统。集中管理，分散控制。这种控制系统是最常见的一种控制方式，由中央计算机管理整个系统，作为系统的集中处理单元。各照明控制室由PLC控制，PLC根据采集洞外的亮度值，可以自动控制隧道入口段、适应段、过渡段、出口段的亮度，也可以将采集的洞外亮度值传送到中心计算机，由中心计算机来决策隧道各段的亮度值。

（2）分布式计算机控制系统。这种控制系统依靠某种现场总线为核心，实现无中心控制。

隧道各段照明要求：

1）入口段照明的作用是消除"黑洞"现象，使驾驶员在洞口处能辨认障碍物。过渡段的作用是使驾驶员逐渐适应隧道内部照明。

2）隧道内中间段只设置基本照明，可按照隧道中的实际设计车速对照度的需求决定。

3）由于隧道出口处是人眼视觉的明适应过程，适应时间很短，可做较简单的处理。隧道出口也同入口部分一样设有过渡区，要加强垂直照度，使得过渡区的亮度与洞外相近。应急照明应保证洞内亮度不小于中间段亮度的10%。

5.3.2 车流量车速检测方法

1. 电磁线圈检测

环形线圈车辆检测器是一种基于电磁感应原理的车辆检测器，它的传感器是一个埋在路面下，通有一定工作电流的环形线圈（一般为2～5m）。当车辆通过环形地埋线圈或停在环形地埋线圈上时车辆自身铁质切割磁通线引起线圈回路电感量的变化。检测器通过检测该电感变化量就可以检测出车辆的通过或存在。检测这个电感变化量一般来说有两种方式：一种是利用相位锁存器和相位比较器，对相位的变化进行检查；另一种方式则是利用由环形地埋线圈构成回路的耦合电路对其振荡频率进行检测。线圈车辆检测器可以检测车辆速度、车长、行车间距、流量及车道占用率等数据信息。可以根据设定的统计周期对车速、车长、流量、车道占有率等数据进行统计，统计周期设定的范围为1～60min。

2. 视频检测

视频车辆检测器是运用视频图像处理和计算机图形识别技术于近年开发出来的新产品，它可以取代环形线圈，进行高效益的广域视频监视并现场实时采集各种交通参数。安装一台或多台数字摄像机，将一定范围的交通图像经过一个图像处理硬件，输入计算机显示器。通过控制软件，设定和叠加检测区域，经过分析和处理，得到交通量、车速、占有率等参数。

3. 红外检测

红外车辆检测器的工作原理是通过检测红外光是否被阻断来判断通过车辆的各种

信息，如交通流量、车辆速度、车辆高度、车型分类、车辆分离等。红外车辆检测器通常由红外发射阵列和接收阵列组成，一般相对地安装在车道两侧，主要应用在公路收费系统。用于车辆计数、车辆分离和车型分类。分型精度可达95％以上。

4. 数字微波车辆检测

数字微波车辆检测器（Microwave Traffic Detect，MTD）是由发射天线和发射接收器组成。安装在门架上或路边立柱上的发射天线对准检测区域发出微波波束。当车辆通过时，发射波束以不同的频率返回天线检测器的发射接收器测出这种频率变化，从而测定车辆的通过和存在是一种非接触式交通检测器。

综合以上检测方法的优缺点，脉冲超声检测器、雷达检测器、光电检测器的检测精度和抗干扰性能较差；红外检测、超声波检测容易被天气环境干扰，在天气恶劣的情况下灵敏度很低。雷达检测虽然不受天气环境的影响，但在车速低、周围有无线电波干扰的情况下，器件准确率会降低，甚至检测不到车辆。激光测速的准确度虽然高，但是激光有潜在的危险。

视频检测器的成本较高、实时性较差，并且检测精度受到软硬件的影响。而感应线圈式检测器具有性能稳定、性价比高、工程应用方便等优点，目前全世界使用较多的还是线圈车辆检测器和视频车辆检测器。

使用三种传感器：

使用感应线圈式检测器，来检测车速和车流量信息，车辆在行驶过程中周围的磁场会发生变化，传感器电路原理是用感应线圈等组成耦合电路，检测原理是通过感应线圈振荡频率发出的脉冲信号来检测车辆数量和车速信息，其电路由感应线圈电路、振荡电路以及信号整形电路三部分电路组成。

使用光照传感器，检测隧道内外光照强度，以调节隧道内光强，使人们消除白洞效应和黑洞效应的影响。

使用烟雾传感器，汽车在隧道排出的尾气达到一定浓度后会产生烟，当隧道内烟较浓时，就会影响驾驶员的视觉效果，隧道内可见度就会受到影响，隧道内需要设置烟雾传感器，超过指定浓度后启动隧道内排气扇。

环形地感线圈检测的优点有：

（1）技术比较成熟、成本不高、精确度较高。

（2）不受天气、光线等周围环境的干扰，比较可靠。

（3）可以获得多个交通信息，如交通量、平均车速及车的型号。

视频车辆检测器优点：

本设备是基于视频分析、运动检测、目标识别、目标跟踪的一种技术，其原理是通过对摄像机视频流进行实时的分析检测、自动检测并跟踪车辆。能采集车流量和行车速度数据并监控车流等交通参数的变化，能分析实时道路状况，在需要时可根据用户设置上传采集信息。本设备安装简单，维护方便，不需破坏路面，配备网络接口，支持 IP 联网检测功能，但是成本较高。

5.3.3　目前隧道照明存在的方案

1. 基于 ZigBee 隧道照明无线控制系统研究和设计

ZigBee 是基于 IEEE802.15.4 标准的低功耗局域网协议。目前全球使用的频段为 2.4GHz，这种技术具有的优点有：

（1）低功耗。两节 5 号电池，待机模式下，可以使用 6～24 个月。

（2）低成本。无需改变传统的电器线路，只需直接接入 ZigBee 无线模块就能实现智能控制。

（3）网络规模大。网状拓扑结构最多能够容纳 65000 个设备。

（4）ZigBee 的网络节点能够感知其他节点的存在，确定连接关系，组织成结构化的网络，且节点有变动时也能进行自我修复，对网络拓扑结构自动进行调整。

（5）ZigBee 提供了数据完整性检查和鉴权功能，采用 AES-128 加密算法，确保各个应用中信息的安全性，相对来说有一些限制，如较低的保温吞吐率；需要支持大型网络接点的数量级（要利用 WiFi 连接到操作平台）；低速率，专注于有限空间内的传输应用。

2. 基于 WiFi 的隧道照明无线控制系统设计与实现

WiFi（Wireless Fidelity，无线保真技术）是一种可支持数据、图像、语音和多媒体且输出速率高达 54Mb/s 的短程无线传输技术，在几百米的范围内可让互联网接入者接收到无线电信号。其优点是传输范围广、传输速度快、健康安全、普及应用度高。在隧道照明控制系统中，由于控制中心距离隧道长达几公里甚至更远，所以采用以太网技术对其访问成为必然的选择。

3. 基于 PLC 的隧道照明控制系统设计

这种控制系统采用基于电力线载波的 Lonworks 现场总线技术实现隧道灯具的网络控制功能，根据视频车辆检测器、亮度检测仪等采集到的信息，在上位机或者 PLC 中进行计算，使用电力载波技术输出计算得到的控制信息到灯具端，通过调节电流大小来调节隧道灯的功率大小，实现隧道灯的调光。该系统最大特色在于利用网络端口，实现设备组网，对现场的设备实现远程在线控制，特别适合用于一些地域分布很广或者比较偏僻、环境较为恶劣的公路隧道，这些隧道照明的控制往往需要在控制中心进行上层的集中管理，使用 PLC 较为合适。

4. 基于 FPGA 的公路隧道照明控制系统的设计

（1）FPGA 与传统控制器相比，是逻辑执行的，因此在抗干扰方面的可靠稳定性比较高。

（2）FPGA 不是顺序执行的模式，内部程序并行运行，在一个时钟周期内可以完成更多的任务，时钟频率较高，可以满足控制的实时性需求。

（3）FPGA 芯片是现场可升级的，在不动用外围电路的情况下，用户对 FPGA 可以达到反复地编程、擦除及使用，使重新配置的 FPGA 芯片能够适应未来的需求。

5.4 隧道智能控制系统设计案例

1. 总体设计思路

（1）本工程隧道照明拟采用按最大需求设计、按实际需求运行的控制策略，采用 RS485 单灯调光控制系统。

（2）隧道型槽口照明、出入口段加强照明、洞内基本照明、交汇区加强照明均纳入智能调光范围，除上述之外的照明灯具（包括横通道照明、管廊照明、疏散通道照明、电光标志照明、紧急停车带照明、应急照明等）不纳入调光范围，设计为最大亮度输出状态。

（3）所有灯具调光范围为 $10\%\sim100\%$ 的最大亮度，但应具备直接关闭控制的功能（一般由单灯控制器实现）。

（4）考虑到匝道段临时关闭通行等运营预案，匝道段照明（包含交汇区加强照明）宜单独设置调光预案。

（5）控制系统中应对灯具逐一进行地址编码，以便于后期运营管理。

2. 控制系统构成及原理

（1）系统构成

隧道照明控制系统由控制主机，隧道照明控制器、单灯调光适配器、必要通信线缆和软件构成。

（2）系统原理

系统通过照明控制器或区域协调器收集隧道内车辆检测器、洞内外照度仪和灰度仪、CO/VI 检测器等器件的实时监测数据，并同步上传至管理用房照明控制主机和隧道监控系统，由控制主机进行数据系统分析处理后，按照预先设定的控制程序或人工干预指令，准确下达控制指令到各隧道照明控制器和各灯具末端，实现照明整体和分段调光控制。

（3）通信方式

上位机——控制主机：光纤或 GPRS；

控制主机——区域协调器（中继器）：RS485 现场总线；

区域协调器（中继器）——单灯控制器：RS485 现场总线。

（4）安装方式

上位机及管理平台：设置于隧道管理用房中央控制室，其中上位机（工作站）硬件部分由隧道监控系统统一设置。

控制主机柜：安装于隧道管理用房内变电所（1号变电所）或隧道管理用房中央

控制室，因隧道较长需要分设控制主机框时由供货商提出设置方案，设置于不同区域的控制主机之间应能联动，确保不同区段照明整体一致。

区域协调器（中继器）：一般每隔 200m 或每 50 盏灯具设置一处，具体由供货商提出、区域协调器应单独成柜或箱体安装于隧道装修层内，宜与既有隧道照明控制箱毗邻安装。

单灯控制器：外置于隧道灯，与隧道灯整体安装。单灯控制器与隧道灯驱动电源宜独立设置，避免因控制器故障时灯具不能正常点亮。

通信及控制管线：单独穿热镀锌钢管 SC20 随电力管线共路由敷设。

3. 基本控制原则

（1）隧道照明设远程遥控控制方式：具体详见隧道智能照明控制系统原理图，远程遥控方式由管理用房内管理人员下达人工干预指令控制。

（2）人工无极调光控制方式：管理人员可根据时段，天气等因素的变化等情况，修改隧道入口段亮度系数，以此实现基于户外亮度的动态无极调光控制。当隧道内发生的火灾得到确认时，管理人员可需要立牌下达"将隧道内所有照明设备开启到最大亮度"的指令。

（3）自动无极调光控制方式：系统采集洞外亮度、车流量等信息，根据设计方案实时计算洞内各照明段亮度要求，控制设备即时发送控制指令，对隧道灯具进行调光操作，从而使洞内的亮度满足交通安全的要求。调光过程应考虑适当的时间延退，以避免在临界状态下过于频繁的转换。当单灯控制器发生故障时，应默认为将 LED 输出功率调整为满功率输出。

（4）时序无极调光控制方式：当进入夜晚（如 19 点至次日 6 点）时，或洞外光照已经保持不变的情况下，可以将实时调光控制转入时序调光控制状态，即根据交通量大小分（上半夜 19：00～00：00）控制和深夜（下半夜 00：00～06：00）控制。具体控制时段应能现场可调。

4. 具体设置预案

（1）洞口加强照明控制方式

1）洞口加强照明根据洞外实时亮度值进行相应灯具功率即时变化。洞外若是晴天，光照较强（达到某一调值），加强照明则以 100% 的功率工作；若是阴雨天，光照较弱、加强照明则以 10%～90% 的功率工作；若是黄昏及夜间，洞外无光照明或环境亮度低于亮度阈值时加强段可自动关闭直到次日清晨亮度达到该阈值。

2）加强照明控制方式分级（已考虑洞口光过渡段的效用）见表 5-1。

（2）洞内基本照明控制方式

1）洞内基本段照明一般情况下恒定在设定照度下工作。控制器接收到车辆检测器信号数据（一个采集信号时间段内或历史数据）进行判断，按照预先设定的开启预案进行照明控制。

加强照明控制方式分级 表5-1

序号	气象条件	洞外亮度实际值 (cd/m²)	洞外亮度分级	对应照度级别 (lx)	调光分级	调光级别	备注
1	晴天	＞5000	$1.0L_{20(s)}$	2362.5	Ⅰ	100%	
2	晴天	4050	$0.9L_{20(s)}$	2126.3	Ⅱ	100%	
3	晴天	3600	$0.8L_{20(s)}$	1890.0	Ⅲ	100%	
4	多云	3150	$0.7 \cdot L_{20(s)}$	1653.8	Ⅳ	100%	
5	多云	2700	$0.6 \cdot L_{20(s)}$	1417.5	Ⅴ	100%	
6	多云	2250	$0.5 \cdot L_{20(s)}$	1181.3	Ⅵ	100%	
7	阴天	1800	$0.4 \cdot L_{20(s)}$	945.0	Ⅶ	100%	
8	阴天	1350	$0.3 \cdot L_{20(s)}$	708.8	Ⅷ	100%	
9	阴天	900	$0.2 \cdot L_{20(s)}$	472.5	Ⅸ	20%	
10	重阴天	450	$1.0 \cdot L_{20(s)}$	236.3	Ⅹ	10%	
11	夜间	环境密度	/	20～50	/	全关	

2）基本照明控制方式分级见表5-2。

基本照明控制方式分级 表5-2

序号	车流量	调光分级	调光级别	备注
1	1.0(设计流量)	Ⅰ	100%	
2	1.0～0.7	Ⅱ	100%	
3	0.7～0.5	Ⅲ	70%	
4	0.5～0.3	Ⅳ	50%	
5	＜0.3	Ⅴ	30%	

（3）U形槽照明控制方式

U形槽照明采用时序控制（结合季节变化）。控制时序根据建设单位要求及当地运营习惯设定。

（4）其他控制要求

1）当系统后端平台无法正常运行或与前端设备通信中断时，前端设备应能脱离中心自动执行预设任务，不影响正常开关灯照明。

2）系统应能实现各种故障的主动报警：断电报警、来电提醒、漏电报警、过压报警、过流报警、欠流报警等，具体由供货商提出解决方案。

3）系统应采用有线控制照明灯具的亮度调节，确保通信稳定。

4）系统在检修或隧道出现紧急状况时，可以采取手动控制，优先级别最高，确保隧道照明系统的安全性。

5. 系统功能要求

（1）实时数据库：设置在管理用房，负责各类信息的动态存储、访问和更新。信息可包括隧道内外的光照、车流量、CO/VI 浓度、调光运行记录等。

（2）任务调度模块：以系统配置改变、信息点状态改变及功能模块任务请求为触发机制。启动、触发相关模块的功能，完成外部的修改、查询、控制和信息转发等核心任务，是整个系统中优先级最高的任务模块。

（3）照明控制模块：含开关控制及调光功能，分加强照明和基本照明的控制。平时根据本地采集的洞外亮度和车流量来进行相应控制。当系统检测到与控制中心通信中断时，会自行启动照明自控功能，由本地控制器接管数据处理及分析工作，即依据设定的算法对采集到的各项实时数据进行一定的逻辑处理，然后自行控制（开关、调光）隧道内的照明系统，保证系统运行的可靠性。

（4）数据采集模块：主要功能为建立数据采集的一般化访问接口和标准化接口，建立数据采集对象，启动和结束数据采集过程。

（5）外部访问接口模块：提供基于 TCP/IP 网络协议的、采用外部数据访问和控制命令的接口功能，它作为上层应用系统的一个元素提高系统兼容性。

（6）通信模块：包括通信管理单元，每个通信管理单元包括通信端口类型（RS485、CAN、LONWORKS 等）、通信端口参数、通信模式等。

（7）Web 浏览服务模块：实现远程对隧道照明控制系统的 Web 访问。完成 Web 信息的发布，供用户对数据进行浏览，可浏览内容包括隧道内实时信息、历史信息、设备状态信息、计量信息等。

（8）网络安全管理模块：包括网络安全和安全认证管理两部分。该模块通过提取控制器的安全信息内容和用户提交信息对比，确定用户访问权限，对非系统用户拒绝访问，防止误操作照明系统，避免安全隐患。

第 6 章　LED 照明施工规范

6.1　LED 隧道照明灯具安装

（1）LED 隧道照明灯具宜采用具有可靠连接强度、抗振能力的金属或化学锚栓等进行固定，灯具与安装支架用螺栓连接且连接件应采用可靠强度、耐腐蚀的铬镍合金材料制成。

（2）灯具固定牢固可靠，每个灯具固定用螺栓应不少于 4 个。

（3）灯具及安装支架应排列整齐、固定可靠、横平竖直、视觉上应做到线条流畅，同时灯具宜保持同一安装高度。

（4）每个 LED 隧道照明灯具应设置一个铝合金接线盒进行接线，接线盒的防护等级应不低于 IP65，且接线处应达到密闭、防腐要求。

（5）每个灯具内应设有短路保护，规格与灯具适配。

6.2　电　缆　敷　设

（1）所有电缆将按设计图纸所示方式敷设。

（2）电缆敷设期间将采用一切必要的预防措施以防机械破损。

（3）所有电缆敷设将与国内标准或相适应的 IEC 标准一致，特别是电缆转弯处，其电缆弯曲半径与电缆外径的比值，不小于国内标准或相适应的 IEC 标准所规定的数值，在混凝土排管和钢管内敷设的电缆，不得在管内接头。

（4）电缆敷设要整齐，尽量避免交叉，固定不得损伤绝缘；电缆不应敷设在边缘的凸出部分上，并且不得弯曲或扭曲，以免损伤。

（5）所有电缆线夹和电缆固定件的设计能保证承受最大的短路电流所能产生的电动力，并能支撑电缆的重量。

（6）根据敷设地点的具体条件，所有电缆线路按规定在电缆终端和接头附近留出适当的电缆盘留长度并做好标记。

（7）电缆连接电的位置，其电气及机械性能应良好，防止机械损伤和任何可能产生的振动。紧固件不得有任何明显的机械变形，以及不得有损伤电缆的地方。

6.3 电缆桥架安装

根据电缆桥架承重程度，分为单臂托架和双臂托架。

（1）前期检查：查看测量隧道壁弧度，根据测量弧度定做桥架托臂底座安装角度。有明显落差的隧道壁需根据实际情况单独定做托臂（如紧急停车带须定做 90°托臂以及相应的桥架弯头），保证根据托臂间距确定托臂安装位置。

（2）划线定位：按照图纸要求高度先确定桥架托臂安装位置，测量高度时要利用已经形成的参考物作为测量基础（如已经完工或初步完工的路面、道沿等），先画出一条基准线，然后根据托臂间距离确定托臂安装位置。

（3）架桥托臂安装：在已经确定的位置上安装架桥托臂，特殊的地方需要安装特殊定做的托臂，必要时进行托臂组装。初步调整托臂角度。

（4）电缆桥架安装：安装电缆桥架。根据隧道弯曲程度可选择不同长度的桥架，较直隧道可选用长桥架（4～6m），转弯处可选用短桥架（1～2m），桥架之间以及桥架与托臂之间要可靠固定，桥架之间要用接地线连接。调整托臂角度，使桥架平直、美观，可多个角度进行观察调整。

6.4 管 线 安 装

（1）照明线缆的金属保护导管应采用管壁厚度不小于 2.0mm 的热镀锌钢导管。

（2）所有照明回路均按回路单独穿管，不同回路不应共管敷设。各回路 N、PE 线均宜从配电箱内引出。

（3）灯具配管宜安装于灯具附近，管线在顶部随隧道纵向安装，横平竖直，线路清晰。

（4）进入灯具的导线在灯、盒内应有 10～15mm 的余量，且连接可靠，不伤芯线，同时应做好绝缘处理，确保导线连接可靠及金属外壳绝缘良好。

（5）明敷和暗敷的管线经过结构伸缩缝、沉降缝时均应采用补偿装置进行过渡。

（6）明配管应排列整齐，固定牢固，电线管进入接线盒内长度应小于 5mm。

（7）电线保护管管体不应有孔洞、裂缝和明显凹凸。管内壁应光滑、无毛刺。

6.5 控制配电箱安装

隧道内控制配电箱一般采用暗装。

（1）前期检查：检查测量所有的控制配电箱安装预留孔，对尺寸偏小或者存在问题的预留孔要及时进行处理。检查通往配电箱的预埋管，存在漏埋，预埋管管径偏小或者管道不同的要及时进行处理。

（2）安装：按图纸配电箱编号对应安装控制配电箱并固定。安装前要检查配电箱内电器件是否完好。进出线路接线时要求箱内布线整齐。

（3）测试：系统安装完成以后进行调试。调试无误后，对控制配电箱安装缝隙进行防水处理。

6.6　其　　他

（1）安装于结构墙内的隧道照明箱进出线管宜下进下出。

（2）隧道照明箱进线电缆敷设完毕后，其进线孔应用绝缘密封胶泥封堵。

第7章 LED照明质量评价

7.1 验收条件

隧道LED照明工程施工验收应同时满足以下条件：

（1）施工单位已完成隧道LED照明工程施工安装、软件编制、设备测试及系统调试工作。

（2）施工单位和监理单位完成对隧道LED照明工程的自检和抽检。

（3）自检、抽检中出现的问题已被解决。

（4）试运行期间，系统性能满足合同相关要求。

（5）施工单位竣工资料齐备完整，满足合同规定的要求。

（6）符合政府或有关管理机构规定的其他竣工条件。

隧道LED照明工程施工验收应根据国家、行业、地方标准及合同双方约定的验收规程与指标，以竣工图为依据，以技术指标为功能评判的标准，展开验收工作。

7.2 验收内容

LED隧道照明灯具验收应符合下列规定：

（1）LED隧道照明灯具厂家应提供国家有关部门认证认可的、独立第三方检测机构出具的样品检测报告和认证证书，检测项目应至少包括：LED隧道照明灯具材料、安全、光学、电学、热学、可靠性以及谐波电流、骚扰电压、浪涌抗扰度等要求。

（2）建设单位应对不同批次的LED隧道照明灯具进行抽检，检测应由国家有关部门认证认可的独立第三方检测机构完成。工程文件、测试记录文件及外观验收等应符合国家和地方现行有关标准和规范的规定。

照明质量验收应符合下列规定：

1）隧道中间段照明、入口段照明、过渡段照明及出口段照明的地面及墙面亮度或照度值（含均匀度）的测试结果，已选择直线段或近似直线段。

2）测试方法应按照《照明测量方法》GB/T 5700—2008执行。

3）LED隧道照明灯具现场跟踪亮灯6000h，地面照度衰减值不应大于4%；亮灯10000h，地面照度衰减值不应大于7%。测试时，应首先消除灯具发光口面污染物的影响。

控制系统验收应符合下列规定：

1）隧道 LED 照明控制系统接收下端亮度检测器或中控室传来的信息后，应及时执行控制方案。

2）应满足施工设计图纸规定的其他要求。

LED 隧道照明灯具及其附属装置安装验收应符合下列规定：

1）LED 隧道照明灯具配管安装于灯具附件，管线在顶部随隧道纵向安装，横平竖直，线路清晰。

2）LED 隧道照明灯具及安装支架应排列整齐、固定可靠，视觉上应做到线条流畅。

3）LED 隧道照明灯具的安装高度、调整角度、装灯方向宜保持一致，灯的轮廓线型与隧道协调、美观。

4）LED 隧道照明灯具安装位置、调整角度和安装间距均应满足设计要求。

5）穿线管壁及接线盒内壁应光滑，不得磨损导线绝缘。

7.3 测 试 要 求

隧道 LED 照明工程验收工作的主控项目主要包括：隧道路面亮（照）度值、亮（照）度总均匀度、纵向亮度均匀度、眩光阈值增量 TI 值等。主控项目的测试要求应按表 7-1 的规定执行。

主控项目的测试要求　　　　　　　　　　　　　　　表 7-1

序号	条件项	具体规定
1	隧道照明灯具运用时间	隧道照明灯具现场安装点亮 1000h 后进行测试
2	隧道照明灯具测试时间	夜间,开始测试时间以洞外自然光不直接照进隧道入口为宜
3	测试前准备工作	测试前一周清洗隧道灯具,测试期间灯具处于洁净状态

7.4 隧道照明系统测量

7.4.1 照明测量的必要性

近年来，三车道、四车道大断面隧道数量越来越多，大型地下立交不断投入使用，隧道照明环境越来越复杂，隧道的照明质量指标也从照度逐渐向亮度和照度并存的方向发展，新的灯具类型、亮度智能控制的采用、隧道墙壁反射性能的提升等增加了对隧道照明测量的需求。以下情况需要进行隧道照明系统的测量。

（1）隧道在通车前，验证照明系统实际质量参数与设计参数的一致性。

（2）在照明系统全寿命周期内，通过测量确定照明系统的衰减程度，为系统维护提供决策支持。

（3）对于隧道照明，需要连续地测量隧道洞外亮度，从而控制入口段的照明系统的亮度。

（4）科学研究的需要，如调查特定照明系统的视觉表现、不同的可见度模型应用比较、墙壁反射率对照明环境的影响等。

对于情况（1）和情况（2），必须测量以下参数。

（1）车道上不同高度的水平和垂直照度、墙壁的照度。

（2）路面和墙壁的亮度。

（3）灯具在观察者眼睛处的亮度或者照度，用以评估系统的眩光。

通过上述测量所得的参数值评估测量区域的平均照度、平均亮度、均匀度和阈值增量等总体性指标。

7.4.2　照明测量精度的影响因素

道路照明测量前和测量过程中，温度、湿度、能见度、风速、供电线路电压藕交通情况等对照明测量的结果会产生影响，这些影响方面主要如下。

（1）过高或者过低的环境温度会影响热敏性光源的光通量输出，以及测量仪的精确度。

（2）当环境湿度过大时，测量仪器的镜头表面和电子线路可能有水分凝结，对测量精度有一定的影响。

（3）路面的干燥和潮湿程度对路面的反射率和透射率有显著的影响变化，从而显著影响亮度测量的精度。

（4）大气的透射率对光的传播有一定的影响，它从两个方面影响亮度测量的精度：一是到达路面的光通量受到影响；二是经路面反射，到达亮度计光通量受到影响。

（5）环境的风速过高时，灯具和测量仪器会发生摆动与振动，影响灯具的光通量输出和测量的精确性。

（6）对于气体放电灯，供电线路的电压波动对其光通量输出和功率有显著的影响。

（7）对于没有中断交通的测量场景，附近车辆的车灯发出的光线对测量结果也有显著的影响。

因此，在测试报告中必须记录近地面的温度、湿度、可见度、风速和交通状况等测量环境信息。

7.4.3　测量段落及时间选择

隧道照明的测量网格位置和亮度计的位置应与计算模型中的一致，这样才能对测量结果和计算结果的一致性进行比较。

隧道内照明测量的段落宜尽量选择在纵向上呈直线的段落，在灯具的间距、安装角度、光强分布等方面能够代表被测隧道的典型段落。

为了排除白天自然光线的干扰，加强照明段落的照明测量应选择在夜间进行。基本照明的测量如果选择在白天进行，测量区域应选择在不受自然光影响的区域。

7.4.4　点式亮度计

根据感光元件和测量范围的不同，用于道路亮度测量的仪器大致分为两类，即点式亮度计和成像式亮度计，如图 7-1 所示。

点式亮度计由采光光学系统、取景光学系统、探测器和信息显示屏构成，探测器的感光单元为硅光二极管，其前方放置坎动滤镜，通过计算洒落在其上的光通量来完成所测对象测量。由于点式亮度计仅有一个感光单元，如图 7-2 所示，测量时只能输出一个亮度值，其大小是测量区域内所有点的平均亮度。

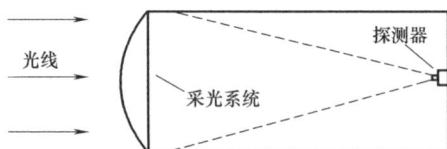

图 7-1　亮度计类型　　　　　　　　图 7-2　点式亮度计的主要构成

按照国际照明委员会 *Calculation and Measurement of Luminance and Illuminance in Road Lighting*（CIE 30-2-1982）对点式亮度计的要求，点式亮度计对镜头的视角要求较高，在垂直方向的视角应小于或者等于 $2'$，在水平方向的视角应为 $2'\sim20'$，这种规格的亮度计的生产厂商极少，价格较昂贵。市场上能够较为容易购买到的亮度计的视角范围一般等于或者大于 1/3（°）即 $20'$。

采用点式亮度计测量亮度，测量前需要先在路面上绘制网格点，然后对路面的网格点进行逐点测量，每一网格点的测量都需要对仪器的角度、焦距进行调节，会消耗较长的测量时间，效率低下，对交通的干扰较大。由于点式亮度计测量视角的特殊要求，设备价格昂贵，测量效率降低，测量点的数量非常有限，不能够全面地反映照明系统的照明质量，在实际的工程中较少采用点式亮度计进行道路亮度的测量。

7.4.5　成像式亮度计

从原理上来看，成像式亮度计主要由 CCD（电荷耦合元件）、滤镜、物镜和快门等组成，CCD 放置于透镜的焦平面上，如图 7-3 所示。成像式亮度计与计算机相连接，通过计算机控制亮度图像的获取和处理。

测量区域的光线通过镜头投射在阵列传感器上，传感器上的每一个像素点测量一个方向的亮度。

成像式亮度计在测量前只需划定好测试区域即可，不用在路面上绘制网格点，在测试时对测试区域进行一次成像，就可以完成测试区域所有关注点的亮度测量，耗时较短，对交通的干扰较小。成像式亮度计能够基于大量的测量点和多个观察方

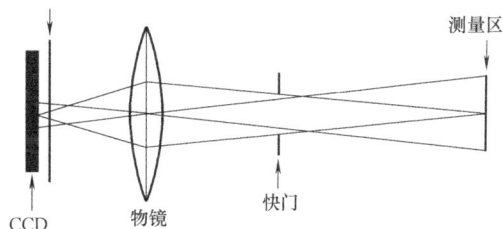

图 7-3　成像式亮度计的构成图

向进行照明系统的特性分析，可以采用伪色图像、灰度图像来直观反映路面及周围环境的亮度分布，能够较为全面地反映照明系统的照明质量。

7.4.6　照度计

照度计由感光部分和显示部分组成，如图 7-4 所示。感光部分由光电二极管 PD、滤镜、漫反射余弦校正罩构成，负责将光信号转换为电信号；显示部分负责将电信号进行 A/D 转换，并通过显示单元将测量结果显示出来。

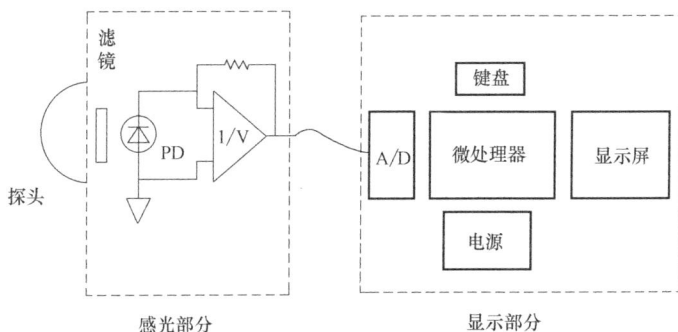

图 7-4　照度计的构成

7.4.7　隧道亮度测量

在测量时，亮度计的平面位置和高度应与照明计算中观察者的位置保持一致。在纵向上，亮度计距测量区域最近的横向边界距离为 60m，与最远的横向边界距离为 160m，测量区域的长度为 100m。在横向上，亮度计应放置在所测量车道的纵向中线上，亮度计距路面的高度应为 1.5m。

为了与驾驶者的视线角度一致，当采用成像式亮度计测量路面亮度时，亮度计轴线与路面的夹角变化的角度范围为（0.50，1.50）。

不同灯具布置形式下的测量区域布置如图 7-5 所示。

7.4.8　测点布置

当采用点式亮度计时，亮度测量区域内的测点位置应与照明计算时的计算点位置

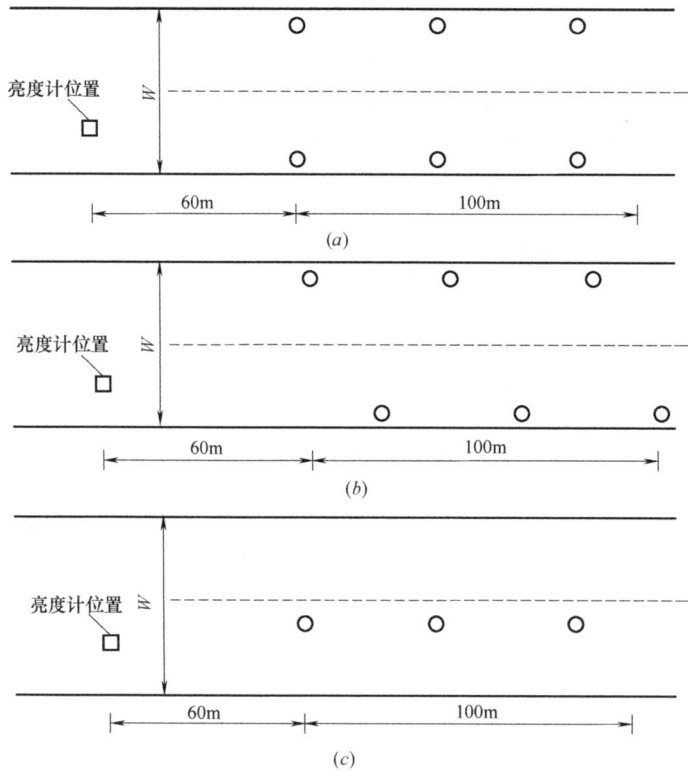

图 7-5　不同灯具布置形式下的测量区域布置

(*a*) 两侧对称布灯；(*b*) 两侧交错布灯；(*c*) 拱顶单侧布灯

基本一致。

7.4.9　隧道照度测量

尽管大多数道路照明相关的标准和规范都将道路表面的亮度作为主要光学指标，但是在实际工程实践中，照度的测量扮演着相当重要的角色，其主要原因如下：

(1) 通常，路面的亮度和照度具有较好的相关性，可以通过路面照度大致反映路面亮度的状况。影响两者关系的主要因素有路面类型、灯具的光通量分布以及安装方式，当这三个因素确定后，就可以基本确定路面平均亮度与平均照度的关系。

(2) 当为新的路面时，路面的反射性参数与使用一段时间后的反射性参数是不同的，亮度测量结果与计算结果有一定的偏差。

(3) 与亮度计相比，照度测量仪器价格便宜，操作流程简单，测量工作易于进行。

7.4.10　测点布置

照度测量区域内的测点位置应与照明计算时的计算点位置基本一致。测点应均匀地分布在测量区域内。

第8章 养　护

8.1 运 行 养 护

养护单位应根据照明保障要求、设备技术条件和环境条件制订月度、季度和年度工作计划，筹措人员、材料和装备，组织协调各项工作。

养护单位应借助道路照明设施监控系统平台，进行设施设备运行状态的远程监测，安排日常养护作业，实现养护工作的信息化管理。

养护单位应根据管理要求、设备运行情况和道路照明的标准要求，编制技术改造方案与实施计划。

养护作业人员应定期接受培训，熟悉道路照明设备的性能，掌握道路照明设施的运行与维护技术。

养护单位应配备满足所辖道路照明设施日常养护和应急抢修所需的工机具，配备检测照明设施运行安全和检查照明效果的仪器。

养护单位应根据所辖道路照明设施情况配备下列备件和器材：

（1）城市主干路、快速路使用的各类灯具、灯杆、灯架和主要配件；

（2）常用规格的灯具、灯杆、灯架等配件；

（3）各种类型和各种规格的光源；

（4）各种类型和各种规格的电气配件；

（5）各种规格的熔断体；

（6）常用规格的电缆和导线。

8.1.1　巡修

养护单位应采用巡修的方式，检查并排除单灯故障和系统性故障。

人员密集路段、交通流量较大路段、快速路路段和其他重要路段的巡修周期不应超过 5 个工作日，其他道路的巡修周期不应超过 10 个工作日。

巡修过程中出现下列情况时，应记录并提交专项维修或抢修工程处理：

（1）现场无法排除的危重缺陷；

（2）现场无法修复的系统性故障；

（3）树木严重影响照明安全或照明效果；

（4）其他威胁道路照明设施运行安全的情况。

8.1.2 巡检和缺陷处理

养护单位应采用巡检的方式，对道路照明设施的缺陷进行逐项检查、检测和记录，并通过一般维修手段消除缺陷。

道路照明设施的巡检周期不应超过1个月。

道路照明设施的缺陷及其等级划分应符合下列规定：

（1）存在安全隐患的缺陷的情况为危急缺陷。

（2）可能导致道路照明设施故障的缺陷的情况为严重缺陷。

（3）功能上有瑕疵但不存在安全隐患或故障隐患的情况，或轻微缺陷集中导致外观严重受损的情况为一般缺陷。

（4）外观受损，不影响使用功能的情况为轻微缺陷。

各类缺陷自发现至消除或降低等级的时间应符合下列规定：

（1）危急缺陷不超过24h。

（2）严重缺陷不超过1周。

（3）一般缺陷不超过一个巡检周期。

（4）轻微缺陷结合道路设施整修工程处理。

要求特别保障道路照明时，应组织特殊巡检，并及时修复故障，消除危重缺陷。

巡检过程中发现树木影响照明安全或照明效果时，应上报管理单位通知园林绿化管理部门进行修剪。

养护单位应在信息化管理的基础上，对缺陷及其原因进行登记和分类，跟踪缺陷自上报至消除的全过程，实施缺陷管理。

8.1.3 故障报修和应急抢修

故障报修的响应时间（养护单位接获报修至现场维修工作展开）应符合下列规定：

（1）单灯故障不超过24h。

（2）城市主干路、快速路照明的系统性故障不超过24h。

（3）其他路段照明的系统性故障不超过48h。

道路照明系统性故障或照明设施出现以下情况之一时，养护单位应进行应急抢修：

（1）可触及的物体带电；

（2）立杆断裂、严重倾斜或倒塌；

（3）立杆基础破坏或法兰螺栓断裂；

（4）架空线路下垂影响道路通行；

（5）井盖严重破损或缺失；

（6）周边物体或植物倒塌危及灯杆或线路；

（7）灯具或配套装置脱落下坠；

（8）因照明设施损坏而阻碍交通或行人通行；

（9）人员密集场所或重大群体活动场所的照明故障；

（10）其他危及行人、行车或环境安全的事件。

应急抢修工程影响到道路交通时，应会同交通管理部门实施现场管理。

应急抢修工程应按相关规范要求做好安全防护工作。

对于经过应急抢修而恢复功能的道路照明设施，遗留有缺陷的，应提交缺陷处理。

养护单位应针对道路照明设施可能突发事件的类型编制应急预案，建立应急器材库，组织应急演练。

发生台风、地震等自然灾害情况时，应建立连续保障的应急抢修体系。

8.2　主要设施养护

8.2.1　一般要求

道路照明设施的养护应参照设计单位提供的基础资料、设备生产单位提供的技术文件和工程施工单位提供的竣工资料。

维修时更换的设备或部件应符合国家或行业的现行技术标准，规格应与原设备或部件一致。

所有可触及导电物体的保护接地应良好、可靠。独立接地时，接地电阻不应大于 4Ω；重复接地时，接地电阻不应大于 10Ω。

道路照明设施的杆件和支架不得被用做其他构筑物的支护部件。

道路照明杆件或支架因撞击而严重受损时应予更换，轻微受损时可修复使用。

道路照明设施的基础部件周边存在基坑开挖施工时，应评估其防护措施，避免道路照明设施受损。

对于道路照明设施设置的外挂装置，应检查其尺寸、重量、安装位置、安装方法和气象条件等均符合安全评估报告的规定，并落实管理措施。

道路照明设施与其他设施共用接线箱、电缆井时，应检查各设施的线缆和电气装置相互隔离，能独立维护，无相互重叠、缠绕现象。

维修作业中应确保道路照明设施各部件的连接紧固螺栓具有防松措施。螺栓平衡受力时，可采用平垫圈和弹簧垫圈；螺栓单边受力时，应采用双螺母。螺栓紧固后的外露螺纹不应少于 2 圈。

道路照明设施各类部件的编码标识应保持清晰，便于视认。

同一路段上的道路照明方式、杆件、灯具等宜保持一致，外观整齐。

8.2.2 常规杆灯

常规杆灯的养护内容应包括灯具、灯杆、检修孔、基础、手井。

灯杆的状态应符合下列规定：

(1) 外观整齐，标识清晰，防护层良好。

(2) 各部件齐全，无松动、断裂、锈蚀、变形等现象。

(3) 无鸟巢或其他杂物缠绕；无外力重压和碰撞迹象。

(4) 挑臂方向与道路中心线垂直，偏差不大于2°。

(5) 灯杆的杆梢处水平偏差不大于杆梢半径，且不大于杆高的4%。

直线排列的灯杆，每根灯杆的横向位置偏差不应大于灯杆底部半径。

灯具的引下线维修更换时，应采用铜芯护套电线，在灯杆内不得有中间接头。引下线的截面积应符合下列规定：

(1) 供电线路不小于2.5mm²。

(2) 控制线路不小于1.5mm²。

灯杆检修孔门或盖板应完整，固定良好，无锈蚀、变形等现象。

灯杆检修孔内各类电气装置应配套完整，连接可靠，绝缘良好，无异常发热、烧蚀、磨损、变形等现象。

灯杆上每盏灯具的熔断器或具有保护功能的隔离电器均应独立设置。

8.2.3 高杆灯

高杆灯的养护内容应包括灯具、灯杆、灯盘、升降机构、检修门、配线、控制箱、基础、手井。

灯杆的状态应符合下列规定：

(1) 外观整齐，标识清晰，防护涂层良好。

(2) 各部件齐全，无松动、断裂、锈蚀、变形等现象。

(3) 灯杆上没有装设任何无关设施。

(4) 无外力重压和碰撞迹象。

(5) 杆梢的水平偏差不大于杆高的3‰。

(6) 灯杆轴线的直线度偏差不大于杆长的2‰。

(7) 接闪器安装牢固，防雷接地装置良好。

灯盘的状态应符合下列规定：

(1) 组成部件齐全，无松动、断裂、锈蚀、变形等现象。

(2) 灯盘定位准确，钩挂稳定，在风力作用下不会发生倾斜、扭动现象。

(3) 安全绳连接牢固，无锈蚀、扭曲现象。

(4) 灯具支架螺栓紧固可靠，灯具投射方向正确。

（5）灯盘上无鸟巢或其他杂物。

（6）电气设备固定良好，紧固件无锈蚀、缺损现象。

（7）连接导线无老化、龟裂、扭曲现象，固定良好，不承受机械应力。

（8）封闭式灯盘通风散热良好。

升降式高杆灯灯盘升降机构的养护应按照厂商的设备技术文件执行，其状态应符合下列规定：

（1）各组成零部件齐全，无断裂、锈蚀、变形等现象。

（2）传动灵活，升降平稳，安全可靠。

（3）传动滑轮和导向滑轮位置正常，运行平稳。

（4）钢丝绳无锈蚀、断股现象，在卷筒上排列整齐。

（5）自锁装置和失电制动功能可靠。

（6）过载保护装置功能可靠。

（7）电气机械限位装置功能良好，位置准确。

（8）杆内线路固定良好，无受压、受夹、受损现象。

（9）操控装置功能完整。

可倾式高杆灯倾倒机构的养护应按照厂商的设备技术文件执行，其状态应符合下列规定：

（1）电气机械限位装置功能良好，位置准确。

（2）电机、电控箱和限位装置之间的电器连接稳定可靠。

（3）传动机构的防护装置完整，功能良好。

（4）液压系统油压正常。

（5）各管道和接头良好，无变形、漏油现象。

（6）油缸锁紧装置功能良好。

灯杆检修门应配件齐全，外观平整，无松动、锈蚀、变形等现象。

杆内线缆的状态应符合下列规定：

（1）与钢丝绳固定良好，不承受机械应力。

（2）无受压、受夹、扭曲现象。

（3）无中间接头。

（4）绝缘层和保护层完好无损。

8.2.4　合杆灯

合杆灯的养护内容应包括灯具、灯架或挑臂、架空引下线、熔断器（或具有保护功能的隔离电器）、镇流器或 LED 灯的电源装置、其他配套电气装置。

灯架或挑臂的状态应符合下列规定：

（1）组成部件齐全，无松动、断裂、锈蚀、斜歪、变形等现象。

（2）无鸟巢或其他杂物。

（3）水平方向与道路中心线垂直，偏差不大于 2°。

（4）同一路段上各灯架或挑臂的高度偏差不超过 100mm，仰角偏差不超过 2°。

架空引下线的状态应符合下列规定：

（1）无松弛现象。

（2）无任何杂物搭载或悬挂。

（3）绝缘层无老化、开裂、破损现象。

（4）与树枝的距离不小于 200mm。

（5）与其他低压线缆的间距不小于 300mm。

支架与结构件维修安装应符合下列要求：

（1）抱箍的尺寸与电杆尺寸一致。

（2）抱箍安装时不得使用配套附件以外的杂物衬垫。

（3）连接螺栓的外露螺纹不少于 2 圈。

（4）金属灯架或挑臂上的穿线孔设置有绝缘护圈。

架空引下线的维修安装应符合下列要求：

（1）采用截面积不小于 2.5mm^2 的多股绝缘铜芯线，对称搭接在电杆两侧，且弛度应一致。

（2）应经过设置在横担上的固定装置连接到路灯线路，其间有不少于 7 圈的缠绕环。

（3）一般维修时，不应有中间接头。

（4）应急抢修设置的中间接头不得超过一个，且不同规格的导线不得对接。

（5）应急抢修设置的中间接头应记为一般缺陷。

（6）架空引下线不得与其他电气线路交叉穿越。

杆上有多个灯具时，每个灯具的熔断器或具有保护功能的隔离电器均应独立设置。熔断器或具有保护功能的隔离电器安装时应采取绝缘措施，接入相线，上端连接路灯线路，下端连接灯具。

熔断器或具有保护功能的隔离电器的状态应符合下列规定：

（1）固定良好，无松动、倾斜、杂物覆盖现象。

（2）外壳无破裂现象。

（3）绝缘体表面清洁。

（4）连接导线位置正常，绝缘良好。

镇流器或电源变换器与灯具分离安装时，其状态应符合下列规定：

（1）固定良好，无松动、倾斜、杂物覆盖现象。

（2）外壳无锈蚀、破损、变形现象。

（3）连接线位置正常，绝缘良好。

8.2.5　隧道灯、嵌入式灯和吸顶灯

隧道灯、嵌入式灯和吸顶灯的养护应包括灯具、支架、检修孔。

灯具安装位置正常，外观平直、整齐。

灯具及其附件和管线安装不得侵入行车限界。

灯具、接线盒、支架和管线应固定良好，无老化、锈蚀、变形等现象。

配电箱应安装平正，固定良好，无松动、锈蚀、变形等现象。配电箱门或盖板应平整，锁扣良好。

明敷配线应穿管保护，并固定良好。

8.2.6　灯具

灯具的状态应符合下列规定：

（1）发光正常、稳定。

（2）安装位置平正，方向正确，固定良好。

（3）外壳无破裂、锈蚀、变形等现象。

（4）散热片清洁，无破损和变形，无杂物覆盖或粘附现象。

（5）整体密封良好，内部无积水、灰尘、昆虫或其他杂物。

（6）光学腔和电气腔的盖板与灯体平齐，锁扣或螺钉紧固良好。

（7）透光罩清洁、通透，无裂纹、破损、变色现象。

（8）光源位置和角度调校恰当，固定良好，玻壳与灯脚无脱离现象。

（9）反光器表面光洁，固定良好，无变形、污染、变色现象。

（10）内部电气装置完整，固定良好。

（11）绝缘部件无破损，表面清洁。

（12）能耗和功率因数符合灯具性能指标要求。

灯具内部连接导线维修更换时，应采用相同材质与规格的导线，或截面积不小于 $1.5mm^2$ 的耐高温铜芯绝缘线。

气体放电灯的镇流器和触发器、无功功率补偿电容器、LED 灯的电源装置和浪涌吸收装置等，其规格均应与光源相匹配，工作时无异常发热。

灯具的清洁和调整工作应在断电状态下进行。

8.2.7　照明控制箱

照明控制箱的养护内容应包括箱体、配电开关和控制装置、照明控制器、基础和手井。

箱体的状态应符合下列规定：

（1）外形平整、清洁，无倾斜、破损、变形现象。

（2）箱体内外涂覆层无破损和剥落现象。

（3）控制箱标识完整、清晰。

（4）箱门或盖板平整，锁扣牢固，密封良好。

（5）进出线缆排列整齐，线缆标识完整、清晰，空洞封堵良好。

（6）箱体接地电阻不大于 4Ω。

（7）箱体基础紧固件完整，无松动、锈蚀现象。

（8）箱内整洁、无杂物。

（9）箱内电气控制原理图完整、清晰。

安装在公共场所的照明控制箱，其门或盖板应符合下列规定：

（1）有明显的安全警示标志和"高压危险"字样。

（2）右上角有明显的"报修电话：×××××"字样。

（3）锁扣必须使用专用工具才能打开。

（4）照明控制箱的进线电压不应低于或超过额定电压5%，三相平衡度偏差不应超过15%。

照明控制箱内部的电气配件应完整、有效。电气开关、互感器和仪表应功能正常，性能良好。安全防护装置不得有破裂、缺损和失效现象。

照明控制箱内部各部件不得有异常发热、烧灼和变形现象。各类分断器的触头不得有烧蚀现象，运行时不得有杂音。

照明控制器的状态应符合下列规定：

（1）控制器清洁，安装平整，固定良好，散热正常，工作稳定。

（2）电路板或模块工作正常，固定和锁扣良好，标识完整、清晰。

（3）输入输出信号正常，指示灯显示正常，中间继电器工作正常。

（4）进出线缆排列整齐，标识完整、清晰。

（5）互感器接线正常，接地可靠。

联网运行的照明控制器的时钟误差不得大于 5s；非联网运行的照明控制器的时钟误差不得大于 5min。

照明控制箱应具有就地的定时控制功能。非照明控制箱设光控元件时，其受光面不得有遮挡和污垢现象。

8.2.8 架空线路

电杆的状态应符合下列规定：

（1）外观整齐，标识清晰。

（2）钢筋混凝土电杆无严重开裂、钢筋外露等现象。

（3）无鸟巢或其他杂物缠绕。

（4）直线杆杆梢的偏移不大于杆梢半径。

（5）转角杆和终端杆适度预偏，紧线后杆梢外倾偏移量不大于杆梢直径，且无内倾现象。

拉线杆的状态应符合下列规定：

（1）钢筋混凝土拉线杆无严重开裂、钢筋外露等现象。

（2）反方向倾斜角保持在 $10°\sim20°$ 之间。

（3）警示标识良好。

拉线的状态应符合下列规定：

（1）张弛适度，无松弛和锈蚀现象。

（2）地锚或墙锚无松动和锈蚀现象。

（3）绝缘子完整，无破损现象。

（4）警示套管完整、整洁。

拉线维修更换应符合下列要求：

（1）采用截面积不小于 $35mm^2$ 的镀锌钢绞线。

（2）穿越带电线路时加装绝缘子，拉线绝缘子自然悬垂时距地面大于 2.5m。

（3）与电杆的夹角不小于 $30°$。

（4）离地 2m 高度范围设置红白相间反光警示套管。

横担的状态应符合下列规定：

（1）平正，无松动、锈蚀、变形等现象。

（2）标识牌完整、清晰。

（3）绝缘子固定良好，瓷釉光洁，无破损、歪斜现象，表面无污垢和其他附着物。

横担维修更换应符合下列要求：

（1）横担安装高度大于 6m，最上层横担距杆顶不小于 200mm。

（2）直线杆横担装在受电侧，分支杆、转角杆及终端杆横担装在拉线侧。

（3）横担抱箍尺寸与电杆匹配，不得使用配套附件以外的杂物衬垫。

（4）横担端部的垂直和水平偏差均不大于 20mm。

架空照明线路应保持适度张紧，外观平直；水平排列导线的弧垂偏差不应超过 50mm；导体应无损伤、断股现象；绝缘层应无龟裂、破损现象。

同一档内同一根导线上的接头不应超过一个。导线接头位置与导线固定处的距离应大于 500mm。

导线上不得有异物搁置或悬挂。

跨越道路的架空线路，距离路面高度应符合下列规定：

（1）主干路和次干路不低于 7m。

（2）支路不低于 6m。

（3）非电气化铁路不低于 8m。

（4）电气化铁路和有电车线的道路不低于 9m。

照明线路与通信线、低压电力线、电车馈线、树木等非高压线路的水平与垂直最小间距均应保持在 1m 以上。

8.2.9　电缆线路

电缆应无机械损伤，绝缘层不得有龟裂、破损现象。

电缆接头应密封和防护良好。穿管敷设的电缆损坏时应予更换，不得在管道内设置中间接头。

铝芯电缆与铜质或钢质导体连接时，应采用铜铝过渡接头。

电缆两端、分支位置、检查孔（井）内的标签牌应完整、清晰。

电缆保护管、支架或桥架不得有缺损、脱落、锈蚀、变形现象。

敷设在支架上或桥架内的电缆应排列整齐，固定良好。

设置在道路上的手井或人井，其井盖应与路面平齐，无破裂、缺损现象。任意踩踏的情况下，井盖均不得有翻翘现象。

手井或人井内部不应有杂物和淤积现象。

设在道路侧墙或防撞墙上的电缆检查孔，其盖板应平整，锁扣牢固，任何部件不得侵入通行限界，不得有锈蚀、破损现象。

8.2.10　设备基础

用做设备基础的钢筋混凝土构件应完整，无沉降、倾斜、开裂现象，设备基础周边应无威胁到基础稳定性的开挖和其他工程施工。

地脚螺栓应完整，无松动、锈蚀、变形现象，预紧力适当，外露螺纹不少于2圈。

法兰和螺栓的混凝土包封应无开裂、缺损现象。

设备基础的接地应符合设计要求。

8.2.11　监控系统

道路照明设施监控系统的养护内容应包括终端控制器、接口装置、通信装置、电缆和光缆、区域控制器、监控平台系统设备等。

终端控制器的状态应符合下列规定：

（1）安装固定良好。

（2）处于在线状态，运行正常，无异常发热。

（3）指示灯显示正常。

通信和接口装置的状态应符合下列规定：

（1）安装固定良好。

（2）外壳完整，防护良好，无破损和变形现象。

（3）接插件连接可靠，锁紧装置有效。

（4）通信电缆或光缆连接可靠，防护良好，标识清晰。

无线通信装置的天线其状态应符合下列规定：

（1）配件完整，各组成部分排列正常，无松动、变形和杂物悬挂现象。

（2）天线方向正确、稳定。

（3）天线馈线连接良好，固定装置应完整有效。

（4）馈线无破损和老化现象。

（5）防雷装置完整有效。

区域控制器状态应符合下列规定：

（1）能与终端控制器正常通信，实时采集照明设备的运行数据。

（2）能实时采集照明控制箱的运行数据。

（3）能与照明监控平台正常通信，能按照明监控平台的指令对道路照明实施控制。

道路照明监控平台应能够实时掌控道路照明设施的运行状态，分析运行数据，实施运行管理和优化。

道路照明监控中心的运行数据应能可靠保存 30 年。

参 考 文 献

[1] 杨翠，王少飞，胡国辉. 国际道路隧道应急照明标准及其借鉴 [J]. 照明工程学报，2016，27（6）：74-77.

[2] 中华人民共和国交通运输部. 公路隧道通风照明设计规范 JTJ 026.1—1999 [S]. 北京：人民交通出版社，2000.

[3] 中华人民共和国交通运输部. 公路隧道照明设计细则 JTG/TD70/2-01—2014 [S]. 北京：人民交通出版社，2014.

[4] Adrian W. Method of calculating the required luminances in tunnel entrances [J]. Lighting Research and Technology, 1976, 8 (2): 103-106.

[5] Adrian W. Investigations on the required luminance in tunnel entrances [J]. Lighting Research and Technology, 1982, 14 (3): 151-159.

[6] Amundsen F H, Ranes G. Studies on traffic accidents in Norwegian road tunnels [J]. Tunnelling and Underground Space Technology, 2000, 15 (1): 3-11.

[7] Bullough J D, Rea M S. Simulated driving performance and peripheral detection at mesopic and low photopic light levels [J]. Lighting Research and Technology, 2000, 32 (4): 194-198.

[8] CEN. Lighting Applications-Tunnel Lighting CR 14380—2003 [S]. Brussels: European Committee for standardization, 2003.

[9] CIE. Guide for the Lighting of Road Tunnels and Underpasses CIE 88—1990 [S]. Vienna: International Commission on Illumination, 1990.

[10] CIE. Guide for the Lighting of Road Tunnels and Underpasses CIE 88—2004 [S]. Vienna: International Commission on Illumination, 2004.

[11] CIE. On Site Measurement of the Photomertic Properties of Road and Tunnel Lighting CIE 194—2011 [S]. Vienna: International Commission on Illumination, 2011.

[12] Kircher K, Ahlstrom C. The impact of tunnel design and lighting on the performance of attentive and visually distracted drivers [J]. Accident Analysis and Prevention, 2012 (47): 153-161.

[13] Narisada K, Yoseoikawa K. Tunnel entrance lighting-effect of fixation point and other factors on the determination of requirements [J]. Lighting Research and Technology, 1974, 6 (9): 9-18.

[14] Schreuder D A. The lighting of vehicular traffic tunnels [J]. Technische Hogeschoolndhoven, 1964 (2): 48-54.

[15] Schreuder D A. Tunnel entrance lighting-A comparison of recommended practice [J]. Lighting Research and Technology, 1971, 3 (4): 274-278.

[16] Schreuder D A. Road lighting for safety [M]. London: Thomas Telford, 1998.

[17] 戎升亮，Samantha A，赵杰，等. 节律照明及其控制策略的研究综述 [J]. 照明工程学报，2017，28（5）：10-15.

[18] 汤露瑶，苏成悦，陈少藩，等. 用多种 LED 单色光芯片模拟太阳光谱的一种光谱组装算法及相似度评价标准 [J]. 照明工程学报，2017，28（5）：4-9.

[19] 中华人民共和国工业和信息化部. 白光光源显色性评价方法 QB/T 5208—2017 [S]. 北京：中国轻工业出版社，2018.

[20] 朱应昶，肖辉. 城市道路照明智能化研究 [J]. 照明工程学报，2017，28（5）：16-19.

[21] 杨翠，王少飞，胡国辉. 国际道路隧道应急照明标准及其借鉴 [J]. 照明工程学报，2016，27（6）：74-77.

[22] Akutsu H, Watarai Y Saito N, et al. A new high-pressure sodium lamp with high colour acceptability [J]. Journal of the Illuminating Engineering Society, 1984, 13 (4): 341-349.

[23] Bullough J D, Rea M S. Intelligent control of roadway lighting to optimize safety benefits per overall costs [C]// Washington DC. IEEE Conference on Intelligent Transportation Systems, 2011: 968-972.

［24］ CIE. Road lighting lantern and installation data photometric classification and performance CIE 034—1977 ［S］. Vienna：International Commission on Illumination，1977.

［25］ De Boer J B. The application of sodium lamps to public lighting ［J］. Journal of the Illuminating Engineering Society，1961 (56)：293-312.

［26］ Fernandez E，Besuievsky G. Inverse lighting design for interior buildings integrating natural and artificial sources ［J］. Computers and Graphics，2012，36 (8)：1096-1108.

［27］ Huang T S，Luo F. Energy saving tunnel lighting system based on PLC ［C］. Beijing：China International Conference on Electricity Distribution，2006：527-533.

［28］ Lee X H，Moreno I，Sun C C. High-performance LED street lighting using microlens arrays ［J］. Journal of the Optical Society of America，2013，21 (9)：10612-10621.

［29］ Pachamanov A，Pachamanova D. Optimization of the light distribution of luminaries for tunnel and street lighting ［J］. Engineering Optimization，2008，40 (1)：47-65.

［30］ Stiles W S，Crawford B H. The effect of a glaring light source on extrafoveal vision ［J］. Proceedings of Royal Society B，1937，122 (827)：255-280.

［31］ Van Bommel W. Road lighting：fundamentals，technology and application ［M］. Cham：Springer International Publishing，2015.

［32］ CIE. Guide for the Lighting of Road Tunnels and Underpasses CIE 88—2004 ［S］. Vienna：International Commission on Illumination，2004.

［33］ CIE. Calculation of Tunnel Lighting Quality Criteria CIE 189—2010 ［S］. Vienna：International Commission on Illumination，2010.

［34］ CIE. Guide for the Lighting of Road Tunnels and Underpasses CIE 88—1990 ［S］. Vienna：International Commission on Illumination，1990.

［35］ Cornwell P R. Appraisals of traffic route lighting installations ［J］. Lighting Research and Technology，1973，5 (1)：10-16.

［36］ Narisada K，Yoseoikawa K. Tunnel entrance lighting-effect of fixation point and other factors on the determination of requirements ［J］. Lighting Research and Technology，1974，6 (9)：9-18.

［37］ Zalesinska M. Visibility concept in road lighting ［M］//Domke K，Brebbia C A. Lighting in engineering，architecture and the environment. Southampton：WIT Press，2011.

［38］ 国家标准化管理委员会. 照明测量方法 GB/T 5700—2008 ［S］. 北京：中国标准出版社，2009.

［39］ CIE. The photometry and goniophotometry of luminaires CIE 121—1996 ［S］. Vienna：International Commission on Illumination，1996.

［40］ CIE. Practical methods for the measurement of reflectance and transmittance CIE 130—1998 ［S］. Vienna：International Commission on Illumination，1998.

［41］ CIE. On site measurement of the photomertic properties of road and tunnel lighting CIE 194—2011 ［S］. Vienna：International Commission on Illumination，2011.

［42］ De Boer J B，Onate V，Oostrijck A. Practical methods for measuring and calculating the luminance ofroad surfaces ［J］. Philips Research Reports，1952，7 (1)：45-76.